● 数字经济讲堂
● 高峰论坛回放
● 数字平台资讯

云端帝国

[英]威利·莱顿维塔◎著
(Vili Lehdonvirta)
吴晓昆◎译

CLOUD EMPIRES

HOW DIGITAL PLATFORMS ARE OVERTAKING THE
STATE AND HOW WE CAN REGAIN CONTROL

中国出版集团
中译出版社

Copyright © 2022 by Vili Lehdonvirta.
Published by arrangement with The Stuart Agency,
through The Grayhawk Agency Ltd.
Simplified Chinese translation copyright © 2024
by China Translation & Publishing House.
The Simplified Chinese edition is a non-full/
abridged translation of the original text/edition.
ALL RIGHTS RESERVED
著作权合同登记号：图字01-2023-0841号

图书在版编目（CIP）数据

云端帝国 /（英）威利·莱顿维塔
(Vili Lehdonvirta) 著；吴晓昆译. -- 北京 : 中译出版社, 2024.6
书名原文: Cloud Empires: How Digital Platforms Are Overtaking the State and How We Can Regain Control
ISBN 978-7-5001-7875-0

Ⅰ. ①云… Ⅱ. ①威… ②吴… Ⅲ. ①工业经济 Ⅳ. ①F4

中国国家版本馆CIP数据核字(2024)第082150号

云端帝国
YUNDUAN DIGUO

著 者：	[英]威利·莱顿维塔（Vili Lehdonvirta）	
译 者：	吴晓昆	
策划编辑：	于 宇　华楠楠	
责任编辑：	于 宇	
文字编辑：	华楠楠	
营销编辑：	马 萱　钟筱童	
出版发行：	中译出版社	
地　　址：	北京市西城区新街口外大街28号102号楼4层	
电　　话：	（010）68002494（编辑部）	
邮　　编：	100088	
电子邮箱：	book@ctph.com.cn	
网　　址：	http://www.ctph.com.cn	
印　　刷：	北京新华印刷有限公司	
经　　销：	新华书店	
规　　格：	710 mm×1000 mm　1/16	
印　　张：	22.25	
字　　数：	246千字	
版　　次：	2024年6月第1版	
印　　次：	2024年6月第1次	

ISBN 978-7-5001-7875-0　　　定价：89.00元

版权所有　侵权必究
中 译 出 版 社

引　言

　　一家美国公司拒绝向一位孟加拉国供应商支付货款，理由是货品与他们的预期存在出入。对于美国公司而言，这只是一笔微不足道的小钱，但它却是孟加拉国某个家庭一周的开销。走投无路的供应商只好对客户提起诉讼，而扎拉·卡恩（Zara Khan）现在要做的就是审查证据，听取双方辩论，并做出最后裁决。[1]

　　不过，卡恩的身份可不是一名法官，她只是一家大型数字市场的平台代理人，专门负责商业纠纷。她没有接受过任何法律方面的培训。卡恩来自一个普通家庭，在得到这份工作之前，她只是一名虚拟助理①。但她工作的这家科技公司，对她进行了市场规则的专门培训，还教她如何运用这些规则去解决各种类型的案件。她现在每天解决的纠纷，所涉价值高达数千美元。

　　其实大多数案件都很好解决。通常情况下，被告在30天的期限内，都不会对投诉做出回应，因为他们也自知理亏。当这种情况发生时，系统就会自动发布一个支持投诉人的默认决定，并将资金从代管账户中发放出去，这笔资金在交易结束前一直存于账户内。之后卡恩就会继续处理下一个案件。

---

　　① 虚拟助理指的是在网络上提供助理服务的专业人员。——译者注

然而，在这个案件中，被告极力为自己辩解，丝毫不肯让步。但卡恩没有受到这种强硬态度的影响，她只是根据市场规则，对案件的事实进行了审核。公司希望她细致公正地处理每一起案件，这样才能维护用户对平台的信任。与此同时，公司也希望她每周能处理大约40起案件，这样能极大地提高她的业绩。

处理过程通常如下：首先，卡恩会尝试让双方友好解决这个案件，她会在双方之间调解，分别向他们解释平台适用的规则，希望他们最后能够达成一致。但在这个案件中，双方情绪都过于激动，友好解决已是不太可能。

如若在30天期限内没法解决纠纷，卡恩就需要自己做出决定。如果她最终支持孟加拉国供应商，那么账户的资金就会付与他们。如果她最终支持美国客户，并且有证据表明供应商确实存在欺骗行为，那么她就有权将供应商永久地逐出市场。

但对于一些特殊案件（本案就是其中之一），卡恩的决定并不具有约束力，任意一方都能提出申诉。这样，案件就会移交到专门受过法律培训的仲裁员那里。他们会再次进行为期30天的处理，并最终做出裁决。而仲裁的费用将由原告、被告和平台公司三方共同分摊。

但卡恩可不想让这个案子走到仲裁这一步。由于争议金额不大，她决定行使虚拟法官的特权：向交易双方提供全额赔偿。客户的钱最终被退回，供应商也得到了货款。虽然平台公司遭受了损失，但相比拖欠整个过程的费用，这显然要划算得多。而在某种程度上，正义也算得到了伸张。

如今，爱彼迎、亚马逊、苹果、eBay、谷歌、优步和Upwork等数字平台公司雇用了数千名像卡恩这样的员工，来专门负责平台的纠纷。eBay 声称，仅在一年内 eBay 就解决了 6 000 多万起纠纷。[2]而同一时期，英国法院不过受理了大约 400 万起案件[3]；中国法院受理了大约 1 100 万起案件[4]；美国法院受理了大约 9 000 万起案件，其中大部分还都属于交通违法类案件[5]。换句话说，现今所有平台公司解决的纠纷案件，可能比全世界公共法院受理的案件还要多。

这种情况的出现，不仅表明人们在互联网上的纠纷变多了（事实可能确实如此），更反映了一个事实，即我们现在的许多日常互动，都是在这些数字平台上进行的。人们会在平台上寻找食物、衣服、交通、住宿、工作、药物、娱乐、朋友，甚至生活伴侣。企业会在平台上寻找客户、不动产、供应商、承包商、工人和各种最新创造。管理者会通过平台管理员工，老师也会通过平台完成教学。研究表明，美国现今 70% 的行业都受到了数字平台的影响，顾客会借助平台了解公司和产品，有时整个交易都会通过平台完成。[6]甚至，如果我们足够幸运，能够看到人类正以更加严肃的态度应对气候危机，那么我们可能还会花更多的时间，通过平台与世界远程互动。

平台公司制定了越来越多我们在日常生活中必须予以遵守的规则。它们有权决定许可或禁止任意内容，决定人们交往的对象，决定协议的类型，甚至如果你在现实中陷入了纠纷，它们还能决定你能享有哪些权利和保障。看上去，它们仿佛已经变为一种数字政府。《经济学人》（*The Economist*）就提过："微软现在是一个数字国家吗？它有自己的国务卿吗？"[7]《大西洋月刊》（*The Atlantic*）也声称："苹果公司现在几乎是个小国家了。"[8]《卫报》（*The Guardian*）的专栏作家更是打趣："有了亚马逊，谁还需要政府呢？"[9]一位博主甚至还扬言："Upwork是自由职业者的国度。"[10]

这些类比表明，科技公司现在在支撑和调节我们的经济和社会活动方面发挥着核心作用。2020年，亚马逊市场上所流通的商品，其价值大约是4 900亿美元[11]，这一数字超过了多数国家的国内生产总值。[12]同时，亚马逊公司从使用亚马逊市场及其物流基础设施的商人那里，赚取了将近750亿美元的费用，这一数字也远远超过了多数政府的税收。从诸多方面看来，如今，龙头科技公司的首席执行官的权力比大多数国家领导人还要大。

然而，这些虚拟"国家"并非事事皆好。它们的管理者在享受巨大权力的同时，却未能承担起相应的责任。他们之中不乏有人滥用权力。亚马逊的管理者以市场的上帝视角，确认出畅销商品，对其进行仿制，并设法跳过原创产品，让消费者直接购买他们公司的仿品。一位商人谴责道："亚马逊直接夺走了我的'商品列表'……它看到我赚了钱，就决心把我的商品抢过来自己卖。"[13]很多主流平台都会篡改其市场规则，让内部人员获利。它们会从市场的弱势群体身上攫取高昂的费用，并从弱小的创业者那里窃取利润可观的业务。

所以，我们为何会走到这一步呢？互联网本应将我们从强大的制度体系中解放出来，它本应去除中间商，使市场民主化，让个人享有权力，并催生出一个全新的社会结构。这样的社会结构不是基于自上而下的权力，而是基于能够自我组织的网络和社区。"我们将在网络空间创造出一种思维文明，它将比你们这些政府造就的世界更为人道和公正。"[14]这是硅谷的先知们给我们做出的承诺，但他们兑现出的却与此不同——平台公司看起来仍然像个政府，只是这一次我们连投票权都没了。为何事情会发展到这一步？我们该做些什么呢？

一、30年时间涵括3 000年历史

在本书的每一章节里，我都会介绍一位有影响力的人物，以及一个推动当今平台经济发展的标志性平台，其中包括像亚马逊创始人杰夫·贝索斯（Jeff Bezos）这样家喻户晓的人物，也包括像来自Turker Nation平台的克里斯蒂·米兰德（Kristy Milland）这样的不太为人所知的人。书中所呈现的这些故事，是基于我们"牛津互联网研究所"（Oxford Internet Institute）的研究小组，以及其他科研人员和新闻记者多年来的研究[15]。这些故事一同追溯了电子商务体制结构的发展历程，从20世纪80年代的去中心化的网络集市，到现今美国各大平台巨头，故事中主角们的斗争和胜利，让我们看到了形成当今平台经济的社会和经济力量，同时这也为任何想要做出改变的人——不管是通过政治行动还是程序代码——提供了经验教训。

就本书所谓的制度①而言，它并非指建筑或组织，而是指法律、法规、传统、行为标准以及社会中其他限定人们互动的"游戏规则"[16]。对于规则，一个典型例子就是你必须遵守你所签署的每个合同。这一规则由国家通过法院强制实行——而如今则由科技公司通过纠纷解决中心强制实行。这条规则可以让人们在与陌生人签订协议时，确信自己不会上当受骗。

---

① "制度"一词原文用到的是"institution"，此处一语双关，因为该词既有"机构"的意思，也有"制度"的意思。——译者注

在本书的第一部分，我们将重点放在了经济制度上，即市场的游戏规则。西方经济思想过去强调市场自我组织的本质——商品、服务和劳动的交换是基于人们相互的需求而自发产生的。但经济历史学家和社会学家指出，市场也需要一些像合同执行这样切实可行的制度。任何时代的交易者，都需要通过一些渠道找到对方，并且能够理解、信任和补偿对方，这样交易才能产生。那么，我们所见的支撑起互联网市场的制度到底是什么？经济制度的性质至关重要，因为它们不仅决定了市场的效率，还决定了风险和回报的分配方式——利益该由谁获得，责任该由谁承担[17]。

在第一章中，我们研究了在大型平台公司出现之前，交易是如何在过去的互联网上进行的。网络牛仔约翰·巴洛（John Barlow）是一名自由意志主义者，他明确拒绝将类似国家的正式制度当作新兴网络社会的基础。他认为，数字市场的形成可以基于简单的互惠原则，即"待人如待己"这一非正式的规则。但事实证明，这条规则只适用于小型社区，比如巴洛所在的怀俄明州农村牧场周围的社区。一旦互联网开始迅猛发展，电子社区变成新兴城镇之后，这条规则就不再适用了。

在第二章中，我们研究了另外一种非正式的制度——名誉。在旧时观念里，重视名誉的人都是诚实之人。在20世纪末，皮埃尔·奥米迪亚（Pierre Omidyar）基于这一非正式制度建立了eBay，并借助技术将其提升到新的高度。但即便有了现代技术，这一制度自身仍然存在限制，单凭名誉无法维持多少秩序。为了挽救他的项目，奥米迪亚改变了策略，让eBay成为正式监管市场的中央权威组织——由此eBay取得了历史性的成果。

在第三章中，我们重点研究了身份对贸易的促进作用。罗斯·乌布利希（Ross Ulbricht）想创建一个为用户提供绝对隐私的在线毒品市场，即便自己作为市场管理者也无法知晓用户的身份。但他发现，如果没有稳定的身份将人们过去的行为与未来可能产生的后果联系起来，秩序根本无法维持。结果，就像现代国家一样，数字平台也开始赋予人们无法摆脱的永久性标识。

在第四章中，我们对与制度和市场紧密相关的边界概念进行了研究。奥德修斯·察塔罗斯（Odysseas Tsatalos）和斯特拉蒂斯·卡拉曼拉基斯（Stratis Karamanlakis）想要利用互联网创造出一个横跨大西洋、不分国界的劳动力市场。他们建立了一套虚拟制度，让不同国家的人们可以互相合作，宛若处于同一管辖区内，即现在被称作 Upwork 的平台。不过为了让这个新兴的网络经济不受经济危机的影响，他们最终又围绕着平台建立了自己的虚拟边界。

第五章是第一部分的最后一章，在第五章中，我们观察了平台设计者是如何由一开始的构建自由市场，转变为实施中央计划的。优步的联合创始人特拉维斯·卡兰尼克（Travis Kalanick）是自由市场解决方案的坚定倡导者。然而，优步自己制定了收费标准，严格管控着街道的汽车数量，这似乎有悖于它们自己提倡的自由市场。此外，虽然监控和信息处理技术的进步帮助硅谷的技术人员克服了许多阻碍，但这种自上而下的计划是否人道——此重大问题还须进一步探讨。

从本书的第一部分可以看出，和历史上的贸易一样，电子贸易也是始于熟人之间偶发的交易行为，并发展成为基于个人名誉的常规贸易，最后在非个人市场实现贸易量的成倍增长——组织有序的权威对该市场进行市场准入控制，保留个人记录，雇用审判员解决争端,并在必要时强制实施其规则。从这个意义上说,互联网用了30年的时间就几乎涵盖了过去3 000年的经济史。而现在,它正表现为20世纪中期的政治管理形式,摇摆于市场经济和计划经济之间。不过与20世纪中期不同的是,这次的权威已不再是民族国家,而是数字平台公司。

为什么会出现这种情况?为什么硅谷的技术专家最终以数字的形式,重建了他们一直试图淘汰的制度?这个问题我会在本书"结语"部分具体阐释。但这些已经足够说明,技术最终并不能改变塑造社会组织方式的基本的社会和经济力量。科技公司之所以令人望而生畏,不仅仅是因为其自身的强大,更是因为它们在诸多重要的方面模仿借鉴了政府。

二、古老的问题

随着我们的经济互动转移到互联网,科技公司也开始扮演起中央权威的角色。它们制定了规则,保护我们不受欺诈和网络犯罪的影响。它们还提供了互联网商业所需的制度基础。但这也产生了新的问题:我们该如何让这些数字权威承担责任?虽然它们带来了大量的贸易和繁荣,但它们的领导人并不是圣人——他们也会利用自己的地位篡改规则,并通过剥削其"臣民",为自己和盟友谋利。

同样的问题也困扰了政治哲学家数千年:监管之人,谁人监管?① 我们依靠权威来保护我们,但谁又能确保权威不来伤害

---

① 监管之人,谁人监管?(Quis custodiet ipsos custodes?)原文是一句拉丁语谚语,来自1—2世纪罗马讽刺作家尤维纳利斯(Juvenalis)的讽刺诗集。——译者注

我们？本书的第二部分阐述政治制度，我们在当中探讨了身处平台经济的人们是如何解决这个问题的。如果说经济制度是游戏规则，那么政治制度就是改变这些规则并追究统治者责任的机制[18]。在该部分中我们不仅能了解到一些相关的思想和实验，还能看到反对平台经济巨头的真实事件。

在第六章中，我们讲述了亚马逊创始人杰夫·贝索斯成为英雄的故事。虽然他为无数独立商家创造了理想的商业环境，但当亚马逊成为市场的主导之后，贝索斯却忽然把矛头指向商家，并开始收取高额费用，直接从他们那里窃取了利润丰厚的业务。虽然亚马逊被类比为专制政府，但它在法律意义上仍是一家私营企业。而约束私营企业一般需要通过市场竞争：如果人们不喜欢一家公司的服务，他们可以用脚投票，转而去接受另一家竞争公司的服务。但网络效应和转换成本意味着亚马逊的商家们难以摆脱平台。竞争压力已经无法遏制平台公司的权力滥用行为。

如果竞争起不了作用，那么谁还能来追究平台公司的责任？在第七章中，我们分析了这样一种设想：可以用永不贪腐的机器人替换掉不可靠的人类权威——利用技术永远地解决掉这一古老的问题。比特币发明者中本聪（Satoshi Nakamoto）和以太坊（Ethereum）联合创始人维塔利克·布特林（Vitalik Buterin）通过使用所谓的区块链技术，似乎就实现了加密无政府主义者①的梦想。但人们慢慢发现，机器规则的编写和适时的更新，依然需要人类完成。区块链也许能实现管理的自动化，但立法的自动化

---

① 加密无政府主义者，指的是那些利用密码软件和隐私保护技术来逃避迫害，同时宣扬他们的政治自由、金融主权以及隐私安全的人。——译者注

它却无法做到。由此可见，这一政治问题其实并不会被根除，它只不过被转移到了更加复杂的领域。

在第八章中，我们开始研究用户如何尝试使用传统的方式——集体行动，来让自己参与到平台规则的制定中。克里斯蒂·米兰德（Kristy Milland）和她在亚马逊数字计件平台Mechanical Turk①上的同事，组织了一场运动，试图改善员工糟糕的工作条件。员工们要求杰夫·贝索斯给予他们制定平台规则的权力。但对抗平台所有者存在的固有风险，使得这场运动最终未能演变成任何形式的工人革命。不过这场运动的意义在于，这是平台用户首次主张拥有道德权利，希望参与制定这些管理用户自身的规则。

在第九章中，我们研究了另一种通过集体行动影响平台规则的尝试。程序应用企业家安德鲁·加德基（Andrew Gazdecki）动员他的同行，对苹果公司的一项政策变化表示抗议，因为他的公司和许多小企业，都依赖于苹果的应用程序商店（App Store），但这一政策的变化很可能直接毁了他们的生意。不过，与米兰德和她的数字劳工朋友不同的是，加德基和他的同行都是崛起的数字中产阶级，他们十分富有，拥有大量的资源和人脉。他们利用自己的资源发起了一场盛大的运动，最终"水果巨头"②屈服了，用户取得了罕见的胜利。[19]

本书的第二部分表明，虽然我们的经济转移到了互联网，但

---

① Mechanical Turk 是亚马逊公司推出的一个数字平台，通过众包的方式完成一些数字任务。——译者注

② "水果巨头"（Fruit Giant），此处指苹果公司，"水果"对应公司名中的"苹果"，此处为戏谑的说法。——译者注

竞争已经无法确保平台公司能够公平地对待用户和企业。为什么平台公司与普通公司会在这一方面有所不同呢？这一问题我将在"结语"部分详细阐述。但现在已经足以看出，平台公司同国家一样，也属于一种制度框架，而不同制度框架间的选择，并不是一种可以在市场上进行表决的个人选择，而是一种集体选择。平台经济中缺乏集体决策的政治制度，因此用户只能听从平台领导人的摆布。

人们试图利用区块链技术来规避由此产生的政治问题，但却未能如愿。真正的权力体现在规则的制定上，但他们却把重心放在了规则执行的去中心化上了。与此同时，依靠平台谋生的人和企业，也重新找到了推翻旧时专制者的工具：资源、联盟和组织。

三、先人的启示

在本书的最后一部分，我们简要研究了平台经济的社会制度。在这里，我所谓的社会制度是指为了保护和帮助人民所建立的制度。现代民族国家，尤其是欧洲的福利国家，不仅要支持市场，还要解决人们的教育、贫困、疾病、老龄等问题。如果平台公司对市场施以类似政府的监管，那么它们是否也该对市场的运行者施以同样的监管呢？

在第十章中，我讲述了关于索菲亚的故事。索菲亚是一位来自加州的失业翻译人员。她想通过在线课程提高自己的技能，也想通过打零工来贴补家用，却不幸患上了重病。人们通过慈善众筹平台 GoFundMe 发起了筹集善款的活动，这才帮她解决了财务危机，但也只是解了一时之急。索菲亚的故事向我们展示了平台经济是如何破坏已有的社会制度的，同时也展示了平台公司所创造的新的社会制度依然达不到要求，甚至在某种程度上，它已经开始给平台帝国本身的经济生存能力带来了问题。

在本书的"结语"部分，我基于前面所有章节的内容，解释了为什么数字平台能够成为新型的虚拟"国家"；解释了它们与世俗国家之间的不同之处，以及我们该如何重夺对它们的控制权。虽然将数字平台与国家进行类比不太切合实际，但这能帮助我们理解当前的状况，即现在一些较小的政府为什么觉得有必要任命"技术大使"，与硅谷公司进行"数字外交"[20]。此外，这也能帮助我们开辟新的方向，解决这些数字公司的权力问题。

如今，许多社会科学家将数字平台视为一种新型的垄断资本主义企业。[21]他们认为，政府应该利用竞争法对这些平台予以拆分；或者利用公共事业法来规范它们，甚至将它们国有化。这两种观点都出现在20世纪初，目的是打击滥用权力的工业资本家。但如今，种种迹象表明，政府可能已经无力解决数字巨头的问题了，[22]学者们也正在思考解决问题的新方法。[23]但有没有可能，这些方法之所以难以奏效，并不是因为它们过时了，而是因为它们太超前了？除了借鉴上一辈人打击资本家的方式，我们是否也能从先人对待贵族的方式中找到灵感？我将在本书的"结语"部分讨论这些问题。

但是将科技公司与民族国家进行类比也具有一定危险性，这有可能会使公司的权力合法化：因为当我们听到越来越多的人谈论"科技公司像国家"这样的话题，我们就越可能将其统治看作理所应当的。不过，如果科技公司真能与国家相提并论，这一类比倒也证明了以下想法的合法性：科技公司最终应该交由人民来管理。

四、如何阅读此书

在我们这个时代，除了气候危机以外，数字技术和社会之间的关系无疑是最为重大的问题。很多人觉得，数字技术已经对我们当前的社会秩序造成了一定程度的破坏。政治学家担心，操纵数字选举会损害国内政府的合法性。[24]安全专家提醒，网络武器会挑战各国保护公民的能力。[25]律师则表示，零工经济应用程序和加密货币会破坏法律秩序。[26]在本书中，我将采取一种略微不同的方法，对上述问题进行探究。我不会直接探讨技术是如何破坏现有的社会秩序，而是探讨它们如何构建出一套完全不同的秩序。

本书的所有章节都能独立成篇，且每一章节中，你都能了解某一个具有影响力的平台、人物或理论，是它们推动了当今数字经济的发展。本书的各个章节大致以时间顺序排列，从互联网商业化之前开始，到新冠病毒感染疫情到来之时结束。因此，这本书也算是一本西方电子贸易的基本经济史。本书大部分活动发生于美国西海岸，那里是互联网的发源地，也是当今众多互联网巨头的所在地。不过我也密切关注着互联网平台对世界其他地方的影响，并为来自欧洲、亚洲和撒哈拉以南非洲的用户们发声。

如果你正在考虑建立一个自己的数字市场，并希望了解相关的理论、实践和困难，我建议你从第一部分开始阅读；如果你是一名活动家或组织者，希望了解反抗平台公司的理论和实践，那么请从第二部分开始阅读。

如果你想找寻政府权威的替代品，了解社区和分权的概念，我建议你直接阅读第一、二、七章；如果你想了解远程工作、全球发展和劳工问题，请直接阅读第四、五、八章；如果你想了解竞争政策问题，请直接阅读第六、九、十章；如果你是一位繁忙的政策制定者，那么你可以直接跳到最后"结语"部分。

通过将数字平台与国家以及其他制度进行比较，我希望进一步展示这种广泛的新兴力量，同时避免大家出现例外主义①思想，认为数字时代的所有东西皆是新奇罕见之物。正如我们所见，一些看似具有突破性的技术，我们往往都能找到旧时的先例。

---

① 例外主义（Exceptionalism），指对其他国家、文化等的一种态度，认为自己的国家和文化优于其他国家。——译者注

目　录

第一部分　经济制度

第一章　互惠原则：网络空间的黄金法则
　　一、数字牛仔　　　　　　　　　　　　　　　/004
　　二、网络空间独立宣言　　　　　　　　　　　/008
　　三、交易问题　　　　　　　　　　　　　　　/013
　　四、合作的进化　　　　　　　　　　　　　　/016
　　五、电子市场的难题　　　　　　　　　　　　/019
　　六、全球劳动力市场　　　　　　　　　　　　/024
　　七、永恒的九月　　　　　　　　　　　　　　/026
　　八、躯体的需求　　　　　　　　　　　　　　/029

第二章　从名誉到监管：巨头的诞生
　　一、ebay.com　　　　　　　　　　　　　　　/034
　　二、五星好评　　　　　　　　　　　　　　　/037
　　三、一袋又一袋的信封　　　　　　　　　　　/041
　　四、敲诈勒索　　　　　　　　　　　　　　　/045
　　五、死人写不了评论　　　　　　　　　　　　/049
　　六、规则体系　　　　　　　　　　　　　　　/052

第三章　隐私困境：假面下的秩序维持
　　一、"恐怖海盗罗伯茨"的面具　　　　　　　/058
　　二、最无耻的尝试　　　　　　　　　　　　　/062
　　三、假日惊喜　　　　　　　　　　　　　　　/066

四、卸下面具　　　　　　　　　　　　　　　　/068

　　五、隐私困境　　　　　　　　　　　　　　　　/068

　　六、虚拟护照　　　　　　　　　　　　　　　　/071

第四章　互联网：距离的消亡，边界的重生

　　一、距离的束缚　　　　　　　　　　　　　　　/075

　　二、"你可以说你上过哈佛……"　　　　　　　　/078

　　三、同工不同酬　　　　　　　　　　　　　　　/083

　　四、网络空间的全球化　　　　　　　　　　　　/089

　　五、云端优势　　　　　　　　　　　　　　　　/095

第五章　硅谷：追求完美的市场

　　一、消除人为缺陷　　　　　　　　　　　　　　/103

　　二、"更加智能"的市场　　　　　　　　　　　　/105

　　三、由算法变成的市场　　　　　　　　　　　　/109

　　四、完美的市场　　　　　　　　　　　　　　　/113

　　五、奖励和鼓励　　　　　　　　　　　　　　　/116

　　六、无意中建成　　　　　　　　　　　　　　　/118

　　七、为谁而优化　　　　　　　　　　　　　　　/121

第二部分　政治制度

第六章　亚马逊：从数字革命者到万物之王

　　一、梦想的破灭　　　　　　　　　　　　　　　/126

　　二、起飞升空　　　　　　　　　　　　　　　　/128

　　三、数字革命　　　　　　　　　　　　　　　　/131

　　四、"最佳意义上的平等主义"　　　　　　　　　/135

　　五、"亚马逊又击垮了一个小商家"　　　　　　　/137

　　六、司令官　　　　　　　　　　　　　　　　　/142

第七章　加密统治：技术取代
　　一、信任问题　　　　　　　　　　　　　　　　　/149
　　二、抵御"女巫攻击"　　　　　　　　　　　　　　/153
　　三、最危险的项目　　　　　　　　　　　　　　　/156
　　四、机器漏洞　　　　　　　　　　　　　　　　　/159
　　五、软件更新　　　　　　　　　　　　　　　　　/163
　　六、利益竞争　　　　　　　　　　　　　　　　　/166
　　七、支离破碎的规则市场　　　　　　　　　　　　/169
　　八、受信任的中央机构　　　　　　　　　　　　　/174
　　九、加密统治的崛起　　　　　　　　　　　　　　/176

第八章　人工型人工智能：团结起来的互联网工作者
　　一、人工型人工智能　　　　　　　　　　　　　　/182
　　二、Turker Nation 论坛　　　　　　　　　　　　　/184
　　三、成人内容　　　　　　　　　　　　　　　　　/186
　　四、"不足以引起政府中任何人的重视"　　　　　　/189
　　五、全世界的数字工作者　　　　　　　　　　　　/193
　　六、搭便车问题　　　　　　　　　　　　　　　　/196
　　七、"你们怎么还敢对普通工人收钱"　　　　　　　/198
　　八、平台政治的到来　　　　　　　　　　　　　　/201

第九章　Bizness Apps：数字中产阶级的崛起
　　一、客户遍及20多个国家　　　　　　　　　　　　/205
　　二、大卫与歌利亚之战　　　　　　　　　　　　　/208
　　三、"我的公司就要倒闭了"　　　　　　　　　　　/212
　　四、"团结起来，让我们的声音变得更加响亮"　　　/215
　　五、数字中产阶级的崛起　　　　　　　　　　　　/219

第三部分　社会制度

第十章　数字安全网：平台经济中的社会保障与教育

一、技术性失业　　/226
二、谷歌认证　　/228
三、不断受损的福利国家　　/231
四、进入数字安全网　　/232
五、吸引受众　　/235
六、亚马逊的关怀　　/238
七、人力和利润　　/241

结　语　为什么平台正在超越国家

一、背信弃义的原因　　/247
二、为什么平台正在超越国家　　/253
三、没有地产的国家　　/256
四、建立数字单一市场　　/259
五、废除数字平台"独裁者"　　/262
六、正在失效的规则市场　　/264
七、重要的基础设施与创造性的无政府状态　　/268
八、平台民族主义还是平台合作主义　　/272
九、中产阶级革命　　/276
十、制定数字宪法　　/279
十一、我们对创始人的感激之情　　/283

致　谢　　/285
注　释　　/289
索　引　　/321

第一部分

经济制度

第一章
互惠原则：网络空间的黄金法则

> 故，克己自守，重视万法①，待人如待己。
> ——《摩诃婆罗多》②
> （第十二卷和平篇第168章第9节）

在目睹了20世纪60年代印度的社会动荡之后，约翰·佩里·巴洛（John Perry Barlow）对政府如何构建新的社会秩序充满期待。[1]但由于冷战时期，自己的学校与弹道导弹发射井相距不过咫尺，这让他担心政府最终会走向毁灭世界的不归路。国家本是为了庇佑子民而生，但也可能成为其头号强敌。于是，像以往诸多理想主义者和理论主义者那般，巴洛开始探寻一种独立于国家而运行的社会秩序。但不同于前者的是，他将找寻的目标锁定在网络空间。而此后不久，他似乎真的在网络空间找到了自己渴求已久的社会秩序。

---

① 万法（梵语：dharma），指世间万物及其现象。——译者注
② 《摩诃婆罗多》，古印度著名梵文史诗，是一部宗教哲学及法典性质的著作。——译者注

一、数字牛仔

> 每天在共同感受这个幻觉空间（网络空间）的合法操作者遍及全球，包括正在学习数学概念的儿童……它是人类的全部数据经由电脑抽象集合之后产生的图形表现，有着人类无法想象的复杂度。它是排列在无限思维空间中的光线，是密集丛生的数据，如同万家灯火，正在退却……①

科幻小说家威廉·吉布森（William Gibson）在其1984年出版的赛博朋克小说《神经漫游者》（Neuromancer）中如此写道[2]。不过，在20世纪80年代，真实的互联网其实并非这般尖端复杂。你若想在家中上网，首先要忍上半分钟聒噪的握手②序列，且最终呈现在屏幕上的也根本不是图像。万维网（World Wide Web），即现今人们认知中的互联网，在当时还未问世。那时候，最受欢迎的互联网服务是电子邮件，此外就是Gopher系统③——一种基于文本的网络前身，以及"互联网中继聊天"④——一种提供即时通信和聊天室的系统。

---

① 此段翻译参照了Denovo译著《神经漫游者》中的内容，原文来自科幻小说家威廉·吉布森的代表作 Neuromancer。——译者注

② 握手，计算机术语，发生在通信电路建立之后、信息传输开始之前，目的是达成参数设置。——译者注

③ Gopher是一款信息查找系统，出现时间比互联网要早，但它只支持文本，不支持图像。——译者注

④ 互联网中继聊天（Internet Relay Chat），是在1988年创立的一种开放协议，允许用户通过互联网交换文本消息，是最早的聊天系统之一。——译者注

约翰·巴洛直至晚年才将目标投向互联网。20世纪50年代，他在其叔祖父一手建成的巴尔克洛斯牧场长大，这片牧场占地约89平方千米①，邻近怀俄明州的派恩代尔。巴洛的祖辈们是拓荒至此的摩门教徒，定居在落基山脉附近一片开阔的草原上。巴洛没有兄弟姐妹，父母也严禁他看电视。在这穷乡僻壤间，他只能如饥似渴地阅读，其中就包括一套20卷的儿童百科全书。

巴洛后来买了辆摩托车离开了牧场，但在学校饱受欺凌后，他渐渐变得桀骜不驯、恣意妄为。寄宿高中的院长质问他："若人人都像你这般，这世界该成何体统？"他听后幡然醒悟，痛改前非，最后以优异的成绩从高中毕业，并且获得了文科名校卫斯理大学（Wesleyan University）的学位。

巴洛从事过一段时间的写作，不过在父亲病倒之后，他还是接管了家族的牧场。他一身牛仔行头，蓄着络腮胡，再次融入当地社区。他还追随父亲的脚步，加入当地的共和党派会。每年5月，山谷里的人都会来牧场，帮他给新生的小牛打上烙印，巴洛也会给他们奉上啤酒和午餐。

不过，除了这些田园风光外，他也看到了滚滚袭来的乌云。巴洛对国内的政治大失所望。在帮助迪克·切尼②当上派恩代尔的国会议员之后，他才意识到这个人"实际上是一个反社会者"。巴洛反对越南战争，对军备竞赛以及"美国政府设法鼓吹核战争的把握性、合理性和可行性"行为表示担忧。他还谴责消费主义和大

---

① 原文是 22 000 英亩，此处进行了单位换算。——译者注

② 迪克·切尼（Dick Cheney），老布什和小布什政府时期最具影响力的共和党政治家之一。——译者注

众文化的崛起，痛斥传统可持续放牧方式的日渐凋零：

> 我开始苦思冥想，若像派恩代尔这样内含精神养分，能像面酵①一般促进社会发展的农业小镇皆不复存在，那么社区概念又当作何演变？现在电视里所展现的各地郊区，我已经感受不到它们彼此的患难与共，也感受不到它们为求同存异而不再猜忌仇恨的意愿，更感受不到群体理应具备的乐善好施的品质。托克维尔（Tocqueville）②以及美国早期文化的观察者所标榜的这一切皆已付之东流。[3]

和同时代的许多人一样，巴洛也一度将寻求新社会的希望寄托于受毒品驱动的美国反主流文化之中。大学时期，他追随另类摇滚乐团"感恩至死"③，与"死头"④乐迷们一起随团巡演。他还和迷幻药实验主义者蒂莫西·利里（Timothy Leary）一起吸食致幻剂，而后者鼓吹通过服用拓展意识的物质（即致幻剂），使人们互敬互重，进而建立社会秩序。他还将主修的科目由物理学改为比较宗教学，并对人类的神经系统表现出深深的痴迷。毕业后，他放弃了在哈佛大学法学院继续深造的机会，转而去了印度旅行。

---

① 耶稣说："天国好像面酵，有妇人拿来，藏在三斗面里，直等全团都发起来。"（马太福音 13∶33），耶稣用面酵来说明天国对人的改变，会引起人的震惊和反思。——译者注

② 托克维尔，法国历史学家、政治家。主要代表作有《论美国的民主》《旧制度与大革命》等。——译者注

③ "感恩至死"是一支成立于1965年初的美国摇滚乐队，乐队及其歌迷群体常与嬉皮士运动联系在一起。——译者注

④ "感恩至死"乐队的歌迷称呼自己为"死头"（Deadhead）。——译者注

当时印度的精神灵性吸引了许多西方人。

但印度之行并未给他带来如期的收获。他见到了印度的美景，也看到了它的贫穷和混乱。这使得巴洛回国后变得"更具共和党人士做派"。他也目睹了旧金山"爱之夏"运动（Summer of Love）①的丑陋一面，明白了药物非但解决不了社会问题，反而会使它愈演愈烈。虽然"死头"乐迷们都爱好和平，也持有诸多普适精神，但巴洛认为他们缺乏一些对社会改革而言至关重要的特性："他们似乎还未拥有一个可靠的大本营，也无法就群体事务侃侃而谈，更没有固定的经济收入。"[4]巴洛作为牧场主，从反主流文化群体中雇用了许多素不相识的牛仔，甚至还为"感恩至死"乐团填词创作，但他对新的"面酵"的探寻依然一无所获。

到了19世纪80年代末，有一次巴洛将自己的研究告知给一位名叫贝齐·科恩（Betsy Cohen）的斯坦福大学毕业生。后者建议巴洛将研究方向转向互联网。"互联网是什么？"他问道。贝齐给了他一个拨号号码和一个斯坦福网络账号，还帮他弄了一个300波特②的调制解调器③，并用橡胶吸盘将其固定在牧场的电话上，之后就任由巴洛独自摸索去了。"我很快意识到，这就是神经系统……这就是我从大学以来苦苦追寻的东西。"巴洛如是写道。[5]

---

① 1967年的夏天被历史学家称为"爱之夏"，因为那年夏天的旧金山爆发了一场声势浩大的嬉皮士运动。"爱"是那场运动的口号，故得此名。——译者注
② 波特（Baud）是调制解调器每秒钟发生信号变化的度量。——译者注
③ 调制解调器（Modem），一种计算机硬件，将计算机的数字信号转为可沿普通电话线传输的模拟信号。——译者注

二、网络空间独立宣言

初次向屏幕背后未知的世界发送信息，并在片刻之后收到陌生人的回复，这是令人激动的体验。虽然黑色镜面显示的仅是黑白文字，但真正的互联网和吉布森的小说描绘的一样，令人如临其境。巴洛随即将这视作"网络空间"。

当时有一款流行的互联网服务引起了巴洛的注意，名叫"新闻组"①：这是一种包含了数千个讨论组的大型讨论版网络，讨论话题大到自由主义，小到被褥缝制，可谓包罗万象。它一度被称作首项社交媒体服务。但与现今流行的同类版本不同，"新闻组"以及当时绝大多数的互联网服务，皆不属于任何一家公司。它们运行在分布式计算机网络中，通过共享协议进行通信。公司可以选择加入网络，参与服务的生成，但不能占有它，更不能操纵它。

> 网络空间，就其当前状况而言，与19世纪的西方有着诸多相似之处。它庞大无比，充满未知，在文化和法律上存在灰色地带……现实中绝大多数网民孤僻独立，有时甚至到了反社会的地步。网络空间自然成了不法分子和自由新思想产生的理想之地。[6]

巴洛凭借自己的写作天赋，开始撰文讲述自己在网络空间里的经历。其作品在线上和线下都获得了大批读者。他俨然变成网络

---

① "新闻组"（Usenet），一个遍及全球的大型讨论版系统，通过网络进行相关话题的信息讨论。——译者注

空间里的阿历克西·德·托克维尔（Alexis de Tocqueville）——一位遍游各地，用笔触记录风土人情的观察者。巴洛的作品涉及政治经济，也涉及网络空间的法律。在文章中，他明确表示，网络空间正在酝酿一场历史性大事件：

> 因缺乏法律和权威的执法部门，网络空间有序的人际交流，只能依赖于天性使然、广泛有之的个人责任感，而非来自大多数政府对公民的强行施加。[7]

在1990年，巴洛所称的"肉食空间"①果真发生了一件大事。联邦调查局的一位探员找上门来，向巴洛询问苹果公司源代码被盗一事。与此同时，特勤局出动人马，对电脑犯罪嫌疑人实施了一系列突击检查。美国借此向互联网这一全新世界大举进军。但执法队员对相关技术根本一窍不通。突击的目标之一是一家桌面游戏和桌面角色扮演游戏的制造商——史蒂夫·杰克逊游戏公司②。突袭的原因是，杰克逊正在撰写的赛博朋克角色扮演规则手册被误认为是一本电脑犯罪手册。"我突然明白，在我自证清白之前，我还得向探员解释我如何做才算犯罪。"巴洛后来在一个电子布告栏上这样写道。[8]

为了使网络社会摆脱政府愚蠢的干扰，巴洛在1990年7月与

---

① "肉食空间"（Meatspace），其概念与网络空间相对，即网络空间以外的物质世界。——译者注
② 史蒂夫·杰克逊游戏公司（Steve Jackson Games），由史蒂夫·杰克逊在1980年创立，专注于出版角色扮演游戏、卡片游戏以及其他一些桌面游戏。——译者注

他人共创了一个名为"电子前沿基金会"①的组织。联合创始人都是家境殷实的计算机行业先驱，巴洛与他们相识于网上。他们都认为"不可避免的冲突已经在网络空间和现实世界的边界悄然展开"[9]，而这一新生的组织就是旨在保护网民的自由（比如言论自由和个人隐私）不受政府的侵犯。

作为"电子前沿基金会"的管理者，巴洛继续撰文描写网络空间。与此同时，他也开始表明自己的政治信念。他写文章，探讨了美国等国家应当如何应对新兴的网络社会。而随着互联网的发展，巴洛的读者群体不断扩大，他自身的影响力也与日俱增。1996年2月，在针对美国政府发表了一篇题为《网络空间独立宣言》的文章之后，巴洛在虚拟网络方面所展示的政治才能达到了新的高度：

> 工业世界的政府们，令人生厌的铁血巨怪们，我来自网络空间，一个全新的思维家园。我以未来的名义，要求旧时的你们少来干涉我们。你们不受欢迎，在我们的聚集之地，你们毫无主权可言。
>
> 我们没有选举产生的政府，也绝不会产生这样的政府。所以，我凭借的是自由的权威在此发言。我声明，我们建立的全球社会空间，将独立于你们强加给我们的专制。你们没有统治我们的道德权利，也再不会有任何的强制手段，会让我们真正感到害怕……
>
> 你们未曾参与我们大型的集会交流，也从未替我们的

---

① "电子前沿基金会"（Electronic Frontier Foundation），受史蒂夫·杰克逊游戏公司事件的影响而成立的一个非营利性的国际法律组织。——译者注

市场创造财富。你们对我们的文化和伦理一无所知，对我们不成文的法典更是一窍不通，相较于你们强加的法律，我们拥有的这一切会让社会变得更加有序……

我们将在网络空间创造出一种思维文明，它将比你们这些政府造就的世界更为人道和公正。[10]

和它的灵感来源不同，《美国独立宣言》强调"定于一尊"的权威，而《网络空间独立宣言》则被谦逊地称为"一家之言"，因为巴洛认为没人能够代表网络空间发表正式宣言，但很多人对他的"一家之言"表示赞同。冷战结束不过几年，世界侥幸躲过了一场核战争的浩劫，大家深有感触，觉得人类应当以此为鉴、提升自我。马歇尔·麦克卢汉①就做出过预测：电子通信将缩小世界的尺寸，使其成为一个"地球村"。[11]而互联网已然快将这一切变为现实。

巴洛设想，网络空间这一"思维家园"将很快发展出自己的全球数字经济：

我们坚信，无论存在何种限制，早期宽带互联网的速度将足以开启有史以来最大的自由市场。[12]

在菲律宾和斯里兰卡等地，人们已经相继加入数据录入的行列。作为与日俱增的电脑程序员中的一员，他们现在也能像印度班加罗尔②的同行一样，以自认为高昂的

---

① 马歇尔·麦克卢汉（Marshall McLuhan），20世纪原创媒介理论家、思想家，以及电子时代的先驱和预言家。——译者注

② 班加罗尔（Bangalore），印度南部的一座城市。——译者注

价格在全球市场售卖自己的代码，不过这和帕洛阿托①的程序员相比，依然相距甚远……尚待挖掘的人才与人类应对全球信息经济的需求之间还存在巨大差距。这宛若电压一般，需要有电路将两者之间的电势差连接起来。[13]

同年年底，《网络空间独立宣言》在万维网上发布了大约4万次，这是个庞大的数字，因为当时网站的数量也不过20万个左右。[14]时事评论员开始称呼互联网用户为网民，即互联网公民。甚至一些古板的法学学者也开始主张，互联网应当享有自己的主权。[15]巴洛似乎找到了真正的"面酵"，一切似乎步入了正轨。

但我们知道，后面的事情其实并未朝着巴洛设想的方向发展。互联网没能获得主权。领土民族国家——这些"令人生厌的铁血巨怪"——从一开始就插手了互联网的管理。"他们原先把互联网当作美国国防部的一个研究项目"，但互联网爆炸式的增长，一下子超过了国家执法的管控能力，于是他们快马加鞭，对互联网服务提供商及其用户实施了新的规定，同时也给予执法人员更多的资源、权力和培训。"肉食空间"的社会秩序强行入侵了网络空间，全球性的网络国家最终未能建成。

虽然建立"思维家园"的情绪一度高涨，但在"令人生厌的铁血巨怪"的统治下，它又为何崩溃得如此之快？直接原因有很多，一些作家也深入探讨过。[16]比如，从技术和物质的角度看，网络空间仅是扎根于各自所在的地区，并且组成互联网的用户、

---

① 帕洛阿托（Palo Alto），加州旧金山湾区的一座城市，美国硅谷的中心。——译者注

服务商以及各种组织，也都处于特定的国家管辖地内。此外，由于法律基础的欠缺，法庭和执法者对互联网上的不法活动也会选择视而不见。

不过，根本原因在于，虽然巴洛对立性地发表了宣言，但网络空间还是未能发展出健全的社会秩序。随之而来的混乱将法庭和执法者招引进互联网，那时尚未有强大的力量能将其拒之门外。结果，数字经济没能形成巨大的网络市场，反而受制于国界，割裂成为各国自己的网上购物商城。

三、交易问题

下列引述发生在早期互联网市场，它展示了在网络空间创立社会秩序的困难性：

> 你在网上找到了一位来自加州的买家，他想要购买你的樱桃去核器，但现在你人在纽约。此时你要如何把去核器寄给买家，同时确保你能收到货款？相反地，买家要如何确保收到的去核器没有问题，能够正常使用？[17]

在面对面交易时，商品的获得和付款是同时完成的，但在远距离交易时，这一过程就需要花费一定的时间。这就产生了一个两难的局面：你是否该信任对方——按约定将商品寄出，或按约定完成付款？在社会科学理论中，这被称为"交易问题"。[18]

若贸易双方按照约定进行合作，那么交易就能顺利完成。但若只有你完成了交易，对方却食言而肥，那么你只能落个人财两空的下场，对方则分文未付地得到了商品。因为担心自己上当受骗，人们就会犹豫不前，交易就很难达成。这就是交易问题给远距离市场带来的难题：在没人愿意冒险的情况下，交易根本难以开展。

在国民经济中，为了解决这一问题，国家会行使权力，进行有序管理。若交易一方违背了合同规定的义务，你可以将其告上法庭。若交易完全是一场骗局，对方甚至要面临牢狱之灾。正是有了国家撑腰，20世纪90年代中期，人们才开始无所顾虑地进行电视购物和邮件购物；也正是有了国家的支持，这种远距离市场才能蓬勃发展。

然而，巴洛的"思维家园"并不存在国家、法庭或者警察，因此没人能强制坏人完成付款，更没人能让他们锒铛入狱。《网络空间独立宣言》中写道："我们的身份与躯体无关。我们与领土国家不同，不会通过强迫躯体获得秩序。"在网络空间，网民能给予他人最大的伤害，不过是发送一封带有怒气的电子邮件（一般含辱骂内容），但辱骂对骗子根本起不到震慑作用。

那么，新兴的网络经济究竟该如何解决交易问题呢？巴洛给出的答案是，我们要放弃法律制度，回归到问题的根本：

> 在整个工业时代，我们慢慢将保持社会秩序和个人准则的重任转移到我们自己建立并强制施加的法律体系上……我们的道德观念渐渐没落，而律师和官僚却迅速崛起。

虽然网络空间摒弃了维系秩序的制度，但它也指明了一个方向，那就是从社会制度本身产生秩序。因为在一个没有法律的大环境中，唯一切实可行的，就是遵循"待人如待己"这一行为准则。[19]

如果每个人都能遵循互联网黄金法则，那将是最好的结果。你可以放心地寄出商品或者支付款项，因为你知道每个人都与人为善。没有欺骗，自然也不会有两难的局面。我们不用再雇请律师，也不用再维系诸如法院这般复杂的体系，交易也会变得更加便捷和实惠。

你也不必愤世嫉俗，觉得这不切实际。这条黄金法则不就教会了怀俄明州那位骄躁的少年①"秩序"的理念么？互惠原则是人人都渴望达到的美好道德标准，但现实中，大多数人都难以企及。那么他们有朝一日能达到吗？巴洛又是否比我们更早意识到什么？他所说的网络上"切实可行"的行为准则又有何含义？

> 你可以藏匿于互联网中，但你逃脱不了它。你若往这锅汤里喷口水，你最终也得自己喝上一口。在网络上，善恶到头终有报。[20]

巴洛所指的就是社会科学家常说的"互惠原则"：别人以你待人的方式对待你，即报以同等反馈。别人积极与你合作，你便也积极配合他人；别人蛮横对你，你便也报之以蛮横。这是人性的自然反应。社会科学家已经证明，在特定情况下，这能促进合作性社会秩序的自我进化。

---

① 这里指来自怀俄明州的约翰·佩里·巴洛本人。——译者注

四、合作的进化

政治学家罗伯特·阿克塞尔罗德①曾举行过一场著名的比赛，利用人工智能程序进行一场名为"囚徒困境"的游戏，并观察谁是最后的赢家。[21]"囚徒困境"其实是贸易双方在现实生活中面临的交易问题的抽象版本，两者同出一辙，只是游戏设计有所不同。两个游戏的规则也完全一样：若两个玩家选择合作，那么双方可以同时获得较高的分数（各得3分）；若一方选择合作，而另一方选择背叛（博弈论术语：指拒绝合作），那么选择合作而上当受骗的一方将损失惨重（得0分），而背叛的一方则大获全胜（得5分）。若两个玩家都选择背叛，那么双方相安无事（各得1分）。每组对决，两两配对，玩家要彼此进行约200次的较量，最后积分最高的则为赢家。

参赛的玩家们来自6个不同国家，其职业包括计算机科学家、数学家、经济学家、社会科学家和生物学家，他们在阿克塞尔罗德设计的比赛中总共提交了62组程序。其中一部分程序还专门设计过，能够采用复杂的策略蒙骗对手。然而，在所有参赛的程序中，一个设计最为简单——被称作"以牙还牙"（Tit for Tat）的程序取得了最后的胜利。它的策略是重复另一组程序在前一回合对自己做出的选择。如果对方在前一回合选择配合，那么下一回合它就会选择配合。如果对方在前一回合选择背叛，那么下一回合它就会选择背叛。这完全是互惠互利的。而且它是友好的：它在第一回合永远会选择合作，并且不会率先做出背叛的选择。

---

① 罗伯特·阿克塞尔罗德（Robert Axelrod），美国密歇根大学政治学教授，代表作有《合作的进化》《合作的复杂性》等。——译者注

采用如此善良谦逊的策略,居然能战胜数十个残酷无情、投机取巧的人工智能,这让人感到难以置信。不过可以想象,每当对手妄图通过背叛来获得额外分数时,"以牙还牙"程序都会立即给予同等反击。可以说,以这种方式挑战它根本毫无胜算。唯一能击败它的,就是在第一个回合它还表示友好的时候,就果断选择背叛,并在之后不断选择背叛。但这样的策略在整场比赛中,根本获得不了多少积分,因为相互背叛所获得的分数很低。

通过比赛记录分析,阿克塞尔罗德总结道,"以牙还牙"程序之所以能获得最高分,是因为"它十分友好,只有当对方率先背叛了,它才会采取报复措施,而且在进行一次报复之后,它依然保持宽容"。[22] 之后,阿克塞尔罗德进行了另外一次模拟,允许程序自主改变策略,以提高自己的排名。他发现,在特定条件下,所有程序最终会趋向于友好互惠,而由此产生的是一种合作性的社会秩序。交易问题迎刃而解。

类似的事情也会发生在现实生活中。我们不妨以威斯康星州派恩代尔这样的农村社区为例。每年5月,邻居们都会过来帮你给小牛打上烙印,而你会为他们奉上啤酒和午餐。到了冬天,你会从山谷另一头的农民那里得到干草,他们也允许你等到牲畜拍卖后再付款。而时不时地,你会到威格酒馆①小酌一杯,并赊欠下一笔钱。但现在假设,你不再为邻居奉上啤酒和午餐,或者拒绝偿还你欠农民的款项,或者在酒后争吵中对酒馆服务员大打出手——那么下次他们会如何待你呢?只能说,善恶到头终有报。如果你还想在社区里生活和经营,你最好偿还债务、善待他人,

---

① 威格酒馆(Wrangler Café),牛仔们经常光顾的小酒馆。——译者注

否则他们将不再与你合作。甚至第一次与人见面时，你也要善待他们，因为首次互动后，你们可能会发展出一段长久的关系。生活在这样的社区，友好互惠的行为不仅展示了美好的道德，更展示出了一种源自私心的理智。就如巴洛所言，"待人如待己"是唯一切实可行的行为准则。

此外，巴洛还正确地指出，在某种程度上，社会已经摒弃了基于友好互惠的社会秩序，转而接受了依托于正式制度（如法律、法院和官僚机构等）的社会秩序。[23] 某种意义上，这种秩序是由上层权威强行施加的，而非源于人与人之间的互动。社会学家用"现代性"这个词来指代这种社会秩序。就其概念而言，"现代性"不是指某个时期，而是指一种社会结构方式。在现代性社会里，自发的合作仍然存在，但其数量与效能已被极大削减。总的来说，与生活在传统农村社区的人们相比，生活在现代城市的人们更不相信自己的邻居，也更不太可能对有需要的陌生人施以援手。此外，在大城市里，犯罪率也往往更高。

"思维家园"里不存在中央权威，却拥有大量社区。"新闻组"里就活跃着许多讨论小组，讨论的话题各种各样，从 Linux 操作系统①到自由主义，从马的养殖到历史重塑。此外，还存在着许多"互联网中继聊天"的渠道，网友们能在那里举行更为亲密的聚会。最后"思维家园"里还包括了早期形成的市场。巴洛认为，在这样一个领域中，自发的合作会像在派恩代尔一样自然产生。网络经济中的交易会像邻里间互相帮助一样，变得简单可靠。

---

① Linux 操作系统是电脑操作系统中的一种。——译者注

"我认为,在一个法律难行其道、良知切实可行的社会环境里,当足够多的人致以足够多的时间,伦理最终就会如高山一般,从社会地理中拔地而起。这是我敢保证的。而我也希望它能行之有效,毕竟这是我当前所知的唯一答案。"巴洛如是说。[24]

五、电子市场的难题

回溯20世纪90年代中期的"思维家园",观察其群体和社区,你会发现社会秩序确实是沿着巴洛提出的方向发展的。所以很多人都觉得,网络参与者应当节制自己的行为。网民们用"网络礼仪"这个词来指代大家可以接受的行为标准。但它所包含的内容无法单一地进行权威定义。通常,大家在引述这个表达时,所指的是技术作家弗吉尼亚·谢伊(Virginia Shea)于1994年发表的著作《网络礼仪》。[25]根据谢伊的说法,网络礼仪包含的第一条规则就是互惠原则。她指出,在互联网上,"待人如待己"不仅是一种道德责任,更是成功的先决条件。

在"思维家园"涌现出的大量市场中,规模最大的当属"新闻组"市场。它最初源于一个名为"百货出售"(misc.forsale)的讨论组。网民们在上面发布待售商品的信息,商品既有全新的,也有二手的。而随着交易量的不断增加,不同种类的商品和服务开始被细分为其他组别。到1995年,"新闻组"市场除了一个大组以外,还拥有50多个官方和非官方小组。进入市场的新人会被致以以下内容:

> 由衷欢迎您使用"新闻组"市场，这里交易的所有东西都低于市场均价。很多电脑用户已经成功购买到自己满意的商品——从电脑配件到帆板，从房子到旱冰鞋，这里应有尽有。请您详细浏览"新闻组"市场，找寻您想要的物品。[26]

这是"新闻组市场常见问题解答"的开场语，类似于市场的一份非正式宪章。它是一份篇幅很长的文件，一方面为潜在的交易者提供实用的建议，另一方面为大众提供能够接受的行为准则。它阐述了参与者应该如何对待读者，以赢得他们的合作，同时也说明了该如何避免引起读者的不满。其告诫如下：

> 如果您将不当的文章发送至错误的群组，您不仅无法找到目标受众，还有可能引起数千潜在客户的愤怒。[27]

到 1995 年，发布到市场各个群组的信息已经累计超过 25 万条。[28] 这些信息大多与出售商品和服务有关，另外约 14% 是求购广告，还有少量是其他的信息（如"谨防上当受骗"的提示等）。其中最繁忙的一个小组是"百货·出售·电脑·内存"（misc.forsale.computers.memory），它每月能发布大约 1 400 条消息，吸引大约 3 万人前来阅读。[29] 当然，这离开启"有史以来最大的自由市场"这一目标还有一定差距；但这也算是开了个好头，毕竟这一截然不同的市场秩序，依托的不是法律和官僚，而是自发的合作，源自互联网友好互惠的文化。而到了此刻，已经不止一个时事评论员将互联网称为"行之有效的无政府主义"。

但若进一步观察，你会发现交易问题仍然困扰着参与者。市场上开始出现很多帖子，讲述参与者被骗的经历：

> 我是 Intellicomp 公司①所设骗局的受害者之一。我给该公司寄了一张 2 884 美元的现金支票，但我什么都没收到，这让我感到沮丧和头疼！[30]

情况其实还有很多，比如购买的商品并未送达，或者商品与卖家描述不符。有时还会发生无法付款、支票被退回的情况。甚至在发生一些意外时（如物品在运输途中损毁），交易双方还会就责任问题产生分歧。自发的合作似乎没有得到进化，反而开始倒退了。

> 是时候有人或者权威机构出面，对"百货·出售·电脑·内存"小组中出现的骗局采取行动，这确实是个严重的问题。

事实确实如此，1994—1996 年，有关诈骗和假货的信息增加了三倍多，其增长速度远超其他信息的增长（见图 1.1）。[31] 越来越多的参与者对交易表示不满，有些甚至出现了愤懑的情绪。

---

① 美国一家提供计算机服务的公司。——译者注

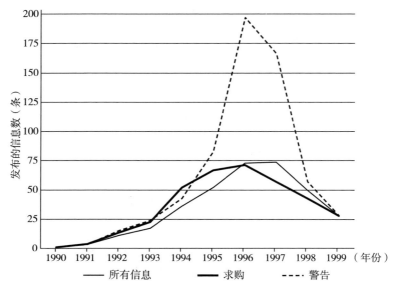

图 1.1　每年发布到"新闻组"市场的信息（1990—1999 年）

注：每年发布到"新闻组"市场的信息，已按种类进行划分，并与 1990 年的信息进行对比；求购信息包括在标题中出现"想要"或"求购"字样的信息；与诈骗和假货相关的信息包括在内容中出现"诈骗""假货"或"警告"字样的信息。

为了避免更多麻烦，一些参与者开始停止远程交易，只使用"新闻组"市场来寻找适合本地面对面完成的交易；另有一些人则彻底放弃使用电子交易：

> 有时候，对于来自其他州、其他国家或者世界另一端的人，你很难表示信任。我自己是不会再通过互联网与他人进行买卖和交易货物了。

"新闻组市场常见问题解答"甚至也承认，有时确实事与愿违：

> "新闻组"市场上每天都能完成 100 多笔成功的交易。大多数时候都能进展顺利，但偶尔也会有问题出现。所以无论是买方还是卖方，希望你们自己能够尽早发现这些潜在的问题。[32]

对于一个吸引了全球数万浏览者，且原则上可供数百万人访问的市场来说，100 多笔的交易其实算不上多。当时的互联网用户数量呈爆炸式增长：从 1994 年到 1996 年，全球互联网用户数量增加了三倍。市场上发布的信息也随之增长，大约是同期的两倍（见图 1.1）。与此同时，求购信息的数量只出现了小幅增长，甚至从第二年开始呈现出下降趋势。由于垃圾广告和可疑骗局的激增，信息总数在接下来一年里又继续增长。但此时，一些真正的交易者已经陆续离开了这个日益混乱的市场。

虽然买卖双方的合作使交易成功达成，但我们尚未弄清，这些成功是否该归咎于互联网自发的合作性社会秩序。事实上，为了减少被骗，"新闻组市场常见问题解答"还建议买家和卖家去寻求国家和其他现代机构的权威保护：

> 在法庭上，一张取消的首付款支票，就足以让法官相信买方已经支付了全部货款……如果涉及昂贵物品，你还可以起草一份公证的销售单据……其本质就是一份法律合同。[33]

"新闻组市场常见问题解答"还提到了所谓的"独家律师"，他会建议买家尽可能使用信用卡支付，这样一旦存在问题，信用卡公司就会介入其中。一名买家就表示，自己正是因为西联汇款①的介入才免于被骗。当时，西联汇款将这名卖家列入黑名单，禁止他们之间的货款支付。"新闻组市场常见问题解答"还指出，国际交易特别容易产生问题，因为一个国家的保护制度往往不适用于跨国交易。

六、全球劳动力市场

"思维家园"的经济其实并不局限于商品。"新闻组"上的另一个小组就成了虚拟的劳动力市场。如果有公司想为工作项目寻找独立承包商，就可以在"百货·工作·合同"（misc.jobs.contract）小组里发布职位空缺。到1995年，该小组已经发布了将近20万个职位。拥有旧时系统的银行和航空公司，开始在上面寻求经验丰富的承包商，来解决可怕的"千年虫"漏洞②（因为旧时的软件无法处理下一个千禧年的数据）。而随着互联网热潮的升温，初创公司和老牌技术供应商也加入了针对技术人才的争夺之中。

根据"新闻组"的宪章，能够通过互联网远程执行的合同属于"外场"职位。原则上，大多数脑力工作，包括编程、写作、图形设计、数据库管理等，都可以通过互联网远程完成。全球尚待挖掘的脑力与信息经济的需求之间存在着电势差，而现在，互联网这条电路已经就位，电压也已经供足，火花会就此迸发出来吗？

但可惜的是，只有极少数的外场职位空缺会在"百货·工

---

① 西联汇款（Western Union）是一家国际汇款公司。——译者注
② "千年虫"漏洞（Y2K bugs）是一款计算机系统漏洞，指在2000年千禧年到来之际，由于旧时计算机只能使用两位数来表示年月日，因此在进行跨世纪的日期运算时，系统就会产生错误的结果，进而引发各种系统功能紊乱。——译者注

作·合同"小组里发布。从 1995 年到 1996 年,内场职位空缺的数量增加了三倍,但外场的合同却从未取得进展(见图 1.2)。从雇主的角度看,"交易问题"变成该如何确保员工将计费时间花在他们的工作上。那个时代的雇主解决这个问题的方法,就是把员工安置在小隔间里,然后对他们进行监工。虽然现在雇主利用互联网寻找员工,就像以前他们通过商业杂志进行广告招聘一样,但实际工作仍然需要在"肉食空间"完成。

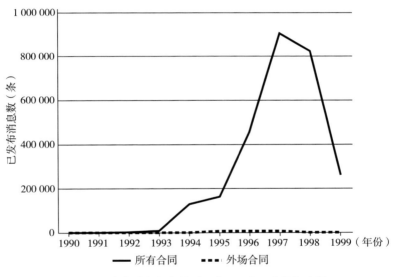

图 1.2　每年在新闻组的"百货·工作·合同"小组发布的信息数量(1990—1999 年)

事实上,巴洛先前强调的南亚和东南亚的数据输入操作员和程序员,他们并不是自由职业者,无法通过网络空间获取合同。他们都是工薪阶层,在大型办公楼里一排排的办公桌前,为美国和欧洲公司的海外分公司工作。他们无法"在全球市场上销售自己的代码",只能出卖自己的劳动力,为跨国公司设在当地的分公司卖力。最初为他们带来订单的"海底电缆"（即虚拟劳动力市场），没想到竟是为英美帝国所设。此外，这些"海底电缆"还常常被用作它处，那就失去了它们大部分的价值。在过去，自发的合作没能进一步发展，帮助实体商品创造出独立的网络集市。而现在，它也同样没能创造出全球劳动力市场。

更糟糕的是，犯罪分子很快盯上了网络空间。从1994年到1999年，美国联邦贸易委员会（Federal Trade Commission）观察到了"广泛的网络非法活动，有传统的金字塔骗局、医疗骗局和虚假投资，也有高科技诈骗，如'调制解调器劫持''网页劫持'和'鼠标陷阱'"。[34]他们指出，互联网"已经成为诈骗的沃土，它让诈骗人员更有底气地去模仿合法的商业活动；而且与其他媒介相比，诈骗人员通过互联网，能够更加高效和低廉地找到潜在的受害者"。[35]巴洛原本希望网民奉行的不成文法典，"能为社会带来比（国家）强制更多的秩序"[36]，但这一愿望最后也落空了。

七、永恒的九月

所以，问题到底出在哪里？为什么网络空间的合作没法像派恩代尔社区那样蓬勃发展？需要注意的是，阿克塞尔罗德发现友好互惠行为能够战胜机会主义策略，这是基于特定条件的。其中一个关键条件就是，互动需要反反复复进行，玩家之间要不断接触。如果互动仅有一次，那么欺骗者就会战胜友好的互惠者，自发的合作就永远不会出现。而当越来越多的程序被引进模拟时，整个过程中，任何两个程序接触超过一次的机会就会减少。于是，背叛成了一种更加有利的策略，出现合作性社会秩序的机会也变得愈加渺茫。

20世纪80年代末，当贝齐·科恩第一次劝说巴洛把目标转向互联网时,能够上网的用户并不算多,根本无法与后来的人数相比。那时,每月大约会有 15 万人访问"新闻组"[37],但积极参与其中的只占很少一部分。群组中大多数是一些相识多年的常客。在这种意义上,他们和威斯康星州的农村社区有点儿相像。

当时提供最多互联网服务用户的是大学。每年 9 月,随着大一新生获得属于自己的电脑账户,"新闻组"都会迎来一拨新的用户。但由于新人对网络规则还不甚了解,所以往往会产生一些混乱,行为标准就会有所下降。到了 10 月底,新手们要不就学会了与社区中的用户相处,要不就完全退出互联网。所以一般要到来年的 9 月份,秩序才能得以恢复。

这个现象如此循环了数年,直到 1993 年 9 月。互联网常驻用户注意到这一次与往年有所不同。互联网新增用户远多于平时,而且还在不断增长。几个星期过去,新用户依旧源源不断。几个月过去了,情况依然如此。其实这是因为当时美国在线公司(AOL)——一家大型的商业在线服务提供商——向其快速增长的客户群(当时已有大概 100 万人)开放了"新闻组"。互联网的繁荣就此到来(见图 1.3),[38]源源不断的陌生人涌入新闻组。曾经像农村社区般的地方发展成了新兴小镇,最后变成一个庞大的郊区,大多数人都不再认识彼此。当时的互联网传说,将这个新时代称为"永不结束的九月",或者"永恒的九月"。

在旧时的互联网上,大多数网民都乐于合作,但在其大门彻底打开之后,网友们的这种天真反倒引来了许多机会主义者,后者对互联网的滥用,最终改变了人们相处的方式,尤其是陌生人之间的相处。尽管互联网用户数量激增,但互联网市场也因此衰退。以往那些对陌生人心怀善意的网民,也开始心生猜忌。最终

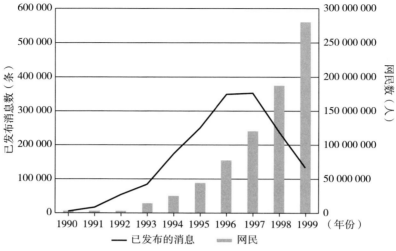

图 1.3 每年的互联网用户数量,以及发布在"新闻组"市场的信息数量
(1990—1999 年)

交易变得越发困难,建立在自发合作基础上的市场也很难得到发展。所以,早期互联网经济的失败并不是因为诈骗的存在——尽管相关报道甚多——而是因为交易缺失、难以进行所致。

> "新闻组"是否有用,很大程度上取决于使用它的网民。因为就算是极少数的无良用户,也足以将其整个摧毁。请记住,无论您是设备的买家、卖家还是寻求者,您的诚实和正直体现的都是本论坛的声誉和效用。[39]

在"永恒九月"时代,因为欺诈和诓骗,互联网很快变得臭名昭著。在1995年,只有8%的美国人愿意在网上使用信用卡支付。[40] 全世界的政府执法机构开始出面保护网民。它们发起了"网上冲浪日"等活动。在此期间,警察会在网上巡逻,对目睹的犯罪事件进行干预。[41]国家安全局（巴洛称之为"美国网络占领军"）也对网络活动进行了布控。[42]许多深受消费者信任的品牌大公司，也开始将互联网作为自家的电子邮购目录。最终，网络空间恢复了秩序，但作为代价，互联网没能独立于领土民族国家，也没能摆脱与领土民族国家之间的冲突。等到一切尘埃落定后，网络空间已不再是一个前沿阵地，而成了电视领域的一个数字衍生品。

八、躯体的需求

巴洛所言丝毫不差。现代社会里，人与人之间的很多交集，都不再是出于合作精神，而是人们隐约觉得，法律和权威会帮我们兜底，于是我们克服了对彼此的怀疑。但这并不意味着，是法律和权威扼杀了自发的合作，至少它们没有直接痛下杀手。在国家数量较多的区域（比如北欧），人们更乐于合作，对陌生人也更加信任。[43]可以这么说，在现代大都市里，人与人之间的联系复杂多变，根本无法为秩序的建立提供一个坚实的基础。社区和网络中偶尔会有良好的合作出现。但在形成规模之前，它们脚下一直震动不断，最终只能分崩离析。法律和权威并未扼杀自发的合作，相反，它们让我们建设出了规模巨大、远超我们自身承受能力的城市和市场。

巴洛希望在网络空间建立一个独立于领土国家管制的"思维家园"，但在思维专注于伟大梦想的同时，它的躯体却日渐衰弱。当网民们进行数百万条信息的交换时，商品或服务的交易却变得越来越少：工作稳定的大学生可以在网上阐述自由主义教义，经济独立的科技企业家也能高调地充当网络活动家。而对于大多数人而言，他们依然需要努力，以满足自己的物质需求。如果在网络空间无法建成"思维家园"，那么将其与领土国家相提并论也就毫无意义。一个国家若只有政治而没有经济的话，那么这个国家不过是大家共同的幻想罢了。

第二章
从名誉到监管：巨头的诞生

> 王要回答说："我实在告诉你们，这些事，你们既做在我这弟兄中最小的一个身上，就是做在我身上了。"①
>
> ——《马太福音》第 25 章第 40 节

皮埃尔·莫拉德·奥米迪亚（Pierre Morad Omidyar）1967 年出生于巴黎，他的父母为了寻求更高等的教育，从伊朗移民到法国。在他 6 岁的时候，他的父亲——一位泌尿科医生——为了前往巴尔的摩（Baltimore）约翰霍普金斯大学（Johns Hopkins University）担任住院医师，又带着全家迁居到了美国。[1]

到美国不久，奥米迪亚的父母便分开了，之后他便与母亲生活在一起。奥米迪亚的母亲是巴黎大学毕业的语言学博士，很早就开启了学术生涯，平时需要四处奔波，奥米迪亚便也跟着母亲东奔西走。在进入大学之前，他还未在同一个地方待满过一年。保持长久的友谊对奥米迪亚来说实在太难，于是他把大量的时间花在了计算机和电子产品上。

---

① 此中文翻译引自《和合本圣经》。——译者注

在华盛顿上七年级时，奥米迪亚经常在体育课上偷溜到科学老师存放 TRS-80 微型计算机的储藏室。通过那台机器，奥米迪亚自学了 BASIC 编程语言，之后随着他的技术越发娴熟，学校还特意聘请他编写了一组管理课程的程序。"我甚至想过偷偷输入一些额外代码，这样我周五就不用上课了。"他说。[2]

到了十五六岁的时候，奥米迪亚全家又搬离了夏威夷，奥米迪亚开始意识到自己没法获得长久的友谊，所以很希望自己能够找到归宿。

> 在八年级和九年级的时候，我终于在学校结交到一些亲密的朋友，但九年级之后我又离开了……这真的很让人难受。对我来说，这是最难熬的一段日子。[3]

而他的大学时期注定也只能发展出短暂的友谊。据奥米迪亚描述，他本身算不上勤奋，不过还是考上了塔夫斯大学（Tufts University），一所位于马萨诸塞州波士顿的研究型名校。他一开始主修电气工程，但由于课程难度太大，他转而学习了计算机科学。学习过程中，他接触到了互联网——这是一个令他无比惊喜的发现。很快，在 20 世纪 80 年代中期的"新闻组"讨论小组中，奥米迪亚找到了自己无论身处何地都能随时进入和停留的社区。他花了大把时间，大胆深入地探讨各种话题，包括苹果电脑、金融市场、个人隐私和《星际迷航》①等。后来，奥米迪亚还加入了电子前沿基金会的"新闻组"小组——电子前沿基金会是由约翰·巴洛等人创立的数字自由组织。

---

① 《星际迷航》是美国有名的科幻影视作品。——译者注

1988年完成本科学业后,奥米迪亚在加州硅谷一家为苹果电脑制作软件的公司找到了工作。他自称是一名自由意志主义者,脸上蓄着胡子,头上扎着马尾辫,脚下总穿着一双勃肯鞋。他在公司与大家相处十分融洽。但由于公司经营不善,奥米迪亚和许多同事都遭到了解雇。于是奥米迪亚联合一位前同事和几位熟人,创办了一家公司,开始研发以触控笔运行的设备软件。

可惜的是,在20世纪90年代初,手写运算的市场和技术还不算成熟。没过几年,他们就将公司改名为eShop,并尝试了一些不同的业务:给想在最新发明的万维网上建立商店的公司提供工具。但奥米迪亚对这个新方向并无兴趣,不久后便离开了公司。不过奥米迪亚保留了一些股份,几年后,当这些股份被微软收购时,他赚到了第一笔百万美元。但那时候,他在无意间已经参与到另外一个项目之中,这个项目将为他带来数十亿美元的收入。

20世纪90年代初,奥米迪亚对市场和资本主义非常着迷。原则上,自由开放的市场为每个人都提供了同等的成功机会,包括像他这样的外来移民。他把钱投到证券领域,用电脑绘制和分析这些证券的价格。他还收集了证券的历史价格数据,并通过文件传输协议(FTP①,类似于现在的Dropbox②)分享给了他人。理论上,金融市场的价格波动对所有人来说都是不可预测的。但在实际操作中,奥米迪亚发现市场还存在不足,因为并不是所有人都能在同一时间获得相同的市场信息。在他身处的硅谷,他看到

---

① FTP(File Transfer Protocol),中文译名"文件传输协议",用于网上文件传输的一套标准协议。——译者注

② Dropbox,中文译名"多宝箱",一款免费网络文件同步工具,用户可以存储并共享文件和文件夹。——译者注

很多人脉广泛的内部人员,通过内部消息获得了巨大收益,而外部人员对这些信息根本无从知晓。

奥米迪亚认为,互联网——一种运行速度接近光速的全球光纤信息网络——应该能解决这个问题。它应该能产生一个绕开旧时守门人的自由市场,创造出"一个公平的市场环境,在这样的环境下,人人都能获得相同的信息,人人都能平等地竞争"。[4]

一、ebay.com

互联网上出现的数字经济其实并未让奥米迪亚感到眼前一亮。它主要由大企业的电子商店及其资助的初创公司组成,把人当成"钱包和流量",只有在输入信用卡号码的时候,才会赋予其自我表达的权利。在整个工业世界中,互联网不过是一个巨大的邮购目录,上面旋转着商标,闪烁着广告横幅。

> 如果从民主、自由的角度来看,当公司将越来越多的产品强行塞进你的手中时,这件事就不再是什么趣事了。[5]

奥米迪亚也并不天真:他知道互联网其实已经存在点对点市场,只是并不完善。他曾经在"新闻组"市场出售过自己的旧手机。那是一款来自日本的 NEC P201 手机,有 40 个存储槽和一根立式天线——款式相对较新。因为运行状况良好,奥米迪亚出价 225 美元。但显然没有买家出现,因为两周后,他又在一个面向当地交易的小组里发布了一则更为简短的广告,出售同一部手机。而到了 20 世纪 90 年代中期,兴许是看到之前自己珍视的社区氛围被"永恒的九月"冲淡了——当时,由于互联网接入服务提供商①，大批新用户涌入互联网——所以奥米迪亚已经很少在"新闻组"上发帖了。[6]

从 eShop 辞职后，奥米迪亚去了另外一家硅谷公司。他偶尔会兼职做一些自由职业项目，并以"Echo Bay 科技集团"（Echo Bay Technology Group）的名号完成。这个名字与现实世界里的 Echo Bay②并无联系，奥米迪亚只是觉得它听起来很时髦。之后在用这个名字注册互联网域名的时候，他发现 echobay.com 已被占用，于是就将其缩短为 ebay.com。[7]

奥米迪亚当时也做了很多自己喜好的项目，包括一个电子邮件国际象棋③程序和一个埃博拉病毒信息页面。而他最新的项目是建立一个在线市场，任何人都可以通过网络浏览器——当时一项热门的互联网新技术——进行访问。与以前的市场有所不同，这个新市场是以拍卖的形式进行交易的。奥米迪亚认为，如果每件物品都能在供需达到一致的情况下卖出，那么拍卖机制就能产生最合理的价格，这也大体符合经济学的理论。

> 这是一个实验……我想创造一个高效的市场，让参与其中的人都能获益。类似于提供一个公平的竞争平台。我当时想，天啊，互联网！网络！它真是完美契合这个目标。这简直就是思维上的一种追求。[8]

---

① 互联网接入服务提供商，指专门从事互联网接入服务的供应商，它能为自己的用户提供接入互联网的服务，以及其他一些信息服务。——译者注
② 现实世界里，美国内华达州有一个城镇就叫作 Echo Bay。——译者注
③ 即通过电子邮件下国际象棋，双方通过电子邮件告知对方自己要下的每一步棋。——译者注

这个市场最初只有三个功能：待售商品陈列、商品浏览以及商品出价。按照奥米迪亚的设想，物品将按照以下类别进行陈列：古董和收藏品、艺术品、汽车、书籍和漫画、消费电子产品等。所有商品都会配以蓝色和黑色的文字，并陈列在灰色背景下。奥米迪亚将这个项目命名为AuctionWeb，并将其与埃博拉页面，还有其他一些项目放在自己的网站。1995年9月4日，奥米迪亚在"新闻组"市场还有其他一些平台上宣布了这个项目。但当天刚好赶上公共假日劳动节，大多数人都没有上网，因此也没人来光顾他的网页。[9]

几天后，一些物品开始出现在待售界面——一张由迈克尔·杰克逊（Michael Jackson）亲笔签名的海报标注起拍价400美元，一辆雅马哈1980年Midnight Special款的摩托车标注起拍价1 350美元，一款任天堂PowerGlove的游戏标注起拍价20美元，一本 The Maxx 第六期漫画标注起拍价0.75美元。[10]奥米迪亚自己也在待售界面上传了一只坏掉的激光笔。人们对这些商品进行出价，交易也都顺利达成。经过几次竞价，奥米迪亚那只坏掉的激光笔最终以14.83美元的价格卖出，买家是一位加拿大人，他想要激光笔内部的配件。[11]

6个月后，该网站的用户增加到了几百人。奥米迪亚的互联网服务提供商开始抱怨它引流太多，但奥米迪亚觉得AuctionWeb只是个人爱好，并不是商业项目，所以依然使用月租30美元的个人互联网账户运营着。本来，买卖双方只要同意交易，就可以按照自己的方式进行付款——通常以邮寄现金或支票的方式，而奥米迪亚也没有收取他们任何费用。但由于流量太大，奥米迪亚的互联网服务提供商强制将他升级为每月250美元的商业账户。为了摊销成本,他不得不开始向用户收取费用。[12]

奥米迪亚自己估算了一个合理的价格:25 美元以下的商品按其最终售价收取 5% 的费用,25 美元以上的商品按其最终售价收取 2.5% 的费用,同时他希望卖家以邮寄的方式将费用寄来。奥米迪亚不确定在此之后还会不会有人继续使用这个网站。但事实证明,人们并没有放弃它。不久之后,奥米迪亚就开始收到信封,里面塞满了皱巴巴的钞票和一些硬币。到了月底,他高兴地发现,这些费用加起来竟比自己的互联网账号租金还要多。[13]

但与此同时,一个更为重大的问题出现了。和在"新闻组"市场一样,并不是所有的交易都一帆风顺。出现的问题包括:货物没有送达、款项没有结清、货物不符合预期等。这些问题有时候是无心之失,有时候则是欺骗或彻头彻尾的诈骗。由于网站用户太多,每个人都不太认识彼此,并且大多数交易都是一次性交易。结果,社会秩序没能自发形成,网站也没能让每个人都诚实守信。奥米迪亚这一新建的市场面临陷入混乱的危险。早期互联网正是因为这样的混乱,才失去了原本有望建成的点对点经济。

二、五星好评

很多用户在察觉自己在交易中上当之后,就会直接给网站管理员奥米迪亚发送电子邮件。很快,他每天都能收到十几封这样的电子邮件。[14]但奥米迪亚不愿参与网站冲突的仲裁。他觉得这会超出自己的负荷。并且,如果自己拥有这样的权威,那就违背了奉行的自由意志主义理念。所以,奥米迪亚决心设计出一种促进合作的机制。1996 年 2 月 26 日,他向 AuctionWeb 的用户宣布:

这个网站的受欢迎程度超出了我的意料，我也意识到，这确实是互联网商务的一次重大试验。我创建这个开放的市场，旨在鼓舞诚信交易，我希望陌生人间的交易能由此变得更加轻松……但还是有些人不守信用，欺骗他人。这在AuctionWeb、"新闻组"、分类广告，甚至邻里之间都时有发生。这是生活中无法避免的事实。但在AuctionWeb，这些人将无所遁形。我们会驱离他们，确保其他用户不受伤害。但这个伟大的目标需要你们的积极参与。我们希望您成为注册用户，使用我们的反馈论坛，在平台上留下您认为的应有的赞美，并提出您觉得的合理的控告。[15]

这一新添的功能叫作"反馈论坛"（Feedback Forum），买家和卖家在交易后，可以在上面发布对彼此行为的评论。每条评论都包含一个数字反馈评级，包括+1、中性，或−1，数字评级下还可以追加文字评论。有交易意向的人可以通过阅读评论，了解交易一方的为人：善良、诚实、粗心，或是彻头彻尾的骗子。此外，系统还会统计每个用户的评分数值，并将总值显示在用户网名携带的括号内。由此，奥米迪亚创建了世界上第一个在线名誉系统。现在我们在网上购买或出售东西时，会被要求留下评论，但在1996年，这完全是个破天荒的想法。

从社会科学的角度看，名誉和互惠原则对社会秩序的产生有着相似的作用。[16]在这两种情况下，由于未来可能产生有价值的互动，人们就会倾向于友好合作。背叛者短期之内可能占到便宜，但长此以往，他们就会失去参与未来交易的资格。但两者也有关键区别。在互惠原则下,背叛者只会失去与同一个人的未来交易机会。但在名誉系统下,社区里的每个人都会知道你如何待人,它所带来的潜在损失更加巨大。如果互惠原则可以用"待人如待己"来总结,那么名誉系统就表示"你如何待别人,便也会如何待我"。

当然,名誉本身并不是一个新概念。在任何一个紧密联系的社区里,都会流传着与成员的过去行为相关的小道消息,这些消息会影响别人与之打交道的方式。[17]约翰·巴洛出生的农村社区(他笔下也经常写到)就是一个典型的例子:

> 我一生中大部分时间都生活在怀俄明州的一个小镇上,镇上的居民没有太多隐私,因此也不存在什么隔阂。在派恩代尔,如果有人对我个人或者我的行为感兴趣的话,他们都能在威格酒馆打听到大部分消息。在酒馆里询问任意五位当地的顾客,你大概就能知晓我的全部底细——甚至还会听到一些众所周知,但事实上子虚乌有的事情。[18]

这种非正式的名誉或小道消息,在与互惠原则的共同作用下,就能促进社会秩序的自发产生。同样的道理,交易者如果都重视自己在社区中的形象,那么早期互联网市场的合作就能形成。虽然与同一个人进行多次交易的概率很低,但交易者也想在未来与社区中的其他人产生交易,而负面的消息就容易对其产生影响。情况确实如此,在"永恒的九月"到来之前,当时的《"新闻组"买卖指南》就给新用户提出了以下建议:

> 本论坛的读者大都诚实守信，想要维护自己的网络形象，但也存在少数害群之马，我们希望交易时您能遇见诚实守信的人……如果不确定卖家的情况，您可以发送电子邮件，谨慎询问网上的常驻用户。他们会愿意打消您的疑虑，或者证实你的猜疑。[19]

但将小道消息作为社会秩序的基础会产生一个问题：当信息在人与人之间传播时，内容经常会产生扭曲。人们更可能传递一些能证实他们现有看法和偏见的信息。一个传闻通过多种途径传播，接收者获得的内容就会有所不同，听到的也可能是些"众所周知，但事实上子虚乌有的事情"。反之，社区中一些广受欢迎、拥有良好关系的成员，他们的负面信息可能就不会被人传播。此外，社区也可能会毫无理由地排斥人们，将他们遗留在信息圈以外。由此可见，小道消息虽然可以维持一定程度的社会秩序，但它提供不了绝对公平的秩序，甚至提供不了具有经济效率的秩序。[20]

此外，和互惠原则一样，这种传统上非正式的名誉形式，也很难形成规模巨大的秩序。[21] 随着社区发展成城镇，城镇发展成城市，人们很难再通过小道消息了解一个人。在过去，想要了解一个人，你可以去酒馆随意找五个人询问，或者通过电子邮件求助于常驻用户，但现在这些方式已经难以奏效。与人们过去的行为有关的信息依然存在，但已经难以获得，因为知晓它的人分散在人群中，你很难再遇见他们。并且，随着人们的离开和病逝，他们知道的信息也会随之消失。事实证明，和互惠原则一样，当互联网迎来"永恒的九月"，小道消息就再也充当不了社会秩序的基础。

然而，奥米迪亚的"反馈论坛"是一个名誉系统——一个正式的信息系统，它克服了非正式小道消息的一些局限性。它从当事人那里收集到平台用户的行为信息，进行存储，并直接分享给其他人。通过这种方式，信息不会因为多人传递而产生扭曲，也不会因为人们的离去而丢失，并且无论用户规模多大，这些信息都能被轻松找到。通过这个反馈论坛，奥米迪亚回归到以社区作为市场核心的理念，虽然互联网使其规模不断扩大，但它也确保了每个人都能获得相同的信息和访问权。

三、一袋又一袋的信封

那么"反馈论坛"能行之有效吗？它也许是历史上首个在线名誉系统，但绝非首个名誉系统。我们可以在不同的地点和年代找到很多它的历史先例，这可能连奥米迪亚本人都没有意识到。

例如在中世纪早期的欧洲，商人会选择在旅馆举行商业会议并完成交易。旅馆老板认识每一位商人，也听到很多他们谈论的内容，商人经常会让他充当协议的见证人。长此以往，旅馆老板成了一个相对正式的信息中心，当地商人可以通过他获得彼此过往行为的信息。而到了12世纪，公证处开始出现，它以一种更为有序的方式，执行与旅店老板相似的职能。公证处最开始出现在地中海的主要贸易城市，后来出现在了北欧各地。商人可以到公证处正式留存自己的交易或债务记录，也可以到那里查询之前记录的信息。[22]

不过，当地的旅馆和公证处，对于从事远距离贸易的商人来说用处不大——他们将货物送往异地的买家，或从异地的买家那里订购货物。他们一般通过与异地城市的熟人通信，获得自己所需的信息。事实上，对于一名从事远距离贸易的商人来说，加入书信网络是他们工作中至关重要的一环。一段时间后，一些精于信息收集和书信撰写的商人，就成了专业的信息经纪人，他们会定期给订户派发时事通信。到了17世纪，欧洲大部分贸易城市开始出版商业周刊甚至日报，专门报道著名商人的贸易活动。[23]"偷走了我的钱包，就像偷走了垃圾一样……但偷走了我的名誉……我将一无所有。"莎士比亚在1603年的《奥赛罗》中写道。

然而，名誉系统所能达到的效果也受到一些限制。例如旅馆和公证处的服务对象仅限同一地区；人们很难从往期的信件和报纸中，快速搜索到商人过去的行为信息；只有部分的信息得以传播，因为信息获取、纸张、墨水以及信息传递都需要一定成本。当然，随着时间的推移，新的名誉系统还会出现——比如信用信息局，但仅建立在名誉基础上的市场，其规模仍然有限。[24]随着中世纪过渡到现代早期，再从现代早期过渡到现代，企业对交易问题的解决，越来越依赖国家权威和大公司的内部控制系统。虽然名誉系统约束市场参与者的作用并未完全消失，但如今规模巨大、范围广泛的非个人市场得以涌现，主要还是因为国家权威的支持。

奥米迪亚的"反馈论坛"是一种完全数字化、基于互联网的新型名誉系统，它似乎有能力克服早期名誉系统的一些局限性。它有无限的存储空间，能够永久保存记录，并且支持全球范围内的即时访问。AuctionWeb的用户非常喜欢这个系统。俄克拉何马州的一位藏书卖家说："反馈是在线销售产生以来出现的最好的事物。"[25]奥米迪亚也表示："我原本担心它会变成一个充斥抱怨的论坛……但几周之后，我惊讶地发现，人们实际上也不会吝啬其赞美之词。"[26]记者亚当·科恩（Adam Cohen）则称，反馈系统已经将网站变成"一个虚拟的小镇，小镇的人们通过名誉知晓彼此"。[27]

小镇的规模很快就扩张起来了。随着全球互联网使用量的增长，AuctionWeb 吸引了大量的用户。如今的互联网已不同于旧时，它的网页已经出现了图画。而 AuctionWeb 也与大多的网站不同，它配备了大量稀有商品的数字化照片。到了 AuctionWeb 运营的第二年年初，也就是 1996 年 10 月份，网站上拍卖的次数已达到了 28 000 次。仅仅三个月后，也就是 1997 年 1 月，拍卖的次数更是达到了 20 万次——这比"新闻组"市场最忙月份内收到的信息数量的两倍还要多。但这种爆炸性的增长并没有带来混乱，市场秩序依然存在。名声系统这次挺住了。每天早上，"一袋又一袋的信封"会邮寄到奥米迪亚这里，里面装着平台用户支付的费用。[28]于是，奥米迪亚辞掉了工作，雇用了员工，删除了埃博拉病毒页面，将 AuctionWeb 正式改名为 eBay。

在接下来的几年里，eBay 继续保持着爆炸式的增长（见图 2.1）。[29]到了 1999 年，网站已经拥有 1 000 万名注册用户。同年，用户在网站上陈列出售了 1.3 亿件商品，总销售额达 28 亿美元。它每月都吸引了大约 180 万名独立访问者，是整个互联网上第五大受欢迎的网站。[30]到了世纪之交，世界范围内大约已有 10 万人在 eBay 上以售卖商品为生，包括电脑经销商、木匠、古物收藏家、艺术家等。[31]而大企业经营的那些电子商店——曾经视个人仅为输入信用卡号码之用——如今已被远远甩在身后。奥米迪亚当初想要创建一个公平的竞争环境，现在这个愿望实现了。

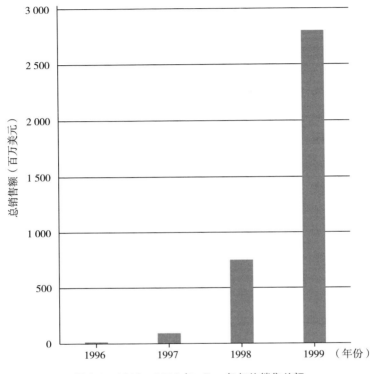

图 2.1　1996—1999 年 eBay 每年的销售总额

在某种程度上，约翰·巴洛曾经也设想过相同的愿景。这位网络自由论者梦想建立一个虚拟社会，在这个社会中，秩序能独立于领土国家的权威而自发产生。但早期互联网的扩张超越了其自身既有的界限，仅凭黄金法则已经无法维持太平。于是"令人生厌的铁血巨怪"以保护商业为由介入互联网。现如今，一个繁荣的全球市场出现了，它的秩序也是自发产生，但基于的是人们对自己名声的重视。eBay 借助额外的技术——一种类似簿记的系统，创造出一种开关机制，使重视名声的本能像滚雪球一样，变成普遍存在的和谐。而随着这种技术的面纱被揭开，它也迅速传播开来。于是，新的网站如雨后春笋般涌现出来，它们利用名誉系统来促进各种领域——从虚拟商品到数字劳动力市场——的在线交易。在塔夫茨大学的一次主题演讲中，奥米迪亚向学生们解释道：

> eBay 的优势在于它的系统是能够自我维持的——它能够根据用户的需求自我调节，不受任何中央权威的强力干预……这是一个围绕共同利益而形成的有机的、不断进化的、能自我组织的个人关系网络。[32]

四、敲诈勒索

而随着 eBay 的不断发展，"反馈论坛"也需要进一步调整。它面临的挑战之一就是如何让人们主动提供反馈。当初在宣布建立反馈论坛时，奥米迪亚呼吁社区的人们要团结一致（"确保其他用户不受伤害"），并将提供反馈作为社区成员的一种义务（"这个伟大的目标需要你们的积极参与"）。在过去，商人们也会与朋友和商业伙伴们分享相关的信息，他们认为这是自己的义务。但记录这些信息需要花费大量的时间和精力，而且，如果严格从利己的角度上看，可能还需要将一些能够提供竞争优势的见解分享出去。随着社区的扩大，这种团结往往会变得难以维持，因为一些人开始坐享别人的信息，而不愿意分享自己的信息。[33]在中世纪，随着城镇的发展，信息中介发展成为一门专门的职业，信息经纪人需要花费大量精力，有时甚至需要花费大量金钱来获得有价值的事实。而现在，eBay 已不再是一座小城镇，更像是一座大城市，但它仍希望平台的贸易者能免费提供有价值的信息。

因此，随着 eBay 的发展，人们提供反馈的动机将不再仅是出于团结。其中一个不同的动机就是互惠。平台上现在经常出现的一幕是：不管交易的实际情况如何，如果双方都能得到好处，那么他们就会互相给予对方正面的反馈。[34]而且，给予负面的反馈现在也变得极具危险，因为这可能会激怒对方以同样的方式进行反击。换句话说，现在大多数时候，不管交易的实际情况如何，人们都会给予正面的反馈。大家对互相给予正面反馈的期望越变越强，一旦交易一方没有及时给予对方评级，对方就会在平台疾呼："卖方没有给予我们同等的正面反馈！"

在 eBay 之后，其他引入名誉系统的网站也出现了这种互惠反馈。比如在互联网就业平台 Upwork 上，部分卖家甚至不愿意签订合同，除非买家事先同意最后会给出五星好评。[35]久而久之，这就导致了"名誉膨胀"，个别用户的平均名誉评级和得分都趋于完美。[36]诚然，相互间的正面反馈会让各方受益，提高他们的声誉，但这样做是有代价的，很多人会因此被误导，坏人也很难被发现。所以，反馈行为涉及的互惠不能算是"待人如待己"的一个范例，它顶多算是"你既已帮我，我便也帮你"的体现。[37]

eBay 类似的缺陷让不诚实的参与者有了钻空子的机会，而市场积聚的财富则成了他们犯罪的动力。互联网上的诈骗行为再次袭来：1998 年上半年，联邦贸易委员会记录了 300 起与在线拍卖有关的投诉；1999 年上半年，相关投诉达到了 6 000 起。[38]虽然绝对意义上的诈骗行为还不算太多，但其增长速度超过了拍卖本身。伊利诺伊州总检察长办公室的丹·安德斯（Dan Anders）在接受报纸采访时解释说："他们要么没发商品，要么就是发了一些与广告商品无关的东西。"[39]他这番话其实是在说两个骗子,他们在几个月的时间里列出了几十个待售的电脑硬件,他们愉快地接收买方的付款,但事实上,他们手里根本没有这些硬件。据估计,全美消费者联盟(National Consumer League)收到的在线拍卖投诉是其他电子商务交易投诉的5倍之多[40],并且eBay上有超过20%的买家对于交易心存不满[41]。数据虽然如此,但平台上的反馈却一如既往地好:99%都是正面反馈。[42]名誉体系似乎正在失效,一些律师开始呼吁国家的干预。[43]

但如今,面对这些问题,奥米迪亚已经不再是单枪匹马。1998年eBay上市,公司新任CEO兼董事长是经验丰富的高管梅格·惠特曼(Meg Whitman)。虽然奥米迪亚——当时已是亿万富翁——仍然涉及公司事务,但公司也聘请了许多技术娴熟的工程师来共同开发网站。此外,公司还与理论经济学家合作,开始研究如何改善名誉系统。

起初,eBay的工程师们觉得可以改良一下这个系统,让交易双方给出秘密反馈——事先都看不到对方给予自己的反馈,之后再同时将评论显示出来。这样,报复性反馈就不可能发生,交易者也就能给出自己真实的意见。但经济学家加里·博尔顿(Gary Bolton)、本·格雷纳(Ben Greiner)和阿克塞尔·奥肯费尔斯(Axel Ockenfels)对此进行了实验,实验结果表明,这样做会降低交易者对于反馈的整体热情。[44]eBay上的交易者原本就只有70%的可能性会给予反馈,现在要确保的是这个数字不再降低。此外,等到双方都完成反馈后再公布结果,这会在时间上造成极大的延误,交易者不能及时知道对方是骗子,社区中其他人也无法及时了解整个状况。所以,基于博尔顿及其同事的建议,eBay

最终拒绝了秘密反馈的想法。

博尔顿和同事们进行评估的另外一个想法是：创建第二个评级系统，与最初的"反馈论坛"并行操作，只是它实行的是秘密评级。最终得分会显示在交易人员的个人资料上，但他们无法访问关于自己的个人评论。这样，交易人员就算被迫在公开的反馈论坛上给出正面评价，在秘密系统中，他们也能铁面无私地给出真实的反馈。博尔顿及其同事对此进行了实验，结果表明，秘密反馈确实能获得更加真实的反馈，并且也不会造成整体反馈的大幅减少。公开系统中还是一如既往，互惠的动机使交易人员给出了相同的反馈。[45]在经济学家的建议下，eBay的工程师们开始实施秘密反馈系统，但系统中只有买方被允许给出秘密反馈。那时候，买方的不诚实行为可能还未被视作一个重大的问题。

这个改变一经实施，公开反馈和秘密反馈的结果真的出现了偏离：一些卖家在公开反馈中得到了近乎完美的评价，但在秘密反馈中，其平均得分却出现了问题。不过，这样的结果也让新用户感到困惑，因为在阅读公开评论时，他们已经确信卖家没有问题，但随后却经历了糟糕的交易。由于eBay的快速发展，任何时候平台上都是新用户居多。而这种虚假的正面反馈，无疑会破坏用户对整个市场的信任。

eBay的工程师还实施了另一项重大改变，这一次则没有来自博尔顿及其同事的实验支持。他们完全取缔了卖家给予买家负面反馈的能力。而这也彻底打破了互惠原则下交易双方互相给予正面评价的循环。如今，买家可以在公开平台大胆给予负面反馈，而不用担心遭到卖家的报复。

买家被赋予了极大的权力，于是部分人开始滥用自己的权力。

库尔乔德（Curchod）和同事采访了一位来自法国的专业珠宝销售商，他谈到了这个问题：

> 有人对我进行了勒索……今早我收到一条信息。我之前通过拍卖将一件19.9欧元的物品卖给了一位女士，但她现在想要回9.9欧元……他们威胁说要发表负面评价。[46]

换句话说，现在无论卖家的名誉多高，买家基本上都能对他们进行敲诈勒索。

五、死人写不了评论

在此之后，eBay的工程师也开发了一些新功能，用来提高卖家在市场上的地位。例如卖家可以对一些负面或中性的评论提出质疑。当一则评论被提出质疑时，网站管理员就会对其进行调查，并最终决定是否删除它。此外，评分高的卖家还被赋予"反馈保护"：只要卖家满足特定条件，比如提供30天免费退货，那么他们收到的负面反馈就会自动删除。最后，如果买家存在违规行为，比如拒绝履行中标报价，卖家还可以将其上报给网站管理员。

随着市场的发展和变化，问题开始不断涌现，新的功能和政策也被不断推出、修改，甚至被推翻取消。到这个时候，名誉系统对于维护网站社会秩序的重要性开始减退。卖家无法根据名誉评级来评估买家，因为他们无法进行负面评级。甚至，如果卖家试图以正面评论的形式将负面评论给出，网站管理员也会将其删除。网站管理员扮演了将坏人从买家中剔除的角色，他们通过实施网站政策和冻结违规账户的方式完成操作。在"新闻组"市场上，网民能给予他人最大的伤害，不过是发送一封带有怒气的电子邮件，但在 eBay 上，管理员现在已经拥有了权力，能将人们从社区中驱逐出去。

有一个问题也日渐凸显，那就是名誉制度无法有效应对一些特定类型的坏人。比如得克萨斯州有一名男子，因为服用了从 eBay 卖家那里购来的减肥药后，差点丢掉了性命。[47] 这种蓝色的胶囊添加了西布曲明，此物质曾被认为具有减肥效用，但研究表明它能诱发中风和心脏病，于是就被停用了。如果用户没有接受过医疗培训，并且自认为药效良好的话，他们可能就会给出正面的评价，服药之后出现的中风和心脏病也不会归咎于该药物。网上售卖的假药经常导致死亡，原本最有理由抱怨的人，死后甚至都无法给予评论了。

社会秩序之所以能建立在名誉之上，是基于这样一种假设：人们能够准确评估自己所获商品的价值。对于诸如漫画书或电脑部件这样的商品来说，这种假设可能成立，但对于诸如药品、膳食补充剂、化妆品、古董和艺术品等商品，这种假设就难以成立了。在 2000 年，一位专业的艺术品经销商在接受报纸采访时说道："eBay 是有史以来出售问题商品的最佳渠道之一。我偶尔会逛逛 eBay，但只需 20—30 分钟，我就能在上面发现骗子。"[48] 专家检验商品时也经常发现，签名的运动纪念品、名贵腕表、DVD 机以及其他一些物品全是假货。得克萨斯州的西布曲明案之所以被曝光出来，可能只是因为买家侥幸存活了下来，并且碰巧是一名合格的医生才能够知晓背后的原因。欧洲一家食品安全监管机构担心，一些在线美食产品可能含有致癌物等有害物质，对身体的损害作用要几年之后才能显现出来。由此可见，如果仅以名誉作为基础，交易就有可能毒害买方，而买方还浑然不知。

对于这种市场的失灵，eBay 的应对方式与现代国家如出一辙：引入监管机制。比如有些收藏品需要获得平台授权的评级公司的真伪鉴定后，才能陈列出售。有些商品的出售则仅限于预先获批的商家，比如 eBay 就邀请旧金山老牌拍卖行巴特菲尔德（Butterfield & Butterfield）为平台出售的高端商品出具货物清单。eBay 的竞争对手"亚马逊拍卖"（Amazon Auctions）平台也指定苏富比（Sotheby）——一家成立于 1744 年的伦敦拍卖行——作为其网站出售的高端商品的把关人。eBay 还专门为路易威登、迪士尼和微软等品牌推出了一条举报假货的热线。而一些高风险产品，如处方药等，则完全不再陈列出售。随着时间的推移，eBay 陆续推出了数十个政策文件，列出不同类别的商品需要遵循的规则，这些政策包括"酒类政策""食品政策""枪支政策"和"股票和其他证券政策"等。其中"产品安全政策"对违反者可能面临的后果的解释如下：

> 不遵守 eBay 政策的行为可能会面临一系列的反制措施，例如：管理性终止或取消商品出售、在搜索结果中隐藏或降级所有商品、降低卖家评级、实行买卖限制、暂停账户等。[49]

这些规则的执行并非完美，媒体隔三岔五还是会报道，说 eBay 上又出现了有害减肥药等相关物品。但总的来说，eBay 的监管干预还算卓有成效，它为个人的点对点在线商务提供了尽可能稳定和安全的环境。这些监管确保了市场的持续增长，使越来越多的网民成了专业的在线商家。同时，它们缓解了政府对不断上升的网络犯罪的担忧。经历了法庭诉讼和专家游说，eBay打消了直接监管在线拍卖的想法，决定只是将自己打造成一个中介机构，不再为网站上的事情承担法律责任。[50]

六、规则体系

现今，eBay的许多政策都参照了用户所在国家的法律和产品标准。公司也会配合执法部门对用户进行调查。[51]但网站秩序的维持，最后还是需要依靠网站的自身系统和管理人员，而不是任何领土国家的法院和官员。事实上，后者也根本没有能力维持：因为eBay一年内需要处理的纠纷数量，远超世界大多数国家整个法院系统的案件数。[52]

奥米迪亚最终成功地在不依赖领土国家权威的情况下，建立了网络空间的社会秩序。巴洛等网络自由主义者一直以来的梦想，就是将人类从这些"令人生厌的铁血巨怪"中解放出来。不过，在此过程中，奥米迪亚也造就了一个新的巨头——他让eBay成了第一批"互联网巨头"或大型科技公司中的一员，统治着大片的数字领域。库尔乔德和他同事曾经采访的一名家具销售商说过：

> 令人惊叹的是，eBay创造了自己的规则体系，某种意义上，创造了一种特定的法律体制。这太了不起了！他们的规则取代了现有立法……你无法和eBay谈判，因为他们制定了规则。[53]

就像巨人阿特拉斯①一样，eBay 公司以一己之力扛起了属于自己的宇宙。但在实践中，以社区为核心的市场理念被渐渐抛弃。现在，无论交易者在其他成员中的声誉如何，只要 eBay 的管理员认为他们存在违规行为，就可以将其驱逐出平台，或让他们从搜索结果中"消失"。奥米迪亚在 2000 年的一次采访中承认了这种转变：

> 我们必须改变我们的战略和政策。一开始，我们建立的是一个由人们自我管理的社区，但现在它转变成了一个需要我们自己动手揪出坏人的社区。[54]

公司上市后不久，奥米迪亚就退出了日常活动，搬回了巴黎，重新融入自己出生的社区。他原本希望打造一个信息自由流通的市场，但最终，市场秩序的获得需要依靠策略性地隐藏信息来完成，比如让买家秘密地评价卖家，或者限制卖家批评买家。新的市场打开了，而新的大门也立了起来。像苏富比这样的旧时守门人，有时还会被请去继续看守新经济的大门。在世纪之交，eBay 成立了一个非营利组织，帮助危地马拉农村的手工工作者通过网络售卖商品，这样就可以绕过挡在他们和消费者之间的中间商。[55]但与此同时，eBay 自身也迅速变成历史上最大的中间商之一。由此可见，要想克服一种形式的权威，就需要通过另一种形式的权威取代它。

但事情的结局并非如此，因为 eBay 的高管们渴望权力。在每

---

① 阿特拉斯（Atlas），古希腊神话中的擎天巨神，他被宙斯降罪，要用双肩支撑苍天。——译者注

一个阶段，只有当面临无法解决的市场失灵时，规则和监管措施才会被迫出台。从这个结果可以看出，要实现大规模自我组织的市场困难重重——或许根本不可能实现。一些创造市场的项目试图坚守其自由意志主义的根源，但也是因为它们，市场失灵出现了，这也注定它们只能是些次要实验——无法在规模和经济方面达到 eBay 的高度，对数百万人的生活产生影响。

　　旧时的互联网用户对此已有过预测。1995 年 3 月，在奥米迪亚创建"反馈论坛"的前一年，一群网民在"新闻组"市场上讨论，要建立一份公开的黑名单，任何人都可以上报自己糟糕的交易经历。但讨论者也迅速意识到，报复和勒索可能会对整个体系造成破坏。有位网友表示："那些单纯不喜欢你签名档的人，可能会平白无故地把你加到黑名单。"另外一位网友总结道："我想中间商会是个更好的主意。"[56]

　　巴洛等人希望互联网能解放人类，但如今这个结果肯定会让他们感到担忧。人类从政府官僚的手中解放了，却又受到网站管理员的监督，这两者又有什么差别呢？许多交易人员给出证据，表明自己受到了 eBay 管理员野蛮的对待，并对此进行了抱怨。[57]但 eBay 还算是一个相对温和的巨头，这与其创始人的悠闲态度和对社区的热爱不无关系。如今其他巨头——包括亚马逊在内——正在不断追随 eBay 的脚步。虽然它们各自的目标截然不同，但它们又会如何对待网民呢？网民们爬出了油锅，现在又是否直接掉进了火坑呢？

第三章
隐私困境：假面下的秩序维持

> 如今，我们仿佛在对着镜子观看，模糊不清。到那时，就要面对面了。我如今所知道的有限。到那时就全知道，如同主知道我一样。①
>
> 《哥林多前书》第 13 章第 12 节

1792 年，在斯德哥尔摩皇家歌剧院（Royal Opera of Stockholm）举行了一场假面舞会，古斯塔夫三世国王（King Gustav Ⅲ）出席。舞会进行时，音乐声中突然传出一声枪响，国王身受重伤，痛苦地哀号起来。一名男子把手枪掷于地上，大喊："有人开枪啦！"之后就消失在混乱之中。警卫封锁了出口，但没人能认出凶手，因为当时他脸上蒙着面具。[1]

罗斯·乌布利希，1984 年出生在得克萨斯州奥斯汀附近，他的母亲称这个地方为"优秀学区中最贫穷的社区"。乌布利希是个善良开朗的孩子。虽然称不上"少年神童"，但在朋友口中他也算"机智聪明"。他是一名童子军，获得过该组织的最高级别称

---

① 此中文翻译引自《和合本圣经》。——译者注

号——鹰级童子军（Eagle Scout）。不过在女孩子面前，乌布利希总是十分腼腆。[2]

高中时期，乌布利希避开了主流的足球文化，反而喜爱一些具有深度的论述。当时东方哲学传至美国郊区，乌布利希便对它产生了兴趣。他尤其喜欢"合而为一"与"和谐共存"的观念。与此同时，随着乌布利希对毒品的接触（尤其是致幻剂），他的视野也变得开阔起来。

乌布利希后来在学校遇见了个女孩，两人志趣相投，经常出入成双。随着两人关系的深入，乌布利希觉得自己终于找到了可以"合而为一"的另一半。他们开始谈论婚姻，但最终只是一场空谈。据其朋友回忆，乌布利希曾说："欺骗、中伤、阴谋，我算是领教了……一旦与人产生感情，你就会产生依恋，变得脆弱不堪……我还是太天真了。"[3]

之后，这位受挫的年轻人，被得克萨斯大学达拉斯分校（University of Texas at Dallas）录取，主修物理学。在那里，乌布利希接触到了自由意志主义政治哲学。跟他当初热爱的东方哲学一样，自由意志主义哲学也反对权威，也构想了新的社会和谐。但与东方哲学不同，自由意志主义思想奉行绝对的个人主义。至高无上的个人不会受制于任何短暂的结合，因为当两个人的兴趣不再相同时，这种结合就会立即破裂。此外，自由意志主义思想也绝不会认同"合而为一"这样天真的想法。

乌布利希之后去到宾夕法尼亚州立大学（Pennsylvania State University），继续进行研究生学习。他学习成绩优异，有望走上学术的道路。但他并不喜欢科研工作，他的大脑已经日渐被自由意志主义占据，一方面是受到了20世纪早期奥地利经济学家路德维希·冯·米塞斯①的影响，另一方面则是受到当代美国自由意志主义活动家的著作的影响。他加入大学的自由意志主义者俱乐部（Libertarian Club），并穿着印有"支持罗恩·保罗②当选总统"的衬衫到教室上课。他在领英③平台上发帖，称自己的兴趣正从科学转向经济学：

> 从自由意志主义作家的作品中，我明白了自由的机制和专政的影响。但这种了解反倒像一道魔咒，使我处处都能看到国家的影子，看到它抑制人类精神的可怕作用。[4]

乌布利希在2009年取得硕士学位后，决定放弃自己的学术研究生涯。他回到奥斯汀，开启了更加符合自己自由意志主义价值观的新生活。一开始，他尝试通过日间证券交易来赚钱，但没有成功。接着他又创办了一家视频游戏公司，但很快又倒闭了。乌布利希独自创业的尝试，最后都以失败告终。他后来写道："我放弃了成为一名科学家的光明前途，转而成为一名投资顾问和企业家，但最终一无所获。"[5]

迫于生计，乌布利希在网上找到了一份编辑的工作。"我负责编辑外国人的学术论文，这份工作无聊至极。虽然上班时间灵活，

---

① 路德维希·冯·米塞斯（Ludwig von Mises），20世纪著名的经济学大师和自由主义思想家，是自由意志主义运动的主要代表人物。——译者注
② 罗恩·保罗（Ron Paul），美国共和党派议员，曾多次参加美国总统大选，主张自由意志主义。——译者注
③ 领英（LinkedIn）是一个面向职场的大型社交平台。——译者注

但我觉得筋疲力尽。我讨厌为别人卖命。"[6]

机会最终自己找上门来。乌布利希楼下的邻居，问他是否愿意一起从事在线图书销售的买卖。这个买卖被称为"好马车图书"（Good Wagon Books），其实就是收集旧书，然后通过亚马逊等市场重新出售。买卖的一部分利润会捐给慈善机构，剩下未能卖出的图书则捐给监狱图书馆。

乌布利希决定尝试一下。他建立了一个公司网站，并开发了一组脚本，能根据亚马逊的图书销售排名，对一本书进行定价。他还自学了库存管理，并建造了一个可以容纳5万册图书的书架。在乌布利希的努力下，公司的月销售额很快就突破了1万美元。

但到了下一个月，这家公司却忽然倒闭了：乌布利希之前建造的书架倒塌下来，像多米诺骨牌一样互相碰撞损毁，原因是在之前施工过程中存在问题。乌布利希和他的商业伙伴都没有动力将它重新建造起来。他的邻居最后在其他城市找到了工作，而乌布利希则酝酿着一个新的项目。他已经打定主意，他告诉邻居："这是一个大项目！"[7]

一、"恐怖海盗罗伯茨"的面具

乌布利希对自由意志主义思想的研究，使他接触到了塞缪尔·康金（Samuel Konkin）的作品，他是一位来自加州的激进分子。像许多自由意志主义者一样，康金认为国家及其强制力量，是建立一个自由社会的主要障碍。但康金也认为，利用国家的政治制度来瓦解国家，结果只会适得其反。相反，他鼓吹以黑市交易的形式直接对抗国家。康金在宣言中倡议："逃避国家、避让国家、违抗国家。"同时，宣言中也预示："这些不再受到中央集权限制的人将即刻获得满足。"[8]乌布利希被这一愿景深深吸引：

> 最后一块拼图终于找到了！这一切突然明晰起来：在政府控制范围之外，你所采取的每一个行动，都能强化市场、削弱国家。我看到了国家是如何寄生于提供生产力的人民身上，也看到了国家是如何在失去税收之后，迅速地分崩离析。[9]

到目前为止，在康金的宣言发表 30 年后，国家仍然强大。黑市交易仍处于边缘地带。但乌布利希认为自己能改变这一切。他觉得自己可以利用互联网掀起一场革命：

> 这个想法就是创建一个网站，人们可以匿名购买任何东西，且不会留下任何指向他们的痕迹。[10]

实际上，他内心想要建立的是一个可以进行非法毒品买卖的网站，并且乌布利希自己也是个吸毒者。在他看来，国家一直用机制来强行抑制毒品的交易——这是开启一场革命的绝佳机会。[11]他在领英上写道："我打算运用经济理论来消弭人类之间的胁迫和侵犯。"

乌布利希虽然不是一个技术奇才，但他从"好马车图书"项目中学到了不少电子商务方面的知识。他开始着手筹备，想让这个网站变成现实。他在日记中写道："网站正在编写中，Patchwork①、

---

① Patchwork，计算机编程语言，一种图形排列的算法。——译者注

PHP①、Mysql②……网站的基本内容已经完成。"

乌布利希建立的网站看起来像 eBay 的早期版本，但最大的一个区别是：eBay 连处方药都禁止售卖，更别说非法的麻醉剂和致幻剂了。但乌布利希的网站上拥有自己顶级的产品类别，比如"毒品和制毒用品"。"我一开始想把网站叫作'地下掮客'（Underground Brokers），但最终还是用了其他名字。"

把这个网站建立起来是一回事，把它隐藏起来而不被当局发现，则是另外一回事——这是一项非凡的网络安全工程，远超乌布利希或任何居家黑客的能力。调查人员根据互联网地址，能够轻松确定服务器的位置，并对其管理员和用户实行定位和抓捕。

但乌布利希倚靠别人的帮助，帮助来自一个令人意想不到的地方：美国海军。20 世纪 90 年代末，美国海军研究实验室（Naval Research Laboratory）研发了一种名为 Tor 的技术，可以防止互联网信息的源头被人追踪。这项技术原本是为了隐藏美国间谍的踪迹，防止外国安全部门发现他们。但海军研究人员意识到，它也能被用于保护那些来自专制国家的异见人士。比尔·克林顿（Bill Clinton）总统和当时许多人都认为，互联网能促进言论自由，使之超越国家的管控能力。而 Tor 似乎能实现这一切。所以在 2004 年，美国海军将 Tor 以开源软件包的形式发布至互联网，所有人都可以获得和使用。电子前沿基金会——确保网民自由权利不受政府侵犯的守卫者——也开始资助 Tor 的发展和维护。

乌布利希认为，如果 Tor 可以隐藏"异见分子"，那么它应该

---

① PHP，计算机编程语言，即"超文本预处理器"，在服务器端执行的脚本语言。——译者注

② Mysql，计算机术语，一款数据库管理系统。——译者注

也能隐藏毒贩。Tor 通过一个迷宫一样的中继网络传递信息——类似于在前往派对地点的途中绕过多所房子，且每停一处都要改变装束以摆脱追随者。此外，宾客在前往派对地点和返回途中，需要全程蒙上双眼；政府人员也能访问这场派对，但他们无法确定派对的实际位置，也无法跟踪任何人回家。

乌布利希需要解决的另外一个问题是支付问题。像 PayPal 和 Visa 这样的支付平台会将客户的个人信息存档，所以毒贩要是接受信用卡支付，就会立即被识别和抓获。但在乌布利希做日间交易员的短暂时光里，他偶然发现了一种开源数字支付系统，名为比特币。[12]这是一种点对点网络，可以将虚拟"货币"从一个账户转到另一个账户。这种比特币账户和旧时的瑞士银行账户一样，只能通过数字进行识别。此外，比特币可以通过网上交易系统兑换成美元。因此，乌布利希最终采用了比特币作为交易市场的交易媒介。

还有一个问题是市场要如何克服交易问题——如何确保参与者履行他们的承诺。[13]贩毒参与者无论做什么，在国家的眼里都是罪犯，所以法律根本阻止不了他们拖欠付款或拒绝发货的行为。

eBay 采用的是一套名誉系统，人们可以对彼此的行为进行公开反馈。[14]但乌布利希想让交易"匿名"完成——严格来说，就是"不留下任何名称"。名誉系统若想行之有效，就需要将反馈与特定名称绑定，并且能够通过名称将反馈所涉的对象找出。

乌布利希最后采用的方法是在网站上使用假名：用户以虚构的名字出现，日常的身份则相互隐藏，就像假面舞会上出席者隐瞒自己的身份一样。如果使用假名，用户的各种行为就只会在其当下的场景里产生影响，在场景之外则不会有丝毫影响。在文艺复兴时期的欧洲，假面能让贵族们逾越他们那个时代的性别规范；而在他的网站上，乌布利希则希望假面能让毒品交易参与者逃脱法律的制裁。

乌布利希给自己选了一个叫作"恐怖海盗罗伯茨"的化名，这是参考了1987年的美国奇幻电影《公主新娘》（*The Princess Bride*）。影片中，罗伯茨是一个戴着面具、令人闻风丧胆的海盗。在为自己攒够钱了之后，这个虚构的海盗就把名字和面具传给了另一个掠夺者，抛掉自己的恶名，从此退隐江湖。乌布利希希望自己有朝一日也能像他一样。

有了Tor、比特币还有匿名的名誉系统，乌布利希觉得，是时候建立一个隐形的、不受国家制度约束的影子经济①了：

> 2011年是我创造前所未有的繁荣和权力的一年。我的网站将会成为一种现象，届时，肯定会有人在我面前议论它的存在，但他们一定猜不到我就是它的创造者。[15]

二、最无耻的尝试

2011年1月，乌布利希的网站正式开启贸易。网站的名字用绿色的大字写在页面的顶部，名字下面则写着"匿名市场"。第一批上市的商品是"恐怖海盗罗伯茨"自己种植的10磅重的裸盖菇②。为了挑起人们的兴趣，他开始在互联网论坛上发帖，并把自

---

① 影子经济（Shadow Economy），又称"地下经济"，指国家无法实行税收管理与监控的经济市场。——译者注
② 一种蘑菇，含有裸盖菇素（psilocybin），能产生致幻的效果。——译者注

己伪装成普通用户。他化名"薄荷糖"(Altoid),并在一个名为"比特币交流"(Bitcoin Talk)的论坛上发帖:"有人听过这个名字吗?它有点儿像匿名版的亚马逊网站。我想他们没在上面卖海洛因,但他们有卖些其他好东西。"[16]

之后买家出现了,并开始订购他的产品。他用普通信封打包致幻蘑菇,直接寄送到买家的家里。交易是用假名进行的,所以就算权威部门截获了信封,收件人也可以假装并不知情。其他卖家也陆续出现,他们也采用了假名,比如 Selfsovereign、Libertas 等,网站也随之出现了更多货物。在乌布利希将裸盖菇售罄之时,市场已经变得十分活跃。他在日记中写道:"市场已经开始走向成熟。"

2011年6月,高客网(Gawker)写了一篇文章,介绍了这个刚刚建立起来的"毒品销售版 eBay"。网站的使用量随即迅速增长。乌布利希指出:"当你回顾历史数据时,你可以清楚地看到事件发生的节点,那时注册人数急剧增长。"[17]由于不受毒品法律的约束,参与者进行了各种毒品的交易,各种名称的毒品开始引诱买家。[18]

最初,当局并未当回事,但在高客网的文章发表之后,他们立即开始重视它。短短三天之内,就有两位美国参议员举行了新闻发布会。参议员查尔斯·舒默(Charles Schumer)大发雷霆:

> 令人无法相信,它竟然允许买家和用户在网上出售非法毒品,而且用户出售时会通过特定程序隐藏自己的身份,让人几乎无法追踪。这是一个真实存在的、用于售卖非法毒品的一站式服务点,是我们见过的最无耻的有关网上贩毒的尝试。[19]

议员们公开呼吁美国缉毒局（Drug Enforcement Administration）和美国司法部取缔这一"网上贩毒市场"。乌布利希在日记中写道：

> 两名美国议员站出来反对该网站和比特币。他们大做文章，要求取缔网站……美国政府是我最大的敌人，它已经知晓了我的存在，它的部分成员还呼吁要彻底毁灭我。这可是世界上最大的武力组织。

但是几个月过去了，根本无事发生。大家依然以面具示人，更多的交易员也纷至沓来。乌布利希指出，在第一年，他收到的交易费大概平均每月在2万至2.5万美元。而到了第二年，他的月收入则达到了大概12万美元。[20] 很快，成千上万名毒贩在他的网站上大行其道，将毒品卖给了来自世界各地的买家[21]。"恐怖海盗罗伯茨"越发胆大，甚至接受了商业杂志《福布斯》的采访：

> 我们讨论的是世界权力结构发生巨变的可能性。人们现在可以控制信息和资金的流动和分配。国家将会慢慢瓦解，被淘汰出局，权力将慢慢交还给个人。[22]

不过，这一切也并非一帆风顺。黑客们已经盯上了乌布利希的宝藏。乌布利希意识到，自己需要向更有经验的技术专家寻求帮助和建议，进一步加强网站的安全性。于是他再次以"薄荷糖"这一化名登录到"比特币交流"论坛。他在帖子中表示，他正在"为一家由创投资金支持的比特币初创公司"寻找"比特币社区的 IT 专业人士"。[23] 最后，他找到了思想上能跟他保持一致的帮手，从而避免了一场重大灾难。

然而，一个更根本的问题开始凸显出来。就像 eBay 的反馈论坛一样，网站的名誉体系在现实中也同样存在问题。[24] 出于用户之间的团结，买家有可能会留下准确的反馈，但此外就再也没有明确的动机能使他们这么做了。尽管市场不断在增长，论坛上也出现了有关诈骗的报告，但仍然有 96.5% 的买家会给出五星好评。[25] 所以，从长远角度出发，单单依靠反馈系统，将难以维持平台的秩序。

像 eBay 的工程师一样，乌布利希最后解决名誉系统的弱点的方法，就是给这一系统配备一套规则和程序，并由中央权威——乌布利希自己——实施。作为一名信奉自由意志主义的激进分子，他竟然恬不知耻地担任了这一角色。他模仿美国总统发表的"国情咨文"演讲，发表了自己的演讲。[26] 乌布利希的演讲得到了用户们的拥护。一位成员说："我们是一个社区，从某种意义上说，'恐怖海盗罗伯茨'就是我们的总统。"[27] 当然，乌布利希不是真正的民选官员：他只能算是个小地主。

但乌布利希在一项原则上从不妥协。他尊重参与者使用假名：他不会尝试透过面具窥探他们的身份。这个网站不会监视用户，也不会收集数据档案。当货物被标记寄出时，买家的邮寄地址就会自动从网站的数据库中删除。虽然，乌布利希在网站的虚拟疆域内拥有绝对的权力，但也仅此而已。因为人们是自愿参与的，他们完全可以通过退出网站来摆脱乌布利希的权力控制。参与者可以自由地"逃避和避让"乌布利希，就像他们可以逃避和回避国家一样：

> 你们都是自愿前来的，如果你们不喜欢游戏规则，或者不信任你们的船长，你们可以随时下船。[28]

这种原则性的立场，使"恐怖海盗罗伯茨"的统治在意识形态上更符合其所要推进的自由意志主义革命。然而，在维护网站的社会秩序方面，这也开始产生一些问题。

三、假日惊喜

假名网络名誉系统的一个主要弱点是，它们很容易被"洗白"：名誉扫地的参与者可以使用新名字重新进入网站，从而洗刷自己过去的污点，就像用一个全新的面具替代另一个受损的面具一样。eBay打击洗白的方式，是通过要求新注册的卖家用政府颁发的证件来证明自己。也就是说，卖家的面具一旦沾上污渍，就再也无法重新购买。但乌布利希无法要求参与者给出政府颁发的证件。结果，相比eBay，在这个网站上，完美无瑕的名誉反而很难成为合作的保障。

所以乌布利希必须做出创新。为了打击洗白行为，他开始向每个创建卖家账户的用户收取500美元的保证金。这样一来，拥有洗白行为的用户就会付出代价，小规模的诈骗也就变得不划算。他还创建了一个托管系统。在该系统下，买家需要事先将货款转移到网站管理员指定并控制的一个托管账户。在管理员通知货款到账后，卖家就会将商品寄出。最后，当买家确认货物已经完好无损地送达，管理员就会向卖家发放款项，并扣除相应的交易费用。如果过程中产生纠纷，那么管理员就需要充当临时法官。[29]

起初，乌布利希自己扮演法官。但随着网站的发展，他开始寻找助手。"有人需要来回复信息，有人需要来管理论坛和维基①，有人甚至需要来解决争端。"[30]"恐怖海盗罗伯茨"最终雇用了好几名管理人员来帮助他运营网站，并用比特币来支付他们的薪水。

然而，在这种蒙面和隐形的环境下，网站的管理者几乎无法获得可靠的信息来支持他们裁断的决定。不诚实的买家开始宣称他们没有收到货物，许多资深卖家对此感到厌倦，开始要求买家"尽早完成交易"——在货物装运之前支付货款。另外，因为比特币的价值波动巨大，货物到达时，其价值可能只剩下原来的一部分，也因此卖方要求尽早完成交易。如此一来，交易者在实际操作中经常直接放弃使用托管系统。[31]

"退出骗局"的想法本身并不新鲜。这样的骗局在前现代经济中就经常出现。例如1431年，一位自称约翰·奈特（John Knight）的人来到了但泽②，他声称自己是一位到普鲁士旅游的英国贵族。他和当地商人一起喝酒，成为好朋友，并向他们赊购了许多商品。但到了付款的时候，约翰·奈特却消失不见了。最后商人发现，他根本不是贵族，而是一个骗子，使用的名字也很可能是编造的。[32]

在中世纪的欧洲，出于法律和行政目的，人的"名字"通常只被当作一种代称，用于指代当下环境下的某个人。比如在当地法律诉讼程序中，一个人可以被称作"约翰·史密斯"，但在另一个遥远地方，同一个人却可以被称作"约翰·布里斯托尔"。虽然人们的姓氏是固定的，名字却可以随意更换。因此，在某种意义

---

① 维基（Wiki）是一种在网络上开放且可供多人协同创作的超文本系统。——译者注

② 但泽（Danzig），波兰的一座港口城市。——译者注

上，当时所有的名字都只能算是假名而已。[33] 就像几个世纪后暗网所面临的情况一样，事实反复证明，假名终究无法为商业提供牢靠的基础。

四、卸下面具

当局对"恐怖海盗罗伯茨"的真实身份仍然毫无头绪，对黑市的所在地点也茫然不知。假名的使用和其他的规避手段，让国家特工们无从下手。但是，缺乏真实可靠的身份，也继续给乌布利希带来难题。与几个月后即将发生的大事相比，"退出骗局"只能算是个小麻烦。假面由此带来了很多问题，甚至牵涉犯罪。

假面的粉碎也给乌布利希带来了些许宽慰。在此之前，他一直试图寻找一位女性，能与之"合而为一"，或者至少能与之建立一段坦诚的关系。但这些秘密和面具一直阻碍着他：

> 我和杰西卡出去约会，我们谈了一些深奥的话题。我觉得我有必要向她坦白。这太糟糕了。我告诉她我有秘密……我太蠢了……我一直认为诚实是最好的策略，但现在我不知道如何是好……我只能说一半的真话。我觉得满嘴谎话是不对的，所以我试图在不揭露那些坏事的同时，尽量只说真话。但现在我变得左右为难，因为每个人都知道得太多了。[34]

五、隐私困境

斯德哥尔摩皇家歌剧院的警卫们，无法确定是哪位宾客在化装舞会上枪击了国王，于是只能把包括凶手在内的所有人都释放了。但第二天早上，凶手留在案发现场的手枪被送到了斯德哥尔摩的枪械匠手中。他们中的一人认出这把手枪属于雅各布·约翰·安卡斯特罗姆（Jacob Johan Anckarström）——一位国王的公开对手。经过审讯，安卡斯特罗姆承认了他犯下的罪行。他最终被定以弑君罪，判处的结果是将其右手剁掉，头颅砍下，并将躯体进行肢解。[35]

匿名可以保护我们免受他人迫害和政府虐待，但与此同时，它也会给我们带来其他危害，比如它会让坏人逃脱侦查和惩罚，从而破坏社会秩序。乌布利希起初在思想上支持采用匿名形式，但很快他就发现，如果没有稳定的身份能够将人们过去的行为与未来可能产生的后果联系起来，那么秩序根本无法维持。他尝试通过要求买家预留保证金，让假名继续存在于他的影子经济中，但这只能震慑住小规模诈骗的骗子。而为了应对更大的威胁，他只能调查坏人的真实身份，并要求自己雇用的所有管理人员，出示政府颁发的文件，以证明他们的身份。乌布利希最终只能依靠身份系统来维持他的市场，而这个身份系统则来自他试图"逃避和避让"的国家。

和乌布利希一样，互联网空想家约翰·巴洛和eBay创始人皮埃尔·奥米迪亚在一开始也坚定支持隐私和匿名。但当最后面临维护社会秩序的难题时，他们也和乌布利希一样，只能改变最初的策略。

多年来，巴洛一直提倡发展加强隐私保护的技术，并对政府试图规避这些技术的行为表示反对。1991年，他对参议员约瑟夫·拜登（Joseph Biden）提出的一项法案表示抗议，因为这项法案企图支持政府合法访问加密通信。[36]此外，巴洛建立的电子前沿基金会，也主张反对使用社会保险号来关联不同情况下的人们的身份，比如不允许保险公司以打击诈骗为由共享客户的信息。

然而，当巴洛思考如何维持其设想的网络社会的秩序时，他的解决办法中就提到了要放弃隐私。他认为，当人们的行动对彼此来说完全透明，那么他们的合作就能自发产生。而在网民具备不滥用他人信息的道德意识之前，增强隐私的技术只是权宜之计：

> 地球村会看起来更像一个真正的村庄，至少在消除了封闭的村庄外围隐私之后，它看起来确实如此。每个人会过上一种公开的生活，仿佛就像在自己家里一样……我在派恩代尔是受到保护的，这种保护不是来自信息的限制，而是来自一种宽容的社会契约，它禁止别人限制我的信息（当然，除非我的信息本身就十分恶劣，需要对其进行限制）。[37]

奥米迪亚曾经也同样热衷于隐私保护。他加入电子前沿基金会的"讨论组"，参与了上面关于社会安全号的探讨，还描述了自己如何拒绝向保险公司透露自己的社会安全号。不过，当奥米迪亚的市场实验受到欺诈威胁时，他采取的方案却是让用户放弃匿名，并进行"身份注册"，以形成他的数据库。那时候，万维网上的其他网站大多还可以匿名浏览，而 eBay 率先将身份证明引入了互联网。不久之后，eBay 甚至开始要求卖家提供合法的身份证明。

六、虚拟护照

对于信奉自由意志主义的技术专家而言,如果不依赖国家提供的稳定身份,他们就很难找到维持社会秩序的方法,但这并不意味着他们会始终依赖国家来提供这样的身份。

法律身份其实是一个相对较新的概念。一些中世纪的教堂会保留人们出生和结婚的记录,这些记录偶尔会被世俗政府用于地方行政管理。到了18世纪和19世纪,由于欧洲新兴的民族国家之间的竞争,政府开始尝试给领土内的每一个人赋予身份,以最大限度地进行征税和征兵,同时挫败间谍和诈骗者。政府给他们分配"用户账户",给予他们身份文件和政府记录。而且,为了使额外的"用户账户"难以创建,当局还会收集各种文件证明,例如出生证明、照片记录和生物特征数据等。[38]

从这个角度上看,合法名字本质上只是另外一个难以替代的假名而已。但如今,国家对于这种难以替代的假名已经不再具有垄断地位。自从联邦调查局关闭了乌布利希的网站之后,人们又陆续建立了100多个新的暗网市场。它的管理员鼓励用户通过加密签名,关联自己在各个暗网市场上的虚拟身份。通过这种方式,用户除了在自己行为产生的网站上感受到影响,更会在整个市场群体间感受到影响,由此带来的行为风险将会更高。[39]

但暗网市场群体与苹果、Facebook(已于2021年10月更名为Meta)和谷歌等巨头的数字帝国相比,只能算是小巫见大巫。如今,在人们日常生活和业务方面,越来越依靠这些巨头们运营的平台,它们分配给我们的身份因此变得越发重要,我们很怕失去这个身份。这些巨头们虽然不像领土国家那样,声称对我们的肉体具有统治权，但我们的虚拟身份——一种越来越重要的身份——却完全掌握在它们手中。结果，即使平台巨头们不曾知晓政府强制赋予我们的名字，它们也能对我们施予一定程度的秩序。事实上，现今的在线商家如果想要掌握你的身份信息，他们已经不会再去查看政府签发给你的护照或者驾驶证——这些证件可以伪造——而是会直接要求查看你的苹果账户、Facebook 账户或者谷歌账户。

所以，从一些方面看，当初乌布利希的观点是正确的，即互联网能够催生出一种使国家税收逐渐减少的影子经济。某种程度上，这种影子经济甚至可以帮助我们逃离国家的管控。但它无法做到的，是帮助我们逃离它自身背后的强制性权威。

第四章
互联网：距离的消亡，边界的重生

*居住适宜处，多闻工艺精。从业要无害，是为最吉祥。*①

——《吉祥经》[1]

20世纪70年代初，希腊被美国支持的军事独裁政权所统治。上校集团政府②通过审查、监视、殴打和拷问等手段镇压异见人士。整个国家被孤立于欧洲事务之外，无法加入欧洲共同体（欧盟的前身）。

1973年，在希腊最负盛名的大学之一——国立雅典理工大学（National Technical University in Athens），学生们举行了罢课。他们占领了校内的主要建筑，开始高呼反对政权的口号。为了支援他们，成千上万的人们走上街头，举行游行示威。人群欢欣鼓舞，发表了各种演讲。

但政府军很快包围了异见人士。狙击手朝他们开火，学生就

---

① 此翻译引自李荣熙译本《吉祥经》（*Mahā Maṅgala sutta*）。《吉祥经》是人们日常修持佛法的入门宝典。——译者注

② 上校集团政府（Regime of the Colonels），即在1967年政变后建立起来的希腊军人独裁政权。——译者注

设置路障,将自己封锁在建筑物内。虽然与外界隔绝,但他们利用实验室设备,拼装出一个临时的无线电台。他们通过无线电广播,继续高呼他们的革命信息,想让声音传向更广泛的听众:

> 这里是雅典理工!这里是雅典理工!希腊人民们,雅典理工是这场斗争的旗手。这场斗争是我们的,也是你们的,它是我们反对独裁和争取民主的共同斗争![2]

第二天晚上,政府军以暴力手段终止了无线电广播。一辆坦克冲毁了学生们的路障。不过,革命信息已被接收,它引发了一系列导致独裁政权垮台的事件。一年之后,人们举行了自独裁统治以来的第一次自由议会选举。

在这些事件发生的期间,一个名为奥德修斯·察塔罗斯(Odysseas Tsatalos)的男孩在雅典渐渐长大。他的父亲是一名律师,父母都希望儿子能成为一名医生。但这个男孩对科技更感兴趣。独裁政权倒台后,国立雅典理工大学引进了一个名为信息技术(IT)的新型研究领域,他对此表现出浓厚的兴趣。但他的父亲却认为,信息技术意味着"职业生涯还未开始就已经结束了"。[3]不过,察塔罗斯最好的朋友斯特拉蒂斯·卡拉曼拉基斯(Stratis Karamanlakis),同样对信息技术充满了兴趣。时代更迭改变,而今希腊已加入欧共体,边境也再次开放,用于支持信息技术发展的资金也涌向了校园。[4]

1983年,察塔罗斯和卡拉曼拉基斯进入著名的国立雅典理工大学学习信息技术;1988年,两人大学毕业,且都获得了计算机科学学位。毕业后,他们各奔前程。卡拉曼拉基斯在希腊开启了职业生涯，察塔罗斯则被美国威斯康星大学麦迪逊分校（University of Wisconsin at Madison）录取，开始了有关开创性计算机科学的研究生学习。

一、距离的束缚

到了2001年，留在美国生活的察塔罗斯来到了加利福尼亚。他和别人共建了一家初创企业，名为"英泰软件股份有限公司"（Intacct Corporation），并担任公司的首席技术官。公司的总部位于硅谷的非官方首都圣何塞（San Jose），主要为大型企业构建数字会计系统。这套系统有一个最大的特色，就是可以通过网络浏览器进行互联网远程访问。

就像其他移民一样，察塔罗斯也想念自己的祖国，想念自己因追寻人生而走散的朋友。后来有一天，业务上的需求使他的思乡之苦得到了疏解："英泰公司"需要雇用一位承包商，而自己的好朋友卡拉曼拉基斯刚好可以胜任这一工作。不过，卡拉曼拉基斯现在也是经验丰富的信息技术人员，他在故土有自己的生活，不愿背井离乡，移居到千里之外的圣何塞。[5]况且，工作签证数量有限，想要拿到手也绝非易事。

这两个朋友最后认定可以通过互联网远程合作，毕竟互联网能够实现国界的跨越，而且正如约翰·巴洛所言，它能够提供将远程知识工作者和雇主之间"存在的电势差连接起来的电路"。[6]其他思考者也发表过类似的声明。"所有接入全球信息通信网络的人……都将享有和特定城市区域的人们一样的工作关系。"[7]结果，"曾经只有在城市才能完成的事情，如今在任何地方都能完成"。[8]有了信息高速公路，现实中的高速公路就不再是必需品，因为"你不再需要离家才能去工作"。[9]世界成了一个"不受空间制约的城市",而"全世界人民所需的,只是一道来自光学计算机系统、直径仅为30个原子大小的光束"。[10]

尽管上述一些愿景听起来稍显夸张,但现在宽带互联网的连接速度,已经比巴洛最初的300波特调制解调器快出了2 000多倍。察塔罗斯和卡拉曼拉基斯现在都是信息技术人员,"英泰公司"是一家主推远程访问系统的软件公司。而且,卡拉曼拉基斯要做的工作只是输入和输出软件代码,并借助FTP和CVS等标准工具从互联网将代码快速传输过来。所以,如果说互联网想要超越所有地方的边界,那上面所谈及的这些,大概就是它实现这一目的所能想象出的最简单的场景。

然而,"英泰公司"的首席执行官拒绝了这个想法。拒绝的理由无关互联网的速度或者代码的传输方式。问题主要出现在管理方面。那时候,大家所习惯的承包商,是坐在公司办公室的办公桌前,人们可以直接与他们合作——也可以有效地监督他们。不然,管理人员还能如何确保承包商将计费时间花在他们该花的地方呢?

社会科学家将上述这一问题称作"委托代理问题",即确保代理人(承包商)真正为雇用他们的委托人(公司)工作的问题。这是人们在劳动力市场上面临的交易问题,[11]而且,如果当事双方距离遥远,那么问题就会进一步恶化——委托人不能直接远程监督代理人,而近距离接触的缺乏,也使一些相对温和的方法,如建立共同的目标感,变得难以奏效。

委托代理问题可以用于解释:为什么互联网呈现爆炸式增长,但将工作从实体办公室转移到"不受空间制约的城市"的愿景却仍未实现。事实上，相反的情况正在发生。人们为了寻找工作，正以前所未有的速度涌入圣何塞、柏林和伦敦等真正的城市。他们来自农村地区或者就业机会相对贫乏的国家。许多移民都是掌握着高技能的程序员、艺术家和作家，他们来到城市是因为他们很难在当地找到施展才华的地方。结果城市变得越来越拥挤，许多地方的租金也快速增长。与此同时，偏远地区流失了大量人才，朋友和家人也被迫分离。

互联网虽然可以在短短几毫秒内，让文件轻松传输到遥远的地方。但监督和信任仍然需要基于近距离的接触，所以面对面的雇佣依然更加容易。距离给人类带来束缚，而人类还未能从中挣脱开来。

察塔罗斯和卡拉曼拉基斯可能并未意识到这些令人生畏的事实，但为了消除公司首席执行官的顾虑，他们开始动手开发一款软件工具。"英泰公司"正在建立一套远程会计管理系统，那么类似的系统难道不能用于管理承包商吗？随着首席执行官提出更多的意见，这对朋友也为他们这款软件工具添加了更多的功能。[12]

察塔罗斯和卡拉曼拉基斯开发的这款工具，其核心是一个远程监督系统。有了该系统，管理人员大概每隔10分钟就可以通过截图，看到远程承包商屏幕上的情况。此外，管理人员还能感受到承包商使用键盘和鼠标的频率强度。这些监督模拟了团队其他员工的共同办公环境——管理人员不仅可以窥见承包商的屏幕，还能听到他们键盘的敲击声。这一方面能让管理人员确信计费时间被高效利用——不过当前的情况不存在这种问题，因为这对朋友十分信任彼此——另一方面也能让身处办公室的工人确信自己受到了同等监察。卡拉曼拉基斯指出："我们的箴言是：如何让远程工作在感觉上、视觉上、实际操作上,与现场办公一模一样。"[13]

等到察塔罗斯和卡拉曼拉基斯完成开发的时候,他们已经建立了一整套适用于远程协作和管理的工具。它的功能包括即时消息传输、自动时间跟踪器,以及一些创建时间表和发送发票的工具。他们称该系统为"在线办公桌"(online desk),或者简称"oDesk"。

oDesk解决了这对好朋友一开始想要解决的问题:如何让"英泰公司"雇下卡拉曼拉基斯。但事到如今,察塔罗斯和卡拉曼拉基斯已经不想再为"英泰公司"卖命了。他们意识到oDesk同样能为世界各地的管理人员和承包商带来利益——当然,这不是因为他们都像察塔罗斯和卡拉曼拉基斯一样是长期分离的朋友,而是因为oDesk可以让他们在没有真正离家的情况下,获得原本必须要移居才能获得的好处。

二、"你可以说你上过哈佛……"

2005年,察塔罗斯和卡拉曼拉基斯顺利为他们的初创公司——oDesk股份有限公司——筹集到了风险投资,并在加州硅谷的雷德伍德城(Redwood City)租下了一间办公室。投资方让资深高管加里·斯沃特(Gary Swart)进入团队,出任公司的首席执行官,而察塔罗斯和卡拉曼拉基斯则继续研发技术。

团队很快碰上了一个业务方面的难题。虽然他们的产品可以帮助公司远程管理承包商,但很多公司都没有雇用远程承包商,他们的承包商都是来自当地区域。

对于任何一个项目,世界上总会有其他承包商能够更加出色地完成任务,收费也会低于当地的承包商。他们或许来自印度的某个大城市，或许来自肯尼亚刚刚崛起的"硅原"①，或者来自苏联解体后东欧的某一所理工大学，甚至可能来自美国中西部的某个地区。如今，硅谷公司的雇佣成本极高——柏林的"硅巷"（Silicon Allee）、伦敦的"硅环岛"（Silicon Roundabout）也同样如此。所以，如果能够远程找到并雇用这些承包商，公司肯定能大受裨益；同样地，承包商也能由此获益。但在现实中，双方都缺乏能够找到彼此的有效途径。

从微观经济学的角度看，这就是所谓的搜索成本问题。从全球劳动力大军中找到合适的承包商，需要付出极大的努力。而某种程度上，互联网降低了这一搜索成本。如果公司想要寻找一名远程承包商，它就可以在"新闻组"的"百货·工作·合同"页面，或者其他基于网络的招聘页面上发布招聘信息，并通过电子邮件接收简历。但外国承包商的资格评估依然困难重重——这个人有什么技能？这些推荐信是否来自信誉良好的公司？这个学位是否来自好的大学？如何确定学位证书的真伪？可以说，每个国家用以证明人们能力的制度和文化都不尽相同。

承包商也会对潜在的客户及其资质产生同样的疑虑。对于双方而言，若潜在的合作对象来自当地，那么对方的资质就会变得更好确认。由此带来的结果是，尽管劳动力价格和技能方面还存在差距，但搜索成本往往让远程劳动合同变得并不实惠。也就是说，若要克服距离的束缚，单单解决代理委托问题远远不够，搜索成本问题也需要得到解决。

---

① "硅原"（Silicon Savannah），这个地方类似于美国硅谷，是肯尼亚各种高科技公司坐落的地方。——译者注

起初，为了解决搜索成本问题，oDesk 团队为客户承担起了跑腿工作。首席执行官斯沃特解释道：

> 我们会筛选所有的客户，也会筛选所有的人才，最后，我们会把筛选的结果整合在一起……所以从本质上说，我们是一家人力资源公司，我们以一种高度参与的方式，为你们在寻找、雇用、管理和支付人才等方面提供帮助。[14]

oDesk 团队通过人工搜索的方式，寻找世界各地的客户和承包商，深入研究他们的技能和要求，最终帮助远程双方完成了一些良好配对。通过这个方法，oDesk 团队也为其远程管理系统积累了原始客户。察塔罗斯和卡拉曼拉基斯甚至还为团队从东欧招募了一些技术娴熟的软件开发承包商。

但这些人工的筛选和匹配成本高昂，而且它不会随着顾客的增加而降低，因此 oDesk 无法像 eBay 和谷歌那样形成规模，因为后者所提供的服务更多依赖的是技术和用户本身。这一结果多少让 oDesk 的投资者感到不悦，毕竟他们投资的是一家科技公司，而不是一家精品人力资源公司。于是，察塔罗斯、卡拉曼拉基斯以及他们的远程承包商团队，开始制定技术方案以解决搜索成本问题。他们开始建立一个"在线人才市场"——类似于提供自由职业者的 eBay 版本——不再依靠客户服务，而是依靠技术来帮助用户克服搜索成本，摆脱距离的束缚。

在实际操作中，oDesk 团队建立的是一个网站，承包商可以浏览客户发布的招聘信息并进行职位申请；客户也可以浏览承包商的个人简介,并邀请他们提出申请。但与传统的招聘平台(如"百货·工作·合同"小组)不同,oDesk 的网站展示了许多关于客户,尤其是承包商的标准化信息——需要特别注意的是,网站所展示的这些信息,并非源自用户本人,而是源自其他用户或系统对其的观察。

例如根据一位名为古斯塔沃(Gustavo)的承包商的个人简介,他是来自葡萄牙的一位"PHP 开发人员 / 全栈开发人员①"。[15] 他在简介中罗列了各种技能标签(如 PHP、MySQL 和系统管理等),并标明自己的标准工资是每小时 57.50 美元。简介中还展示了古斯塔沃在平台上进行的计算机管理的"技能测试"结果。[16] 他在关于 PHP、MySQL 和 UNIX 的测试中获得了 5.00 的满分成绩。平台的数据显示,他的这个分数排在所有测试者的前 10%。他的英语成绩是 3.75 分,排在前 30%。正如另一位承包商解释的那样:

> 一旦你通过了一项技能测试,你就可以告诉你的潜在客户,你可以胜任这些事:"嘿,你可以去看看我的个人简介,我完全可以胜任这些事。"[17]

个人简介上不会再显示过去的雇主的推荐信,而是会展示之前承包商在平台上完成的项目信息。比如古斯塔沃刚刚完成的项目名为"漏洞修复网络应用程序以及应用程序功能添加",他总共

---

① 全栈开发人员指可以胜任应用程序开发过程中前端或后端的任何一个环节工作的人。——译者注

花费了 506 个计费小时，获得了五星好评，文字反馈对他的专业技能大加赞赏。而他此前花费了 224 个小时的项目则稍逊一筹，评级只有 3.5 颗星，后面还跟着这样的评论："他可以胜任这份工作，英语讲得很好，脑袋也很灵光，只是经常迟到。"平台还展示了古斯塔沃完成的项目总数、收入的总额，以及各种与其经验和履历相关的统计数据。

这些信息可以通过两种方式降低搜索成本。首先，它们是通过标准化的格式收集的，因此可以用来执行快速的自动搜索。例如客户可以让平台列出所有精通英语、时薪在 30—60 美元的全栈开发人员。其次，更重要的一点是，客户可以充分信任这些信息的真实性，因为它们并非源自自我的吹嘘，而是一些经过确认核实的信息——它们部分来自其他用户，部分则来自平台的直接观察。就像一位承包商所解释的那样：

> 你可以说你上过哈佛，说你拥有这个技能或那个技能……但没人会基于你所说的而支付给你薪水……虽然你掌握的技能至关重要，但这些技能需要通过客户的反馈来确认。[18]

通过对交易记录的统计分析，我和我的同事发现，对于这些完成了更多技能测试、获得了更好的反馈、积累了更多履历的承包商，客户确实会支付给他们更高的价格。[19] 技能测试的数量每增加一个标准差——在这个案例中大概相当于 6 次额外测试——承包商的时薪就会增加 3%。标准差是一种统计方法，可以用于比较不同单位的变量所带来的影响。承包商的平均声誉评级每增加一个标准差——相当于在五星评级中，获得了 3/4 的星级——其工资就会增加 7%。承包商的项目经验每增加一个标准差——大约多做 80 个项目——其工资就会增加 19%。上述这些发现符合许多承包商的经历：

> 我现在的要价要高于五年前，因为我有更多的经验……同时我也获得了更多的良好反馈，客户可以放心地把项目交给我。[20]

> 实际上，我可以决定自己的薪资高低。我已经达到了这个水平，我拥有足够多的经验，足够多的用户反馈，我完全可以自己定价……平台已经把我归于专家的行列。[21]

我们还发现，虽然承包商在个人简介中会提及自己的大学学位和其他一些正规文凭，但他们并不能因此获得额外的报酬。这倒不是说教育对于远程合同工作毫无用处。事实上，远程承包商的平均受教育程度要远高于普通群众。这只是表明了，在这个跨国劳动力市场，学位并不是一种有效途径，可以用以证明教育所提供的技能。工人和雇主更依赖于察塔罗斯和卡拉曼拉基斯所开发的数字资格，他们觉得只有数字资格才能用以证明对方的技术和能力。

三、同工不同酬

公司为了克服搜索成本，建立了人才市场；为了处理不可避免的分歧，成立了纠纷解决中心，并以此巩固了监测系统。oDesk 的云劳动力市场如今已准备就绪。首席执行官斯沃特开始组织招揽平台客户的营销活动。他知道客户的需求会吸引来承包商。"想寻找专业的境外技术人员吗？拥有oDesk，这一切将变得轻而易举。"

承包商开始获得签约——最先是几千人，后来是几万人，最后达到了几十万人。2012年2月，公司宣布已有160万名承包商签约成功。客户聘用了承包商，项目圆满完成，市场也取得了成效。

绝大多数的合同签约——大约90%——发生在两个不同国家的客户和工人之间。[22] 知识工作终于超越国界了吗？距离的束缚被摆脱了吗？

> 如果你不是来自肯尼亚，那么工作就好找得多……但如果你来自第三世界，人们就会觉得你缺乏技能，这让人感到泄气。第三世界的人只能获得技能要求较低的工作。[23]

上面这番话出自格拉杜斯（Gradus），一位来自内罗毕（Nairobi）的27岁远程承包商。他英语流利，大学时期学过精算学。然而，凡是他觉得符合要求的合同，最终都会被欧洲人、美国人和澳大利亚人获得。尽管在进行报告撰写和电子表格计算时，一个人的国籍并不重要，但oDesk等平台上的客户对来自低收入国家的承包商明显带有偏见。这极具讽刺意味，因为原则上说，能为客户节省最大开支，且能最大限度改善自己生活的，正是这些来自低收入国家的工人。36岁的安妮卡来自南非约翰内斯堡（Johannesburg），她是一名自由撰稿人，她解释道：

> 他们觉得我们不符合标准，英语语言技能也不过关。对于一些人来说，这的确如此。但对于大多数非洲大陆的人来说，这根本不是事实。我们的英语在听、说、读、写等各个方面都十分不错。[24]

实际上，这些偏见意味着，为了赢得客户的合同，像格拉杜斯和安妮卡这样的工人不得不接受极低的工资，甚至低于他们国家标准的最低水平工资。[25]这种歧视也并不仅存在于远程自由职业中，还包括来自低收入国家的外来务工者、农业生产者和制造企业。他们在进入全球市场时，都需要与国家负面的刻板印象做斗争。也许，数字在线劳动力市场也无法超越这种基于种族和地域的歧视。

但随着时间的推移，更加有趣的事情发生了。不管工人来自富裕国家还是贫穷国家，他们的薪资都会随着经验的增长而逐渐提高——但这些工人若是来自更加贫穷的国家，他们的薪金增长趋势往往会变得更加明显。例如在美国，普通的平面设计师每小时能挣 20 美元，而当额外项目经验增加一个标准差时，他们的工资只会提升 0.1%。菲律宾设计师一开始的薪水相对较低——大约每小时 9 美元——但额外的经验能让其工资提升超过 5%。印度设计师每小时大概也赚 9 美元，但额外的经验能让其工资提升超过 8%。结果，随着这些工人工作经验的积累，他们与富裕国家工人的工资差距逐渐缩小。同样的结论也适用于技能测试和星级评级。一些承包商也注意到了这点。一位来自马尼拉的誊写员就声称：

如果你获得了最初的几个项目，并得到了很好的反馈，那么你来自菲律宾的这一事实也就无关紧要了。[26]

一位来自尼日利亚的拉各斯（Lagos）的软件开发人员对此表示同意：

> 我做过大概250份工作，收到的都是五星好评……大多数时候，当我发出申请时，他们会说："嘿，我看了你的简介，你是一个非常好的程序员，你能帮我们完成这个工作吗？"他们现在不会说："嘿，我看了你的简介，但你是一个尼日利亚人。"[27]

低收入国家的工人在全球在线劳动力市场上遭受的一些歧视，其实是经济学家所说的统计性歧视：雇主不愿给这些工人开出全额工资，并不一定是因为根深蒂固的仇恨或敌意，而是因为他们相信——无论正确与否——来自这些国家的工人如果没有经过测试，那么他们的整体能力要比北美和欧洲的同行略逊一筹。而一旦工人的能力得到更多的证实，雇主的行为就会发生变化，因为他们见证了这些工人出色的能力。至于这些来自美国和欧洲的工人，他们的工资之所以没有提高多少，是因为雇主一开始就认为他们更有能力。平台提供的数字资质正是通过这种方式，帮助世界边缘地区的知识工作者，克服掉面临的一些偏见，并让他们以更高的薪金获得了更多的合同。[28]

在另一项研究中，我们发现，相对于美国的城市居民，平台给农村居民带来的好处反而更多。[29]从绝对数量上看，城市工人使用在线劳动力市场居多，但这只是因为当前的城市人口更多而已。从相对人口上看，使用在线劳动力市场更多的则是美国农村人口。另外，与城市在线承包商相比，农村的承包商完成的项目难度更大。比如他们需要完成的项目经常是程序编写，而不是数据输入。这个结果很容易理解，因为生活在城市地区的技术专家可以在当地找到合适的工作，而不必在网上求职。在农村地区，这些拥有高度专业技能的人才很难找到工作，他们通常会去往城市求职，但他们现在很多也通过在线劳动力市场寻找工作。

oDesk 的成功也被其他在线劳动力平台所效仿，比如 Guru.com、PeoplePerHour、Prolance、vWorker 等。这些平台虽然大部分都缺乏像 oDesk 这样复杂巧妙的监察和协作工具，但它们都能围绕特定类型的合同和客户建立自己的市场。最初的市场在实现扩张之后，紧随而来的就是市场的整合。许多较小的网站开始被 Freelancer.com 收购——这是一个总部位于澳大利亚悉尼的风险投资平台。2015 年，oDesk 与其主要竞争对手 Elance 也实现了合并，并更名为 Upwork。到了 2016 年，只剩为数不多的几家英语平台，共同支撑起了这个全新的全球在线劳动力市场。[30]

在这个全新的全球在线劳动力市场中，最大的职业类别是软件开发和软件技术，占市场项目总数的 40% 以上（见图 4.1）。[31]职业需求大部分来自劳动力成本较高的国家，仅仅美国就占据了近 40% 的需求（见图 4.2），而欧洲雇主加起来还不到 30%。提供劳动力的工人大部分来自低收入国家；50% 以上的工人来自印度（见图 4.3）。美国和英国的工人只在专业服务这一职业类别中，占据了市场的最大份额。

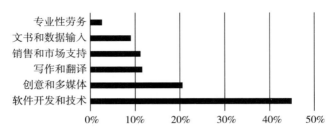

图 4.1　2020 年按职业划分的在线劳动力市场占比

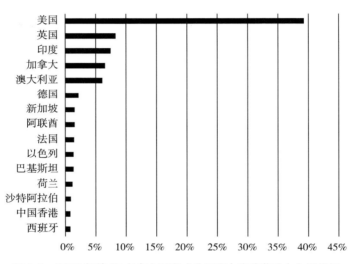

图 4.2　2020 年前 15 名雇主国家或地区所占在线劳动力市场份额

绝大多数工人的故乡，本身就是传统信息技术和业务流程外包的主要目的地，比如印度和菲律宾。跨国公司在这些国家也都建有后端办公室和服务中心。后端办公人员现在开始发现，平台让自己从事的工作其实与独立承包商所做的并无不同，只是后者用工作的保障换取了灵活的工作时间和更高的收入。[32]一名来自菲律宾的数据输入人员表示："我们在平台上所做的工作，很可能与我们在办公室所做的工作并无不同。"[33]

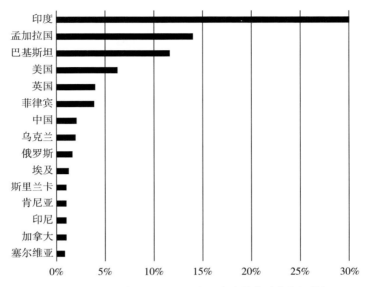

图 4.3　2020 年前 15 名工人国家所占在线劳动力市场份额

不过许多工人仍然生活在外包公司从未涉足的偏远地区。如果他们自身拥有宝贵的技能，且知道如何营销自己，那么这些平台将会是他们进入全球经济的门户。对于上述两类工人来说，在线劳动力市场为他们提供了一个令人振奋的机会，使他们可以直接为来自富裕国家的客户远程工作——他们很多人渴望去这些富裕国家，却极少真正去过。

四、网络空间的全球化

2016—2017 年，全球在线劳动力市场——如果以每天发布在平台上的项目数量作为衡量标准的话——增长了约 30%（见图 4.4）。以国家劳动力市场的标准来看，这是极其可观的增长，因为同期大多数国家的劳动力市场增长几乎为零。但以数字平台的标准来看,这样的增长是十分缓慢的。在接下来的几年里,新项目的数量甚至完全停止了增长。在年终假期和北方夏季的几个月里,需求随着客户的休假而下降,而当客户休假回来时,需求又快速恢复了过来。不过总体趋势仍然保持不变。

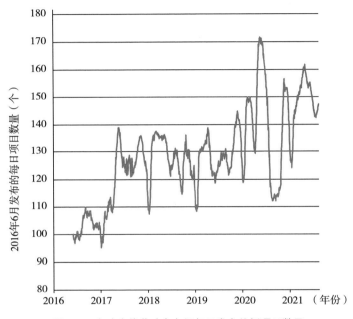

图 4.4　全球在线劳动力市场每日发布的新项目数量

注：对照的是 2016 年 6 月发布的项目数量（当月 28 天的移动平均数①）。

截至此时间节点，Upwork 已经拥有 1 400 万名注册员工，他们来自 180 个不同的国家。这些工人每年能通过平台赚取超过 10 亿美元的收入，其中 10% 会被抽取作为平台费用。[34]但随着工人越来越多，薪金方面的竞争也越来越大。没有了距离的束缚，平

---

① 移动平均数（moving average），指通过逐项递进的办法，将时间序列中的若干项数据进行算术平均所得到的一系列平均数。——译者注

台的工作开始流向成本最低的地方。一位来自尼日利亚的企业信息技术承包商感叹道：

> 我现在已经不止在同尼日利亚人竞争……我是在同全世界的工人竞争……总有人能以更低的价格提供同等质量的服务。我们时常讨论他们国家的生活成本。他们能够以最低薪资做这份工作……但我已经无法再低了。[35]

一位肯尼亚的承包商对此感同身受：

> 现在的竞争异常激烈……在印度，他们能够高质量地完成工作，但要价却极低……有时我想接受一份工作，却求而不得，因为总有人出价更低，也总能更快地完成工作。[36]

评论人士指出，这种虚拟的全球化将导致一场最低工资竞争。事实上，有些在线劳动力平台还专门会提供一些低薪水、高技能需求的工作。2005 年，电子商务巨头亚马逊为满足公司需求，推出了一个名为 Mechanical Turk 的平台，借此招募远程计件工人。[37] 工人们常见的任务就是对图像进行标记，从而为人工智能系统生成训练数据。由于世界各地工人之间的激烈竞争，他们的工资水平被一再压低，而亚马逊的劳动力成本也在不断降低。

而像 oDesk 这样的平台有着截然不同的鼓励机制。他们所有的收入都来自平台上的工人和雇主缴纳的收入税收，而极度贫穷且工资低廉的劳动力市场会使人均税收变得更少。这不仅会吓跑技术娴熟的知识工作者，也会吓跑为了利益而追求这些工作者的客户。平台所有者开始意识到，他们在数字领域释放的虚拟全球化还存在着弊端。

工人所在国家的劳工法律和法规对 oDesk 的虚拟全球化几乎不起作用，因为它们不适用于独立承包商。而且如果采用它们的话，各国之间的规则，如最低工资等，却又都不尽相同，许多国家甚至没有法定的最低工资标准。oDesk 的管理人员意识到，如果他们想创造一个高技能、高工资的经济环境，他们就必须自己出手管理市场。

2014 年 8 月，oDesk 宣布了一项"政策更新"。

> 从 2014 年 11 月 15 日开始，我们将为所有新的小时工合同引入最低时薪，为每小时 3.00 美元（包括支付给 oDesk 的费用）……我们的愿景是成为世界上最大、最受信任的在线工作场所，拥有拔尖的人才和一流的工作……我们相信，最新的最低时薪标准将使整个社区受益，因为它确保了更高质量的工作能够获得更高的报酬。[38]

3 美元是一个相对较低的标准，oDesk 也表示，当时收入低于这一标准的工人大约只有 3%。但它的意义在于，它是真正的全球最低时薪。有史以来第一次，从纽约到内罗毕，从孟买到马尼拉，所有工人都被纳入同一强制性的最低工资标准之内，并由同一权威强制实行。政策迅速实施，效果也是立竿见影：如果用户在合同中写入低于 3 美元的价格，他们就会收到来自平台的出错信息提醒："请输入一个介于 3 美元到 899 美元之间的数值。"

但该政策的缺点也迅速暴露出来。一位印度工人在 oDesk 的社区论坛上写道:"我是一个急需工作的全职妈妈,但现在因为这项政策,我无法找到工作。"[39]另外一名来自孟加拉国的虚拟助理写道:"这次试验还要持续多久?我们正为缺工作发愁着。"很多工人的竞争优势在于他们低廉的时薪,但现在就连这种优势都被剥夺了。菲律宾的一位数据录入专家表示,时薪不足 3 美元还是能带来"不错的收入,尤其是它还允许你待在自己的省份,不必因为一份工作而搬往大城市,住在寄宿公寓里"。

不过,很多工人和客户还是十分追捧这一政策的。一位经验丰富的印度承包商写道:

> 作为一名优秀的自由职业者,我面临着很多的竞争……通过设定最低时薪,oDesk 已经向低水平的自由职业者,以及那些将现有竞争视作理所当然的客户表明了态度。感谢 oDesk 平台!

经济学家约翰·霍顿(John Horton)对 oDesk 的最低时薪政策的影响进行了测算。[40]他发现,市场的平均时薪提升了 10%—15%,而总的工作时间却降低了约 6%。雇主们放弃了之前时薪低于 3 美元的工人,转而雇用工资更高的工人。而后者的工作效率明显更高,完成相同的工作所花费的时间相对更少。

在推出最低时薪政策之后,oDesk 很快又出台了许多软硬兼备的政策措施。其中一项软措施是:当工人的技术和生产力得到印证的时候,该平台会鼓励他们争取更高的工资。管理部门会收集相关项目和工资水平的数据,并利用这些数据为工人提供出价指导。另一项政策措施则是向工人提供技能发展的建议。[41]在每一季度，管理部门都会公布一份在线市场需求不断增长的技能清单，并附上相关在线课程的链接。例如Coursera①上的"数字媒体与营销策略"课程，或者edX②上的"Python③深层学习"课程。

在市场的部分细分领域，当劳动力供不应求时，平台的管理人员就会利用在线广告，吸引更多的工人。但当劳动力供过于求时，管理平台就会建立一个系统，审查新的申请者，而遭到拒绝的申请者会收到这样的信息："非常遗憾，因为当前与您拥有类似技能的自由职业者数量过多，所以我们无法再接受您的申请。"

这些政策措施都得到了技能和专业分类系统的支持。相比于国家统计机构和就业办公室的职业分类系统，这种系统的分类更加细化，信息更新速度也更快。例如美国劳工部的职业信息网络只能识别一种类型的计算机程序员，而oDesk的系统却能识别十几种不同的专业类别，包括固件开发、游戏开发等。

总体而言，oDesk/Upwork的劳动力市场政策在管理工资方面收效甚好（见图4.5）。[42]虽然在市场的部分领域，竞争仍然比其他领域激烈，导致员工工资很低。但纵观整个市场，平均工资并没有随着时间的推移而下降，反而从2013年的约11美元涨到了2020年的约18美元。虽然这与硅谷或伦敦的高工资劳动力市场不同，但这场由oDesk消除边界和距离所引起的最低工资竞争，

---

① Coursera是一个教育平台，它与全世界最顶尖的大学和机构合作，提供面向所有人的在线课程。——译者注

② edX是一个开放性的在线课堂平台，它向大众免费提供大学教育水平的在线课堂。——译者注

③ Python是一种计算机程序设计语言。——译者注

最终画上了句点。如今，成千上万的人可以通过互联网获得比当地劳动力市场更高的工资。

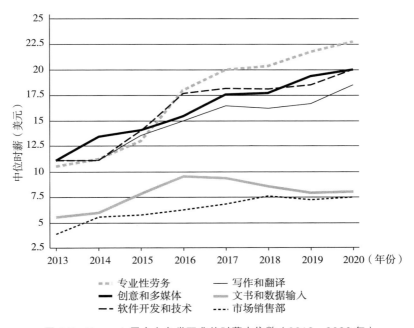

图 4.5 Upwork 平台上各类职业的时薪中位数（2013—2020 年）

五、云端优势

领土形式的社会组织，如国家，能够支撑其领土境内的市场。但对于跨越领土边界的交易，它们依据定义是很难给予支持的。例如菲律宾的独立知识工作者不能通过国家法院追回伦敦客户拖欠的费用。这一方法即便在法律上可行，在经济上恐怕也难以奏效。国家领土和市场边界之间密切相关，所以在国际商业的行话中，"市场"一词又常被用以指代国家。

察塔罗斯和卡拉曼拉基斯希望把工人从当地劳动力市场的束

缚中解放出来——"让远程工作在感觉上、视觉上、实际操作上，与现场办公一模一样"。他们巧妙地运用机制，帮助成千上万名工人和雇主跨越距离找到彼此，进行跨越国界的合作，甚至克服了国籍层面的歧视。通过积极的政策制定，他们的非属地管理也缓解了全球就业竞争所带来的多重影响。

然而，他们最终达到这个目标，并不是通过消除地点本身的重要性，而是通过用虚拟地点代替实际地域的方式实现的。如今，像农村工人必须去城市见雇主一样，知识工作者也必须到oDesk平台去寻找客户，所以oDesk和其他一些平台如今成了供需之间的新纽带。洛杉矶的一位数字营销承包商表示："你不得不使用它们……大家现在别无选择。"[43]

传统的推荐信和学位在国家背景下最有价值，而知识工作者的声誉评级和其他质量指标则与平台息息相关。在平台上，行政部门和以前的客户都能为工人的资料做出担保，但平台之外，这些工人也只是一些不值得信任的陌生人而已。一位马尼拉的程序员说过："当时我差点注销了账户，后来才意识到，哦，我不能这么做，不然这些良好反馈也会被一并删除。"[44]

正如各国都有自己的法院和劳资仲裁法庭一样，Upwork也有自己的纠纷解决中心，管理人员会出面解决其虚拟管辖范围内的争端。他们可以强制支付托管的款项，但这一操作只针对在平台上完成的工作。许多工人表示，自己为了节省费用，被引诱去从事平台以外的工作，结果却根本拿不到自己的工资。

事实上，在这个虚拟的雇佣小镇之外，想要在其他互联网的领域谋生已经变得异常艰难，所以现在更多的人想要进入这个小镇，只是它的管理者最终接纳的人数并没有这么多。在加拿大或澳大利亚，平台开始只接纳那些被认为对经济发展有价值的人，其他人则被拒之门外。平台最初开放的边境被移民积分系统这一虚拟边境所取代，签证号码更是被严格管控。走投无路的人只能去黑市购买类似于虚假护照的 Upwork 身份，从而得以偷渡入境。

察塔罗斯和卡拉曼拉基斯最终建立了虚拟边界而不是实体边界，这说明边界不是历史遗留问题，而是现代化的结果。前现代的界限模糊不清，因为商业合作和信息搜索依赖于非正式的行为准则和个人关系网。可是像法院、法规和道德标准这样的正式制度，它们对待制度内和制度外的人却存在明显区分。但是，一个人受到的约束或得到的认可不应有所差别。虽然这些平台创造了数字化版的现代制度，但它们最终也重建了自己的边界。

欧洲国家的边界最初是根据河流和山脉等地理特征建立的，这些地理特征抑制了贸易，但也为其提供了自然保护。随着通信和交通的改善，地理因素对互动的影响越来越小，而制度边界的影响则越来越大。出现时间更近的国家边界，如欧洲殖民者在非洲划定的边界，则更加虚拟化，这些边界直接脱离了地理和部落现实，只反映了列强意志下的制度边界。如今，平台的边界完全虚拟化，其划分依据包含了身份和能力，不再只是躯体和土地。平台越来越依靠确切领域来划分其界限，而这些处于平台领域之间、未被纳入其中的网络，其边界变得越来越模糊。

# 第五章
硅谷：追求完美的市场

> 我喜欢想象。
> （必须要想！）
> 一种控制论的生态，
> 我们从劳动中解放出来，
> 重返自然，
> 回到我们的哺乳类，
> 兄弟姐妹中间。
> 由爱的恩典机器，
> 照管一切。
> ——理查德·布劳提根（Richard Brautigan），《由爱的恩典机器照管一切》①（1967年）[1]

一个人走进一家店，问道："你们家没有肉吗？""不，"售货小姐回答说，"我们没有鱼，是街对面那家没有肉。"[2] 苏联的经济常常面临物品短缺的问题，公民们很喜欢拿它开玩笑。但与

---

① 此段翻译引自肖水、陈汐的译本《由爱的恩典机器照管一切》。——译者注

此同时，其他一些商品却出现了供应过剩的荒谬局面。古比雪夫（Kuybyshev）镇上的一位零售商，仅在1959年的夏天，就进购了200副滑雪板。[3]

但苏联的经济计划并非总是这般毫无效果。1928年，在约瑟夫·斯大林（Joseph Stalin）实施全面中央计划经济之初，苏联还只是一个落后的欧洲农村地区：它的人口虽然达到了1.5亿人，但规模可观的企业却仅有大约4 000家。[4]在之后的数十年里，苏联却摇身一变，成了一个工业强国，其重工业和武器生产甚至能与西方市场经济一决高下。

俄罗斯以市场为导向的发展也曾面临"先有鸡还是先有蛋"的问题：在有人建造钢铁厂之前，投资煤矿无利可图；但在有人开采煤炭之前，投资钢铁厂则无利可图。通过决定所要生产的物品以及产品的用途，中央规划人员能够协调资源投入，在各个部门进行"大推动"，从而实现经济快速增长。[5]数学家列奥尼德·坎托罗维奇（Leonid Kantorovich）是苏联经济规划的领军人物，正是因为他对优化资源配置做出了贡献，所以被授予斯大林奖和诺贝尔经济学奖。

从20世纪50年代末开始，苏联的经济增长开始出现停滞，资源的短缺和分配不当扰乱了整个经济，中央规划人员一下子沦为国内外的笑柄。问题出在哪里呢？英国籍奥地利裔的经济学家弗里德里希·哈耶克（Friedrich Hayek），在其1945年发表的一篇颇具影响力的文章中指出，苏联的经济增长出现停滞，其根本问题在于"数据"：

> 经济运算所依赖的"数据"从未（也不会）为了整个

社会而被"赋予"一个能由其得出结论的单一头脑。①[6]

哈耶克指出,市场经济学家和苏联经济学家在"社会资源应该以最高效的方式进行分配"这一点上,几乎不存在分歧。真正的挑战其实在于,这些资源到底该如何分配。在市场经济中,这个问题则落到了个人的肩上:

> 在这三种制度中,哪一种制度的效率更高,主要取决于我们渴望在哪一种制度下能更为充分地利用现有的知识,而知识的充分利用又取决于我们怎样做才更有可能取得成功;是将所有应被利用的、但原来分散在许多不同的个人间的知识交由一个单一的中央权威机构来处理,还是把每个人所需要的附加知识都灌输给他们……[7]

哈耶克认为,很多重要的经济信息都是由微小的细节和"不为人知且转瞬即逝的专门知识"[8]组成,这些信息"无法以统计的形式传递给任何中央权威机构"[9]。哈耶克解释说,中央规划人员若缺乏这些微小但重要的细节,在分配资源时就会出错。小错最终会酿成大错,于是商店在夏季时出售滑雪板的滑稽局面就会产生。

同时哈耶克也认为,当我们允许个人做出自由选择时,人们就可以将自己的专门知识加以利用。另外,市场也可以将个人的知识精髓传达给他人,因为竞争性的市场价格不会随着个人的决定而发

---

① 此段翻译引自贾湛蓝、文跃然的译本《知识在社会中的利用》。——译者注

生较大的改变。当一个小镇下雪时，滑雪板的价格会因此上升，而更高的价格会吸引来更多的供应商。当积雪融化时，滑雪板的价格会随之下降，资源就会被引到其他地方。因此，对于如何最好地利用分散在社会上的所有知识这一问题，我们"可以通过价格体系来解决，而且事实上，我们也正在通过这种方式解决"[10]。

苏联经济中的商品也有价格，但这个价格不会随着人们的选择而自发改变，它们已由中央规划者确定下来。哈耶克认为，市场经济最终将被证明是比计划经济更有效率的，因为"我们只有通过市场经济，才能确保在特定时间和地点的知识能被及时地利用"[11]。

1962年，在哈耶克的文章发表还不到20年的时候，"数据"确实开始成为苏联中央规划者头疼的问题。以前，在苏联只有几千家企业的时候，数学家和工程师团队确实可以从每家企业那里收集数据，并借助这些数据决定物品生产的类别、地点和目的。但自此之后，苏联的经济变得愈加复杂。到1962年，苏联的工业企业达到了46 587家，仓储企业达到了174 697家，零售企业达到了603 400家，公共餐饮场所达到了163 100处，此外还有一些其他的企业机构存在。[12]一位颇有名气的苏联经济学家哀叹道：

> 平衡经济、制订计划和管理经济的难度逐年增加。由于各部门的联系日益紧密，经济中流动的信息数量大约正以产量的平方的速度不断扩大。[13]

到1962年，收集和处理这些用于经济管理的信息，每年需要惊人的300万名苏联官员才能完成，这些官员来自政府和工业界。[14]他们通过报告、会议和电话，完成了每月大约 5 千兆字节的数据汇编。[15]生成数据耗费时间长，结果信息在传到最高规划者手中时，常常已经过时；数据分析也一样耗时耗力，在计划就绪时，计划中的日期常常已经到来。为了减少数据量，官僚们还会对类似的项目进行统计汇总，但当企业依照计划行事时，又往往会产生分歧和矛盾。

中央数学经济研究所（Central Institute of Mathematical Economics）的所长承认，当时所收集的数据，实际用于规划和管理的不超过10%。[16]资源的短缺和分配不当成为普遍现象。人们纷纷前往黑市购买所需之物。到 1991 年，苏联体系最终分崩离析。

哈耶克成了自由意志主义的标志性人物。他提出价格体系是"信息交流的机制"，这一观点也成为主流经济学的基石。当然，西方市场经济也并非十全十美。比如它们曾经历过令人尴尬的大起大落，内部人员由此获利，普通大众却深受其难。哈耶克及其追随者所给的解决办法是：减少政府监管，让价格自由波动，从而更好地传递信息。此外，他们还认为，信息和通信技术的进步将有助于完善市场，使价格信息更快、更广地传递。

一、消除人为缺陷

皮埃尔·奥米迪亚是接受挑战并利用技术完善市场的人之一。[17]他是"个人选择"的坚定拥护者，但在硅谷，他目睹了信息获取的不平等是如何扭曲价格的。他认为，互联网（史上最大的信息系统）可以用来克服这种缺陷。在他父母出生的国家——伊朗，许多商品的定价都是由政府完成的。但奥米迪亚的目标是创造一个截然不同的市场——"一个完美的市场，一个经济学家们幻想中的市场，在那里，所有的物品都能以理想的价格出售"[18]。

当奥米迪亚创办 eBay 时，他惊讶地看到了个人需求和市场环境的不可预测性。他从未想过自己那把破损的激光笔竟能定价 14.83 美元，但这就是它的售价，因为另一个国家的买家恰好需要它的内部零件。奥米迪亚的平台通过出价的形式，让买家给出了意料之外的信息，并将这一信息纳入"经济计算"，小小地提高了经济效率。很快，数百万人在他的全球市场上交易商品，价格也比其他地方更加合理。

然而，即使是在 eBay 上，市场的缺陷仍然会对价格造成扭曲。一个常见的问题就是人们会把商品的名字拼错，比如把"戴尔电脑"拼写成"戴尔电恼"，或把"电低音吉他"拼写成"电底音吉他"，结果人们搜索不到商品，买家也难以找到所需之物。在德国 eBay 上，网站陈列出售的酚醛塑料产品，其中有超过 15% 都拼错了材料的名称。[19] 此外，人们还经常把出售的物品陈列到错误的类别。这些人为的错误导致大量的陈列商品无人问津，最终只能以低于其"理想的价格"出售。eBay 上也开始出现一大批套利者，他们通过倒卖定价错误的商品，获得了巨大收益。市场虽然发挥了作用，但还远远没达到完美的地步。

幸运的是，eBay 的工程师发现，与之类似的人为缺陷可以通过技术手段纠正。他们增添了拼写建议来修正拼写错误。他们还添加了一个算法，可以根据物品的描述自动选择默认类别。此外，管理人员还可以手动移除那些分类错误的商品。这些干预措施使商品分类变得更加高效。

另一个困扰 eBay 工程师的缺陷是，拍卖很容易受到"秒杀行为"的影响，即买家等到拍卖结束前几秒钟才提交他们的出价。

"秒杀行为"的目的是让竞争者来不及做出反应，导致物品以低于"理想的价格"出售。经济学家阿克塞尔·奥肯费尔斯（Axel Ockenfels）和阿尔文·罗斯（Alvin Roth）曾经进行过一项研究，他们认为，eBay的一些设计选择使平台很容易受到"秒杀行为"的影响。[20]

为了打击"秒杀行为"，eBay的工程师们创造了一个简单的人工智能程序，可以代表买家进行物品竞拍。买家可以设定程序，给出他们愿意为特定物品支付的最高价格。之后，程序会自动出价，直至价格达到买家设立的最高限制。程序的反应只在毫秒之间，所以要在速度上超越它们是根本不可能的。部分买家开始抱怨说，自动化夺走了拍卖的乐趣。诚然，自动化减少了eBay经济中的人为因素，并将部分责任转移到平台的中央控制算法中，但它确实使平台上的价格变得更加符合奥米迪亚理论上所追求的"完美市场"了。

二、"更加智能"的市场

不同于奥米迪亚，在线劳动力平台oDesk的创始人察塔罗斯和卡拉曼拉基斯，起初并非为了创建一个"完美市场"，他们只想让远程独立承包变成可能。他们原先的方案是将远程承包商与客户进行匹配，但这看起来更像是计划经济，因为它需要大批管理人员为工人分配工作。而他们也很快发现，这种方法的效率太过低下。相比之下，eBay的"市场模式"在硅谷大获成功，并广受好评。不久之后，察塔罗斯和卡拉曼拉基斯就将服务转向了"人才市场"，他们把平台改名为Upwork，并获得了巨大成功。[21]

在建立了最初的市场机制之后，Upwork的工程师们并未就此止步。随着资源的增长，他们投入更多的精力，查缺补漏，力求让市场变得更有效率。公司聘请了数据科学家，并且像 eBay 一样，招募了包括约翰·霍顿在内的许多专门从事市场设计的学术经济学家。[22]

Upwork 团队发现的一个问题是，如果将定价权交由承包商，他们收取的费用往往会低于理论定价。平台的收入由此明显受到了削弱。一位社区管理人员在官方论坛上写道：

> 我们经常看到，虽然自由职业者成功获得并完成了一些项目，但他们给自己的定价依然很低。他们的技能、经验和在同类项目上的良好履历，本能使他们赚取更多的费用和收入，但他们似乎对此一无所知。[23]

Upwork 团队在对承包商进行工作分配时，也发现了效率低下的问题。在察塔罗斯和卡拉曼拉基斯的原始系统中，客户可以在网站的数据库中搜索承包商，并根据标准化的工作经历和信誉评级对他们进行评估。这比收集和评估非结构化的简历和推荐信要简单得多，但它自身也存在一定缺陷。其中一个问题就是，客户往往不知道自己应该寻找哪种类型的承包商。比如为企业更新博客页面的专家是该称作"网页开发者"，还是"内容管理系统开发者"，抑或是"社交媒体战略家"？出现这种问题倒也情有可原，毕竟客户之所以要雇人，就是因为自己缺乏相关的专业知识。

另一个问题是，市场无法对工作进行均衡分配。由于世界各地的客户都注重承包商的个人简介，因此具备良好履历的承包商会获得更多的工作机会。而之前很少或者从未在平台上获取工作的承包商,就几乎获得不了任何机会,因为他们的个人简介缺乏实质性的证明。[24]这就导致了"马太效应",即富人越富,穷人越穷。这是以数字名誉系统为基础的市场常见的问题:起步时的小小优势会像滚雪球一般,变成名气上的巨大领先,但这并不一定反映了质量的真正差异。[25]

在 Upwork 上,这种不平等现象开始趋于制度化。一些资源丰富的承包商在得到更多的工作机会后,就会暗中将项目外包给其他更为不幸的承包商。[26]这些数字工头经常会挑选住在他们附近的分包商,这样他们在平台之外就能对其实施监督。虽然工作由分包商完成,但收入的一部分——以及有助于获取下一份工作的所有名誉积分——全被工头个人占有。察塔罗斯和卡拉曼拉基斯曾试图将知识工作者解放出来,但现在他们似乎又落回地理守门人的手中。

随着 Upwork 资源的增长,公司的工程师和数据科学家对平台进行了整改,成功解决了上述所有问题。网站开始将一些新员工奉为"新兴之星",并在搜索结果中优先推荐他们,而不再只是推荐那些履历更长的旧时简历。此外,网站也不会机械地将排名靠前的承包商推荐给输入类似查询内容的雇主。它在推荐方面已经变得更加智能,会根据承包商与工作岗位的"最佳匹配"程度进行排列,而匹配程度由特定算法确定,这种算法会综合考虑各种数据得分,包括承包商的技能和现有工作量等。正如 Upwork 前首席执行官加里·斯沃特解释的那样:

> 你收到的反馈,你的名誉,你的测试成绩,你经过核实的工作经历,你的近况,你的公民身份,你的信仰,你的激情,你的可用性……我们现在将这些东西整合在一

起，希望每次都能在最佳客户和最佳自由职业者之间完成有效匹配。[27]

为了防止不知情的工人压低自己的工资，工程师们建立了一套算法，计算每个承包商对每项工作的实际收费。这个"参考价格"用绿色的大字标注在承包商竞价的方框上沿，并给出了算法的说明："此价格是专门为你和当前的客户计算的，算法是基于你的技能和经验，以及同类工作的现行价格。"

这个全新的"智能"市场仍然允许人们做出价格和匹配的选择，但它也会给出选择的建议。此外，它还会挑选展示的信息，确定信息呈现的顺序，从而影响人们的选择。但这些指示对工人而言并非总是正确的；工人们抱怨，"参考价格"很多时候高得离谱。但根据经济理论，数据的体量如果足够大，那么算法推荐系统应该比人们自身更加了解选择的好坏。霍顿解释说：

> 在许多在线产品市场，平台现在不仅仅提供信息，它还会通过计算，给出关于交易对象和所购商品的明确建议……算法推荐系统能够推断人们的喜好，确定可行的各种选择，从而解决潜在买家的约束优化问题①。在最佳的情况下，算法推荐甚至可以将任意一方都不曾知晓的信息纳入其中。[28]

---

① 约束优化问题（Constrained Optimization Problem），指的是在一系列约束条件下，寻找一组参数值，使某个或某一组函数的目标值达到最优。——译者注

三、由算法变成的市场

在巴黎一个下雪的夜晚，特拉维斯·卡兰尼克（Travis Kalanick）和他的朋友加勒特·坎普（Garrett Camp）刚刚参加完一场会议，这会儿正苦恼着打不到出租车。他们最近才卖掉自己的初创公司，所以身上现金充足。但那晚大雪纷飞，很多人都有打车的需求，可街上又没有足够多的出租车。当地政府严格控制着市内运营的出租车数量，虽然政府推出的系统因服务差劲而饱受诟病，但出租车司机却极力反对改变。

据传闻，创立优步的想法最初就是这样诞生的。[29]与Upwork一样，优步也将劳动力的需求与供应进行匹配，但它匹配的地方不是在互联网，而是在城市中。回到加州后，坎普与他的朋友们很快建立了一款应用程序的原型，卡兰尼克出任公司的首席执行官。这款应用于2011年在旧金山正式推出，但很快遭到了出租车司机和监管机构的反对。

卡兰尼克1976年出生在洛杉矶，他的父亲在当地市政府担任土木工程师。他后来进入加利福尼亚大学洛杉矶分校（University of California, Los Angeles），学习计算机工程和商业经济学。之后他还加入了"西塔克西"①兄弟会——这是美国北部大学特有的兄弟会，亦称作"单性别社交俱乐部"。1998年，卡兰尼克从大学辍学，加入了他的第一家创业公司——一家提供点对点文件共享服务的公司。

卡兰尼克是自由意志主义作家安·兰德（Ayn Rand）的粉

---

① "西塔克西"（Theta Xi），此兄弟会名称由两个希腊字母组成，分别为"西塔"（Theta）和"克西"（Xi）。——译者注

丝。兰德曾从苏联逃到美国。她的小说严厉批判了政府监管机制，书中描述了勇敢的企业家对过度干涉企业经营的官僚的反击。卡兰尼克的初创公司因为版权所有者的起诉而破产，但他又与人共创了另一家文件共享初创公司，这次他坚持到了最后，并成功以2 300万美元的价格将其出售。

在巴黎、旧金山和其他大多数大城市，出租车的价格以及获准在市内工作的出租车数量受到地方政府的严格监管。这样做是为了让司机获得体面的收入，同时确保在打车需求不高的时候仍然有车可用。不过这也意味着，当打车需求达到高峰时，出租车的供应将难以为继。虽然如此，出租车司机也不会因此提供更好的服务。卡兰尼克将优步这个叫车平台定位为自由市场，以取代腐败的官僚体制，并向监管机构和出租车工会提出了挑战：

> 我们正在进行一场政治竞选，候选人是优步，而对手是一个叫"出租车"的浑蛋……没人喜欢它，它不是个好人，但它和政治机制和结构紧密相连，很多人因此受制于它。[30]

卡兰尼克的事业很快赢得了美国主要保守派人士的支持。当时正处于奥巴马时代，保守派迫切需要一场政治胜利。消费者喜欢优步，而公司正与"左倾"的加州官僚和政客们进行斗争。于是共和党在其国家网站上发表了一份请愿书：

> 请支持自由市场解决方案和企业创新……为了阻止优步在其城市开展业务，出租车工会和自由派政府官员正在全国各地设置路障，颁布令人窒息的规定，实施不必要的

繁文缛节。我们必须站出来维护我们的自由市场原则、企业家精神和经济自由。如果您支持优步,那么就在请愿书上署名吧![31]

2013年的一个周末,一场暴风雪袭击了纽约。优步的解决方案即将在最初激发它的场景中进行测试。应用程序上的乘车价格随即翻了三倍。此时的纽约人迫切需要搭车,但很多人却支付不起高昂的车费。愤怒的用户开始在社交媒体上抱怨,但飙升的车费也吸引来了更多的司机。[32]最后,被困在暴风雪中的人逐渐减少,而那些像卡兰尼克和坎普一样的有钱人,肯定早就到达了目的地。在卡兰尼克的评估中,优步这次的表现非常出色:

> 峰时定价是为了最大限度地增加出行次数,从而减少滞留的人数……我们的策略使出行次数增加了,而非减少了……我保证我们的峰时定价是最好的策略,它能让更多的人尽早回家。[33]

卡兰尼克表示,优步推出的解决方案基于"硬核数学"。公司雇用了数百名数学家、工程师和科学家来共同开发系统:

> 我们可以直接在旧金山投放1 000辆汽车,但这样我们很快就会破产。我们需要预测实际需求,确保每天固定时段都拥有适当数量的汽车,并让这些汽车及时到位。[34]

车辆的调动和就位需要经济的刺激和推动,比如"峰时定价"——当司机登入软件并到达预测会出现高需求的区域时，他们就能得到相应的奖励。一旦客户下单，平台就会将订单与附近的汽车进行匹配，并向司机的手机发送指示。

> 你会遇上一些高峰期，比如下雨的时候、换班的时候，或者类似的一些时刻……所以需要大量的数学计算，才能确保出行人在五分钟内上车。[35]

到2013年，公司已经投入了数千万美元的风险投资，并准备再募集数亿美元来开发自己的技术。卡兰尼克认为，这种大规模的投资在科学上是必要的，在商业上也是合理的，因为它有利于形成一个主导市场的系统：

> 从数学的角度上看，创造这种优质的体验十分困难，但一旦我们做到了，一旦我们在城市中形成巨大的网络，并且具备极高的效率——搭载时间短、搭载效率高、汽车利用率高——那么其他人就很难进来打破这种局面。[36]

到2018年，优步已经在全球700多个城市运营。根据公司的数据，它每月会将390万名司机与9 100万名消费者进行匹配，每天会产生大约1 400万次出行。[37]

但随着优步对城市的接管，人们也开始质疑，这种近乎垄断的行为到底算不算是"自由市场"？以前，出租车执照的发放，乘车价格的控制，这些都由地方政府完成，但现在却换成了优步技术公司。在一些成熟的市场，公司为了维持供需平衡，已经不再接受新的司机进入系统。之前的司机们无法自己定价，现在他们甚至无法选择服务的地区，因为优步会在不透露客户去向的情况下，给他们派发工作。此外，和当地政府一样，优步也开始对司机的收入进行高额"征税"。

卡兰尼克对此表示，虽然事实如此，但优步仍然算是一个自由市场的解决方案：

> 我们没有设定价格，是市场设定了价格……我们只不过是利用算法决定了市场的样子。[38]

四、完美的市场

在硅谷的技术人员追求更高的效率时，他们也发现，完美的市场根本不是一个真正的市场——至少在这个市场中，人们无法针对各类事物做出自己的选择。相反，完美的市场成了一种算法，它利用数据代表人们做出选择。eBay 率先利用算法来矫正选择过程中存在的明显缺陷；Upwork 则更进一步，通过算法告知人们最好的选择；优步最终则承担起中央计划者的角色，利用算法直接帮助人们进行定价和匹配。

哈耶克认为，中央计划永远不可能像个人选择那样高效，因为做出正确决策所需的所有数据永远不可能"赋予一个能由其得出结论的单一头脑"[39]。但如果他是错的呢？早在 20 世纪 50 年代，苏联的规划人员就试图使用新的数据收集和处理技术，来改善他们的规划。[40] 计算机化中央计划的科学那时已经相当成熟，这是一门被称作"控制论"①的科学。但苏联面临的问题是，他们当时的技术还无法完成计算机化中央计划的任务。

20世纪60年代初，苏联最尖端的信息技术是URAL-4数字计算机。[41]这是一个占地面积达200平方米的庞然大物，需要18名工程师和技术人员同时操作。它每秒能执行5 000—6 000次操作，但据"莫斯科控制论研究所"估计，成功的中央计划每秒至少需要执行100万次操作。[42]此外，因为URAL-4使用的是穿孔磁带和穿孔卡片，所以它的内存每秒只能读取大约250字节的数据。这就意味着，URAL-4需要花费7个多月的时间，才能完成一个月的数据的读取——但机器在其中一个真空管或其他组件失效前，只能运行约8小时。

20世纪50年代中期，尼基塔·赫鲁晓夫（Nikita Khrushchev）接任斯大林，他对科学和创新持更加开放的态度。他甚至到访过硅谷，还参观了位于加州圣何塞的国际商业机器公司（IBM）的研究园区。在任职首相期间，赫鲁晓夫还成立了一个新的机构，名为"计算机技术引入国民经济管理总局"。

1963年，这个与计算机化有关的新机构，建议政府建立一个全国性的经济数据处理系统，以促进中央计划。具体操作是将终端安装到工厂和其他企业机构，并将所获数据输入一个由电话线和电视电缆连接的计算机网络。莫斯科的中央计算平台会收集这些数据，并通过计算得出最佳的资源分配方案和定价，最后再将指令传回各个企业机构。这个项目后来被称为"苏联互联网"[43]，并得到了共产党党内高层的支持[44]。另外，当时的苏

---

① 控制论（cybernetics），研究电子机械和人脑工作的一门科学。——译者注

联还研发了一种功能更为强大，且据说是基于西式半导体技术的新型中央计算机。[45]

但仅仅到了第二年，赫鲁晓夫就被罢免了，取而代之的是列昂尼德·勃列日涅夫（Leonid Brezhnev），改革由此被搁置，"苏联互联网"也被撤销，苏联与西方的技术鸿沟越来越大。最后，中央计划陷入停滞，从此一蹶不振。

与此同时，美国国防部于1966年启动了阿帕网（ARPANET）项目，开启了西方互联网的建设。半个世纪后，西方的工厂、企业机构，甚至个人都携有互联网终端，他们向硅谷的中央计算机传输的数据已不再只有数十亿字节，而是达到了数万亿字节，甚至达到了数千万亿字节。单单谷歌一天收集的数据，就相当于苏联每月收集数据的400万倍。为了分析这些数据，硅谷从世界各地雇用了数万名训练有素的科学家、工程师、数学家和经济学家。他们所运行的数据中心，每秒处理的操作不再只有数千或数百万次，它已经可以达到数万亿次。将所有几乎可以想象的数据"赋予一个能由其得出结论的单一头脑"这一想法，如今不仅被证明是可行的，而且是已被付诸行动的。[46]

卡兰尼克之所以声称优步是一个自由市场的解决方案，是因为其公司的规划算法似乎能产生与自由市场同等的结果。但正如哈耶克所指出的，中央计划者和市场经济学家之间的分歧从来都不在于结果，而在于达到这个结果的方法。双方都希望高效地分配资源，而为了达到这个目标，市场经济学家采用的是"选择"的方法，而苏联人——硅谷也同样如此——采用的则是"计算"的方法。苏联人把他们的计算机化中央计划称为"控制论"，而我们把我们的网络称为"网络空间"。这两个说法都源自古希腊语

"kybérnēsis",其背后的含义是"政府"。

2002年,eBay创始人皮埃尔·奥米迪亚在塔夫茨大学的一次主题演讲中对学生们说:

> 无论你在构建怎样的未来,不要试图对一切都进行规划……我们自己的中央计划也可能难有成效。[47]

几年后,eBay也开始采用中央计划的方法,对表面上独立的卖家施以强制的工作目标:

> 我们将根据您的销售历史和您为买家提供的服务质量……来评估您的卖家级别……低于标准的话……我们将限制您部分(甚至所有)的销售活动。

五、奖励和鼓励

如果说苏联和硅谷践行的都是中央计划,那么他们实施计划的方式是否完全相同呢?平台公司虽然为人们匹配下一份工作并设定了价格,但公司并未胁迫人们接受这份工作,人们拥有拒绝的自由。平台上的工人愿意听从平台的建议,不是受到平台的胁迫,而是受到了来自平台的奖励和鼓励。

"奖励"意味着平台向人们许诺:如果人们能接受其规划,那么他们就能获得更多的金钱和好处。例如优步司机如果完成25次出行,他们就可以获得"冲单奖励"。如果在高峰期工作,他们就能获得优步更高的报价。相反,如果人们不接受其规划,他们就会受到经济上的"处分"或"惩罚"。如果司机拒绝工作，优步就会将他们置于"暂停"的状态，短时间内不再给他们派发工作。[48]

"鼓励"意味着平台让人们更加轻松愉快地接受其规划。优步会给他们发送信息，比如"您确定要下线吗？再赚10美元，您的净利润就达到了330美元""祝贺您，您已经成功了一半"。对于这些遵循并完成目标的司机，优步还会授予其虚拟徽章，比如一枚绘有闪亮钻石的"优秀服务"徽章。

大多数人都不是因为威逼才进行工作的。强迫劳动的生产率极低，大多数人的服从需要通过奖励和鼓励的方式才能实现。公司会根据企业生产目标的完成情况给管理人员分发奖金，而普通工人的工资也会按照零工计件的方式进行发放。例如一名来自诺沃－克拉马托尔斯克市（Novo-Kramatorsk）的机械师，在一个月内完成了1 424项不同的工作，每项工作都为他带来了预设的报酬。[49]根据工作的类型，计件工资从3—50戈比①不等。根据美国中央情报局（CIA）1963年的一份报告，苏联工业中75%的计酬工人都是通过这种方式获得工资的。[50]各级苏联工人也因其模范行为被授予徽章。

苏联的规划者使用奖励和徽章来鼓励人们辛勤工作，这和硅谷规划者现今所采用的方式并无不同。两者主要的区别在于，苏联的这种方式会带来巨大的行政开销。例如工厂需要特意雇用一批官僚人员，才能计算出这位来自诺沃－克拉马托尔斯克市的机械师在月底能挣多少钱，计算过程中会产生2 885份文件，其重

---

① 戈比（kopek），苏联时期的货币单位。——译者注

量高达 8 公斤。[51] 相比之下，eBay、优步和 Upwork 可以使用自动算法来实施复杂的奖励和惩罚方案，过程中的开销也几乎可以忽略不计。虽然零工和游戏化管理并非硅谷原创，但硅谷依靠其技术，最终实现了对它们的高效利用。

虽然硅谷使用自动算法而非官僚人员来执行中央计划，但这并不能改变此二者本质上的相似之处。"算法"一词源于 9 世纪波斯数学家穆罕默德·阿尔－花剌子模（Muhammad al-Khwarizmi）①的拉丁文名字。它可以用于指代任何算法巧妙的程序。这些程序会将一些数值作为输入，并产出其他的数值作为输出[52]——类似于将人们的表现与某些正式标准进行对比，以决定是否奖励或惩罚他们。在计算机诞生之前，算法通常是由人类执行的。事实上，在 20 世纪之交，德国社会学家马克斯·韦伯（Max Weber）曾将司法官僚体系比喻成"一台老虎机，人们只需将事实投入其中……就可以让它吐出决定"[53]。也就是说，官僚需要像机器一样对程序予以遵守，做决定时不能受到个人情感的影响。如今，虽然对于决定的确认已经不再依靠人类，而是依靠真正的机器，但背后的原则依然保持不变。从这个意义上看，通过算法做出的决定不过是官僚主义的另一种体现而已。

六、无意中建成

如果在追求完美市场的过程中，硅谷的自由意志主义者们反而制定出了苏联的 2.0 版本，似乎让人难以理解。但是，如果计

---

① 穆罕默德·阿尔－花剌子模，其拉丁名为阿尔戈利兹姆（Algorismus），"算法"（algorithm）这一词的拼写就是源于该单词。——译者注

算机化的中央计划真的比个人选择更有效率——至少在严格限制的数字平台环境中——那么还会产生什么问题吗？哈耶克还会对此持反对意见吗？

平台依赖于无所不知的机器，在其管理下，在线商家和承包商的整体效益可能更好，买家也可能获得更好的交易。但经济效益（即金钱），并不是人们对价值的唯一追求。我们将大量清醒的时间花在工作上。对于我们而言，尤其是对独立商人和承包商来说，工作不仅是我们身份的重要组成部分，也是我们在生活中寻求满足的方式。但过多自上而下的计划和微观管理，势必会减少实现个人自主和个人满足的范围。一位接受库尔乔德和其同事采访的卖家指出，eBay 已经成了"一架巨大的机器，这里的一切都不具个人色彩，我们只是一个数字，一个假名而已"[54]：

> 根据反馈标准，如果在五颗星中你只得了四颗星，并且一个月内没有得到改善，那么你的账户将会被关掉。我称这里为"西伯利亚"①。你要乖乖听话，否则他们就会狠狠修理你。[55]

哈耶克认为，市场在经济和道德方面都优于中央计划。市场不仅更为高效，而且更加自由，因为它们给人们提供了更多发挥才能的选择。现今的中央计划可能比以往更具经济效益，但在其他方面它依然如旧。许多自上而下的管理依然缺乏人性化。于是，像以前抨击那些死板难懂的官僚一样，人们现在也开始抨击"算

---

① 此处暗指苏联时期设于西伯利亚的劳动营古拉格。——译者注

法"。[56]所以，对于奉行自由意志主义的市场设计师，或者对于奥米迪亚而言，他们现在面临的困境是：放任人们自由地失败，还是武断地帮助他们取得成功。

数字市场公司当今的知识支柱来源于"市场设计"，这是学术型经济学中一个蓬勃发展的新型分支领域，它与eBay和Upwork等平台已经形成共生的发展关系。该领域由斯坦福大学的现任教授阿尔文·罗斯（Alvin Roth）创立，他因为在该领域所做的贡献，被授予了2012年诺贝尔经济学奖。罗斯和其他一些践行者，如加里·博尔顿、约翰·霍顿和亚历克斯·奥肯费尔斯（Alex Ockenfels）等，遵循一种"经济学的工程方法"，即利用计算机和数据来开发市场缺陷的解决方案。他们会针对性地进行一些高度复杂的实验，比如通过实验证明需要向用户展示或隐藏何种信息才能改善成果。但当涉及诸如"自由"等模糊概念时——这也是哈耶克及其追随者最为关注的事物——当今的市场设计经济学家则大多保持沉默。

和当今多数主流经济学家一样，市场设计师直觉上可能都站在了个人选择和个人自主一边。就连罗斯本人也声称："市场与中央计划有所不同，因为在市场中，决定权握在参与者自己手中。"[57]在研究中，罗斯也提出了可产生不同结果的替代匹配算法。所以，通过选择实施算法，设计师在一定程度上也掌握了决定权。[58]此外，罗斯也承认，市场设计师必须优先考虑市场所有者的选项，例如市场所有者认为不合适的交易，市场设计者要防止人们参与其中。[59]如果说市场设计本质上是一次受制于市场所有者且罔顾价值所在的优化试练，那么最终的设计看上去与苏联规划者所设想的控制论社会相似（不管是好是坏），也就不足为奇了。

七、为谁而优化

如今，大部分社会科学家都认为，市场经济和中央计划并不像哈耶克描述的那样是"两极对立"的。战后的西方经济之所以比苏联经济更加恒久，是因为它们通过不同程度的政府监管和公共部门进行生产，克服了诸多市场的失灵。大量的经济活动被施以中央计划，但这并非出自政府之手，而是由组织森严的公司通过雇用数十万员工完成的。所以，平台公司也不可避免地会发现，实行一定程度的中央协调会比单纯管理一个完全自由的市场更加高效。

在很多方面，相对于是否实施中央计划，更重要的一个问题是：计划应该由谁掌控，以及利益应该由谁获得。如果人们觉得中央协调有助于实现共同目标，那么他们一般不会太过拒绝，无论是在职场，还是在更为广泛的社会，情况皆是如此。对共同接受的目标实施中央协调，并不会以同样的方式削弱人们的自主性。

平台公司利用他们规划的能力做成了一些好事。Upwork 的算法试图阻止所有工作机会落入少数精英承包商手中。优步则通过集中决定，对司机进行分配，减少了基于地域的歧视，即司机拒绝搭载人们进入低收入或少数族裔社区——这也是美国出租车饱受诟病的事件之一。[60] 以这种方式限制司机的选择，可能会让整个社会变得更加美好。但考虑到公司在制定政策时没有给予司机任何发言权，所以他们对此表示不满也是情有可原。

平台的规划者也会出现以权谋私的情况。为了替股东创造收益，优步瓜分走了司机的一部分收入，随着时间的推移，司机的实际工资反而越变越少。Upwork 和 eBay 也推出了更大幅度的

"增税"。作为营利性公司,所有科技巨头势必会将计划强加给它们的用户,而这些计划终究还是为了提高公司(或其领导层)自身的权力和财富。

中央计划是一种承诺,这种权力可以用来解放人类,但这并不意味着要消除规则,而是要通过纠正不平等,给所有人类带来更大的繁荣。中央计划也是一种危险,因为这些计划最终可能会被私人利益和规划者的错觉所驱动——除非能设计出一些强大的治理机制来防止这种情况的发生。中央计划不管是作为一种承诺,还是作为一种危险,它都需要人类有意识地控制经济计算,而不是任由我们的动物本能来指挥。

第二部分

政治制度

第六章
亚马逊：从数字革命者到万物之王

> 西坡拉生了一个儿子，摩西给他起名叫革舜，意思是说，因我在外邦作了寄居的。①
>
> ——《出埃及记》第 2 章第 22 节

1959 年，菲德尔·卡斯特罗②率领革命队伍，推翻了古巴的腐败政权，夺回了对国家的控制。新的领导阶层开始实施国有化计划，接管了土地和企业，接管对象一开始是美国所有者，后来变成古巴中产阶级。不同于前政权自私的贪污行为，新的领导阶层声称，自己的占用是为了更大的利益。但新的领导层也很快受到了腐败的影响，那些失去土地和生意的人对此愤愤不平。一些人尝试大声疾呼，一些人诉诸武力，但最终都被镇压下来。而这些能够申请避难者身份的——从 1959—1980 年，约有 50 万古巴人，约占全国人口的 5%，都逃亡到了美国。

米格尔·贝索斯（Miguel Bezos）便是逃亡至美国的难民之

---

① 此中文翻译引自《和合本圣经》。——译者注
② 菲德尔·卡斯特罗（Fidel Castro），古巴第一任最高领导人，被誉为"古巴国父"。——译者注

一。他的父亲和叔叔原本在古巴拥有一家木材厂,他每天上午都会到厂里干活。但在工厂被卡斯特罗政权夺走后,米格尔的父母就把这个少年送往美国。米格尔在 1962 年抵达佛罗里达,很快学会了英语。之后他被新墨西哥州的一所大学录取,并在当地银行找到了一份工作。[1]

在银行,米格尔遇到了同事杰奎琳·吉斯(Jacklyn Gise),两人最终走到了一起。杰奎琳在上一段婚姻中孕有一子。结婚后,米格尔便收养了这个四岁大的男孩——杰弗里(Jeffrey)——并把他当成自己的孩子。

一、梦想的破灭

杰弗里(杰夫)·贝索斯在得克萨斯州的休斯顿长大。他是个聪明的孩子,喜爱无线电、气垫飞机和其他一些复杂的小玩意儿。他也喜欢阅读科幻小说,比如罗伯特·海因莱因① 的《异乡异客》,书中讲述了一个人类殖民月球并争夺火星的故事。他还具有很强的好胜心:虽然体重只是勉强达标,但他还是要求父母将他送进美国青年足球队,并很快当上了足球队的队长。

到了上高中的时候,贝索斯一家搬到了佛罗里达州迈阿密的一个中上阶层社区。在高中阶段的第二年和最后一年,贝索斯获得了学校的"最佳数学学生奖";在第一年、第二年和最后一年他获得了"最佳科学学生奖"。他还参加了校外的竞赛,所获成就让他三次登上当地的《迈阿密先驱报》。在这些报道中,他身着西

---

① 罗伯特·海因莱因(Robert Heinlein),美国小说家,被誉为"美国现代科幻小说之父",《异乡异客》(*Stranger in a Strange Land*)是其代表作之一。——译者注

装,脸上带着自信的微笑。[2]

贝索斯拥有凌云壮志,可以说,天空甚至不是他的极限。他认为他未来的职业可能是宇航员或者物理学家。他曾角逐过美国宇航局的"航天飞机学生参与项目"奖项。他的论文《零重力对普通家蝇衰老速度的影响》入围了半决赛,并因此获得了前往马歇尔太空飞行中心的机会。[3]

贝索斯向680名与他同级的学生宣誓,自己将以平均绩点最高的成绩从学校毕业,而在1982年他成功做到了。他所做的告别演讲——传统上由排名最高的毕业生发表——也极其出彩。据《迈阿密先驱报》报道,他设想"在太空上建立旅馆、游乐园、游艇和一块围绕地球运转的、可容纳200万到300万人类的殖民地"。贝索斯想把人类带向太空,他的最终目标是"让所有人飞离地球,让它变成一个巨大的国家公园"[4]。

然而,当父母告诉贝索斯他需要佩戴眼镜时,他成为宇航员的梦想就此破灭。他后来回忆道:"我还为此大哭了一场。"[5] 贝索斯之后去了普林斯顿大学改读物理学,但成为物理学家的梦想也化为了泡影。虽然他排在物理学专业的前25名,但他发现自己并不具备从事理论物理学的条件:

> 我很清楚,班上有三位同学比我更强,他们成为物理学家会更加容易。[6]

贝索斯最终放弃了物理学,转而进入了更为实用的计算机科学领域。他被推选为"美国工程荣誉协会"(Tau Beta Pi)的兄弟会主席,并自认为会成为一名企业家。

但贝索斯征服太空的梦想仍未散去。他依然在看科幻小说，也观看了电影《星际迷航》，甚至还加入了一个名为"学生探索和开发太空"（Students for the Exploration and Development of Space）的俱乐部。

二、起飞升空

1986年，贝索斯以优异的成绩从大学毕业。此时正是进入就业市场的绝好时机：经济日益繁荣，股市也蓬勃发展。和当时许多富有雄心的毕业生一样，贝索斯也进入了金融行业。那时候的金融正走向计算机化，贝索斯就利用其技能帮助建立了电信网络和软件，将全球各地的股票买家、卖家、银行和经纪人联系在了一起。

1990年，贝索斯加入了一家由计算机科学家大卫·肖（David Shaw）创立的对冲基金公司，名为"肖氏公司"（D. E. Shaw & Co.）。这家基金公司给贝索斯的人生带来了诸多改变。他在那里认识了同为普林斯顿大学毕业生的麦肯齐·斯科特·塔特尔（MacKenzie Scott Tuttle），她在贝索斯的团队中担任研究助理，两人于1993年结婚。到了第二年，大卫·肖让贝索斯前去研究一种名为互联网的现象，想从中发掘一下商业机会。

贝索斯发现，虽然互联网已经存在数十年，但它的使用是在最近才开始猛增的。[7]而且若能保持当前的增长速度，它很快将变得无处不在。贝索斯与肖分享了数个互联网商业的想法。据记者布拉德·斯通（Brad Stone）介绍，其中一个想法就是"万物商店"——"一家互联网公司，通过充当客户和生产商之间的中介，在全世界销售几乎所有类型的产品"。[8]贝索斯后来解释道：

> 拥有种类如此繁多的商品,你可以在网上建立一家无与伦比的商店。你可以建立一家能够提供各式各样选择的真正的超级商店。[9]

贝索斯总结道,推出一家功能完善的"万物商店"难度极大,但推出一家只专注单一产品类别的在线商店则容易得多。他列出一份可以通过互联网远程销售的产品清单,并对产品进行了排名。清单中包括办公用品、衣服、音乐和书籍等产品。在贝索斯看来,音乐成为商业机会的概率很小,它不太具备市场吸引力,因为这个行业已被少数几家大型唱片公司主导,这些公司会对数字新贵进行打压。而图书的情况完全不同,美国有数百家图书出版商——如果算上小型出版社,也才数千家——而且最大出版商所占市场的份额还不到10%。所以新出现的零售商不太可能会被轻易挤出市场。此外,现有的图书零售格局四分五裂。数以千计的小型独立书店遍布版图,两家最大的连锁书店加起来,也只占图书销量的1/4。贝索斯认为,图书行业进行数字革命的时机已经成熟。

但据一些消息人士透露,"肖氏公司"拒绝了这一想法。[10]对当时的大多数人来说,在互联网上卖书听起来像是一个古怪的业余项目,与通过业余无线电提供唱歌课程并无多大区别。贝索斯也意识到,自己其实更想以独立企业家(而不是下属员工)的身份来追求这一目标。[11]然而,无论是哪种情况,麦肯齐都对他表示了完全的支持。1994年,这对夫妇辞去了在"肖氏公司"的工作,共同创办了一家互联网图书销售公司。

为了创办公司,这对夫妇搬到了美国的另一边——华盛顿州的西雅图。之所以将地点选在西雅图，一方面是出于物流方面的考虑，另一方面也是为了减少公司的赋税负担——一个州的消费税只适用于来自同一州的互联网订单，而华盛顿州的人口相对较少。[12]

贝索斯负责筹集种子资金和聘请工程师，麦肯齐则负责办公室的管理、会计和后勤工作。他们最初的计划是让顾客通过电子邮件访问虚拟书店。而万维网——一种新出现的、尚不流行的互联网技术——则被当作第二选择。几个月后，多数网民都开始使用万维网，于是电子邮件界面就被弃用了。1995年7月16日，经过近一年的开发，网站终于被正式推出："欢迎来到亚马逊图书，全球规模最大的书店！"

顾客很快发现了这个新网站。在雅虎等门户网站上，亚马逊的名字几乎排在了字母索引的最前列。居住在农村地区的网民喜爱这家新出的网上商店，驻扎在海外的美国军人同样如此。在网站推出的首月，亚马逊销售的图书遍及美国50个州以及其他44个国家。[13]到了年底，该网站已经售出了价值511 000美元的书籍，这完全抵得上一家小型独立书店的销售总额。

第二年，亚马逊卖出了价值1 570万美元的书籍。到了1997年，其销售总额增加到了1.478亿美元。亚马逊网站正式起飞升空。1997年10月，亚马逊迎来了来自日本的第100万名独立顾客，该顾客订购了一本关于Windows NT①的书和一本关于戴安娜王妃的传记。[14]亚马逊随后在纳斯达克证券交易所上市。到了1999年，贝索斯和麦肯齐已经成功跻身亿万富翁的行列。贝索斯后来又雇来了数十名新的高管。而麦肯齐则退出公司，将重心放

---

① Windows NT是微软公司于1993年发布的一款桌面端操作系统。——译者注

到了自己的孩子和正在创作的小说上面。

三、数字革命

顾客和图书出版商都对亚马逊钟爱有加。顾客不断光顾网站，他们的溢美之词也引来了更多网友。出版商则欣喜于自己能够接触到新的受众。纽约一家小型出版社的老板表示："亚马逊不仅满足了需求，更是创造了需求。"[15]贝索斯和他的团队做出了许多正确的决定，不过偶尔也会存在误判。对于顾客和出版商而言，亚马逊凸显其价值的根本驱动力之一在于：贝索斯将过去的图书行业的惯例与现今的数字技术相互结合，释放了正向的网络效应。

图书行业长期以来一直遵循一种特殊的商业模式，即书店可以将未出售的图书退还给出版商。每当有人从书店购买一本书，书店就会获利一部分收益。但如果书卖不出去，库存积压的风险就要由出版商承担。1994年，出版商总共发出了4.6亿本书，但其中35%都被退回。[16]所以，从风险的角度上看，发行商才是真正的卖家，而书店更像是一个中间商。

在世纪之交，法国经济学家让-查尔斯·罗歇（Jean-Charles Rochet）和让·梯若尔（Jean Tirole）提出了"双边市场"理论，又称"双边平台"理论。[17]一边是买家，另一边是卖家，两者之间的平台则充当中间商。根据罗歇和梯若尔的理论，平台对于其中一方的价值取决于另一方的规模——这一特性被称作"跨边网络效应"。

跨边网络效应意味着，书店提供的图书越多，对顾客的吸引力就越大；吸引的顾客数量越多，出版商能从书店图书中获得的利润就越多。正向的反馈循环由此形成，"商店兼平台"的价值也随之快速增长。

但实体书店只能提供有限的书籍,再多的话,书架就难以搁下。一家标准的书店通常只能容纳大约一万册图书。20世纪90年代中期,规模最大的巴诺书店(Barnes & Noble)——由保龄球馆和电影院改造而成——也只能容纳17.5万册图书。这种物理限制阻碍了跨边网络效应的扩展,也限制了书店对于买家和卖家的价值。

而在亚马逊网站上,虚拟书架的空间是无限的。正向的反馈循环一旦开启,理论上,平台的价值将无限增长。

但罗歇和梯若尔的理论也暗示,任何渴望成功的双边平台需要解决的第一个问题就是:如何从一开始就点燃反馈循环?在没有顾客的情况下,亚马逊该如何说服出版商将图书展示在网站?而在没有出版商的情况下,亚马逊又该通过何种方式吸引顾客?

为了启动亚马逊的引擎,贝索斯利用了图书行业现有的中介机构。有几家公司专门负责更新数千家出版商的在版书目表。于是,贝索斯的团队就购买了一张带有此列表的光盘,并将内容填充到了网站的数据库。网站上的订单则由另外几家公司(图书经销商)完成,这些公司专门负责储存主要出版商的图书。

通常情况下,经销商的最低订购量是10本,但贝索斯的团队发现了一个漏洞:

> 事实证明……你只需订购满10本书。如果你订购满10本书,但其中有9本没有存货,那么他们就只会给你寄送一本书。[18]

在还未吸引任何一个顾客的情况下，亚马逊利用现有的中介机构，为其双边平台构建了一个庞大的供应端。之后，随着数百万名顾客涌向需求端，网络效应就会促使出版商将产品展示于平台，其他出版公司也会紧随其后。

　　相对于实体店这一竞争对手，亚马逊的另一个优势在于：它的书店享有更好的规模经济。所谓"规模经济"，是指做一件事的单位成本随着规模体量的增加而降低。普通书店必须为其占有的空间支付租金；随着书店规模的扩大，它们的维护费用也会随之增加。因此，普通书店的单位成本基本保持不变。相比之下，虽然在建立初期，亚马逊复杂的网站需要大量的资金，但网站一旦运行起来，增加客户和图书的成本就几乎可以忽略不计。当初网站推出时，平台展示的图书只有100多万册，但几年后，这个数字达到了300多万。[19] 不过，随着亚马逊的发展，它的单位成本却在直线下降，而它所提供的超低折扣也是任何实体店都难以企及的。

　　亚马逊做出的前所未有的选择也产生了一个新的问题：搜索成本。[20] 从技术角度上讲，网站的虚拟书架可以轻松容纳数百万册图书，这些"书架"由两台位于公司办公室的高端计算机组成。但顾客要如何从海量图书中找到自己所需的那本呢？简单的关键词搜索只对明确知道自己所要图书的顾客有帮助。在实体店中，人们通过浏览书架、查看封面和翻阅相关书籍，找到自己所需的图书。因此，如果没有一些有效的方法来匹配读者和书名，那么亚马逊数以百万计的库存就只能束之高阁。

　　贝索斯的解决方案是数据。从一开始，网站会追踪每一位访客，记录他们的每一次点击。有了这些数据，亚马逊的开发人员就能建立一套系统，根据每位访问者先前的行为，以及类似特征人群的购买情况，对搜索结果进行排名并显示推荐。贝索斯解释说："我们不仅要让读者找到书，更要让书找到读者。"[21]他认为，这种做法与其说是未来主义，倒不如说是回到图书贸易的田园诗般的过去：

> 我想把在线图书销售带回到小书贩的时代。这些小书贩对你非常了解，他们会说："我知道你喜欢约翰·欧文（John Irving），瞧，这是一位写作新人，我觉得他的风格和约翰·欧文很像。"[22]

不过两者也存在明显的区别，即亚马逊收集和分析的数据已经达到了产业的规模。[23]这些数据也为公司带来了递增的规模报酬。与规模经济的概念类似，递增的规模报酬是指公司处理的数据单位越多，它从每个单位获得的价值就越大。一旦亚马逊积累了大量用户的行为数据，只需一个额外的数据点——比如只要有人购买了斯科特·奥森·卡德（Scott Orson Card）的《安德的游戏》——公司就会给出大量潜在的有用推荐，比如明显相关的海因莱因的《星际战舰》，再比如出人意料的《美国宪法》，后者与卡德的小说一起出现在美国海军陆战队的阅读清单上。

亚马逊还允许顾客在每本书的官方描述下发表自己的评论，甚至可以是负面评论。发行商最初认为这个做法十分疯狂，书店为什么要对自己试图销售的图书展示负面评价呢？贝索斯则反驳，亚马逊并非要销售特定某一本书，而是要销售所有的书。它想创造的是一个有利于商业的环境。而任何额外的信息——无论是正面的还是负面的——都会对顾客产生帮助,而这反过来,也会给出版业带来帮助。[24]

四、"最佳意义上的平等主义"

亚马逊对买家和卖家的独特价值——这也是推动其崛起的动力——来自双边市场的正向网络效应、基于互联网运行的规模经济,以及客户数据积累带来的规模报酬递增。在亚马逊出现之前,所有这些元素便已存在,但亚马逊是第一家将它们有效结合起来的公司。这种结合在某种程度上成了互联网企业追随先驱轨迹的蓝图。

但在另一个方面,亚马逊与典型的互联网平台公司有所不同。大多数平台公司——从 eBay 到现今的一些新兴公司——都依靠卖家来提供物流和用户服务,其服务质量参差不齐。贝索斯坚持让亚马逊自己把握用户的体验。他没有要求出版商和分销商把书寄给客户,而是让他们把书送到亚马逊的办公室,工作人员会在那里检查它们,用亚马逊的品牌重新包装,然后把它们送往最终的目的地。通过这种方式,亚马逊可以确保商品在指定日期前完好无损地送达——这个保障对礼物、教材和其他一些商品而言是至关重要的。

在公司成立的早期,为了跟上平台的发展速度,全体员工——包括贝索斯和麦肯齐——有时不得不放下手头的工作,帮忙运送书籍。但随着公司的发展,贝索斯开始投资发展日益复杂的分销系统。他从沃尔玛挖来了物流高管,并指示他们建立一个由庞大的物流中心、分拣中心和配送站组成的网络。他带领公司开发了自己的专有物流信息系统和仓库自动化技术,并创建了一支由个体经营者组成的灵活的物流队伍。随着时间的推移,亚马逊将其足迹扩展至南美、欧洲和亚洲等地,在物流方面的投资更是达到了数十亿美元。

为了支出在数据和物流方面的巨额投资,亚马逊开始与其他公司共享其基础设施。第三方商家可以向亚马逊付费,让这家巨头为他们提供存储和运输服务。与数据一样,物流也开始为亚马逊带来递增的规模报酬:竞争对手将库存产品从仓库送到客户手中,至少需要花费3—5天时间,但亚马逊却可以利用其数百个物流中心,提供次日达甚至当日送货的服务。

小型出版商尤其喜欢贝索斯的数字革命。作为市场守门人,实体书店更愿将昂贵的货架空间留给拥有巨额营销预算的大型出版商。相比之下,亚马逊却乐于展示几乎所有的图书(甚至是自费出版的作品)。如果读者喜爱一本书,亚马逊就能通过算法将它推荐给更多的读者,微型出版商可能由此获得意想不到的成功。成千上万的小型出版商团结在亚马逊背后。一位自费出版的畅销书作者夸赞道:"这就是最佳意义上的民主和平等。"[25]

在后来被称为"亚马逊市场"的地方,各种产品的独立商家——从服装、化妆品到玩具、电子产品——都被允许进入这个平台。成千上万的商家纷纷参与进来。自主经营的商家们对平台为他们提供的机会感到欣欣鼓舞。贝索斯成了他们的英雄。一位卖家在亚马逊商家论坛上写道:

> 亚马逊在我走投无路、别无选择的时候从天而降。它使我还清了学生时期贷款欠下的巨额债务,还对我那些急需帮助的亲戚施以援手。我一直努力工作,现在不仅有了

可观的存款,还拥有了良好的信用,在亚马逊创立之前,我甚至经历过一次破产。所以无论如何,我都要衷心感谢亚马逊和杰夫·贝索斯。[26]

五、"亚马逊又击垮了一个小商家"

到了 21 世纪初期,浏览亚马逊网站的人可以看到各种令人震惊的产品选择。网站上拥有 370 万册图书、170 万张光盘,以及其他数百万种不同类别的产品——从婴儿用品、乐器、珠宝到汽车零部件。[27]事实上,亚马逊上拥有无限的产品选择。贝索斯最初提出的"万物商店"的想法几乎成为现实。

事实上,亚马逊在很多方面都不仅以一家商店的形式而存在了。平台上的大多数产品不再是由亚马逊(而是由亚马逊赞助的其他公司)进行销售。亚马逊提供了一个虚拟的"十字路口",商家和顾客在这里相遇,他们根据规则进行交易,通过基础设施完成产品的交换和付款。与其说亚马逊是一个商店,不如说它是一个拥有 5 000 万名市场用户的互联网集镇。它提供了取代过去世界的实体店守门人的方案,而杰夫·贝索斯一家在亚马逊首次公开募股后仍持有 52% 的股票,他们是无可争议的领导者。[28]

从商家的角度上看,贝索斯是一位鼓舞人心的领导者。他把自己的钱和投资者的数亿美元都用于开展数字革命,推翻了实体店守门人的权势。他欢迎独立商人进入他的虚拟集镇,向他们收取合理的费用,并保护他们免受欺诈、盗窃和网络攻击的困扰。而处于网络之外的商人依然受到这些困扰的影响。[29]

然而,贝索斯从投资者那里筹集资金的难度越来越大。所谓的"网络泡沫"在2000年破裂，互联网公司过度炒作的股市价格随之暴跌；风险资本流量只剩下崩盘前的一小部分，许多网络公司宣告倒闭，亚马逊本身也一度濒临破产。幸好公司的新任首席财务官在股市暴跌的前几周，谈下了一笔6.72亿美元的安全网贷款，这才让其幸免于难。[30]

2004年，贝索斯为亚马逊的图书部门聘请了一名新的高管。他要求这位高管与图书出版商谈判，以达成更好的交易。但他所指的"更好的交易"，并不只是为了获得稍好的利润。根据记者布拉德·斯通的说法，贝索斯向这位新高管建议，亚马逊要"像猎豹追逐体弱的瞪羚那样"，开始与小型出版商接触。[31]

在后来被内部称为"瞪羚计划"的项目中，亚马逊的管理人员开始根据出版商对虚拟市场的依赖程度对其进行排名。高管们向最弱小的发行商发起谈判，要求他们降低价格，延长付款时间，并做出更优惠的运输安排。出版商对此震惊不已。这家曾经被许多人认为"民主化"的公司，如今突然成了一个掠夺者。

起初，规模较大的出版商抵制了贝索斯试图榨取好处的计划，但亚马逊的高管很快就让他们乖乖就范。出版商们一旦负隅顽抗，亚马逊就会修改算法，不再向顾客推荐他们的图书。虽然这些图书仍然存在于网站，并且利用正确的搜索查询也能找到它们，但它们不会再出现在首页推荐中，也不会出现在"购买此图书的客户也购买了以下图书"的提示中，更不会出现在其他任何人可以发现图书的重要地方。据斯通介绍，出版商的销售额因此下降了40%。[32]

斯通声称，亚马逊在欧洲的供应商关系负责人在追捕这些反抗者时，"几乎充满了施虐式的喜悦"。报道中还援引了这位高管的话:"我竭尽所能,就是为了毁掉他们的业绩。"[33]亚马逊甚至还一度将"添加到购物车"的按钮直接从出版商的书店页面中删除。

独立商家也同样成为贝索斯的猎物。"亚马逊直接剽窃了我的产品创意,夺走了我的列表。"一位商家在亚马逊卖家论坛上抗议道。

> 我在6月份的时候,开始通过亚马逊货运物流(FBA)售卖货品。我的第一个产品取得了巨大的成功……第一个月内就获得了超过4万美元的收益。这或许引起了亚马逊的注意。

该商家解释了他们是如何将一个新产品引入亚马逊市场的,包括新建列表、上传产品图片、选择产品类别和其他设置,并撰写一个吸引目标买家的产品描述。该商家从海外供应商那里采购产品,并提供一份英文原版手册。为了快速将货物送到客户手中,该商家向平台支付了"亚马逊货运物流"的费用,这是亚马逊为第三方卖家提供的物流网络储存和运输服务。产品成功推出之后,该商家注意到了一件怪事:清单上出现了一个新的选项,根据这个选项,现在可以直接从亚马逊获得同类产品。当时,"添加到购物车"按钮——亚马逊的行内卖家将其称作"黄金购物车"——仍然会默认添加卖家的产品,所以销售没有受到太大的影响。但后来,这个情况也发生了改变:

> 亚马逊已经从我手中夺走了"黄金购物车"……从我为我的私人标签产品亲手创建的列表上夺走了……是的,

> 亚马逊又击垮了一个"亚马逊货运物流"上的小商家……
> 他们看到我赚了钱，就决心把产品抢过来自己卖。

论坛上的其他商家也分享了类似的经历。这已经不再是一个孤立事件，而是亚马逊针对许多产品类别采取的惯用手法。第三方卖家一年内通过平台推出了数十万款新产品。亚马逊对其中绝大多数产品都不感兴趣。但偶尔——根据一项研究，大约在3%的情况下——亚马逊也会介入其中，并有效地从原来的卖家手中夺走业务。[34]如果一款产品销量好，并且得到顾客的良好反馈，那么亚马逊出手"接管"的可能性就更高。

亚马逊并不是唯一一家这么做的平台公司。Spotify多年以来一直是苹果应用商店中排名第一的音乐应用程序，它在关键词"音乐"的搜索结果中总是名列第一。虽然苹果之后推出了自家的Apple Music应用程序——但Spotify在搜索结果中并不是下降至第二位，而是一下子跌到了第23位。它排在了8个不同的苹果应用程序之后，其中一些甚至与音乐毫不相关。[35]

亚马逊也开始向商家收取更高的费用。在一些类别中，这些费用很快达到了总销售额的50%。在2018年对亚马逊卖家的调查中，40%的受访者表示，他们最担心的是来自亚马逊本身的竞争；33%的受访者表示，他们最担心的是高额的费用。[36]一位商家总结道："亚马逊现在正以掠夺者的姿态对待成功的第三方卖家。"

贝索斯残酷无情的新政策以及其他方面的改变和创新，很快帮助公司赚得盆满钵满。在短短一年多的时间里，亚马逊从当初每年数亿美元的亏损，转变为现在每年数亿美元的增收（见图

6.1）。但贝索斯并没有将这些收入用于个人、员工或投资者的挥霍。相反，他利用这些利润推动其商业帝国向新的市场和技术扩张——从视频流媒体到食品杂货店，从数字支付到科学用品。

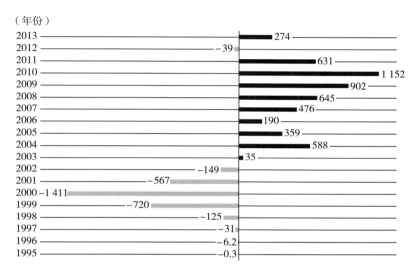

图 6.1　1995—2013 年亚马逊公司的净利润（单位：百万美元）

而且利润还在不断增长。从 2017—2018 年，亚马逊的净利润增长了三倍，从 30 亿美元增长至惊人的 100 亿美元。到了 2020 年，这一数字超过了 200 亿美元。

2020 年 7 月，亚马逊宣布将开设一家航空航天研发机构。[37] 它打算在卫星技术上投资数十亿美元，目标是将 3 236 颗卫星发射到低地球轨道。图书出版商和商家这才意识到，贝索斯的革命最终不是为了让商业民主化，而是为了实现自己的野心。一位商人失望地写道："如果你认为这整个平台是为你所设……那你就大错特错了。游戏总是受人操纵……永远都是如此。"

亚马逊雇用的第二名员工保罗·巴顿 – 戴维斯（Paul Barton-

Davis）在更早之前就指出：

> 贝索斯很擅长让人觉得他是在袒露自己的灵魂，让人觉得他是在告诉你事情的原貌。虽然这听起来像是实话，但事实上这仍然是他重大计划的一部分。[38]

六、司令官

历史上不乏最终背叛人民的革命者。贝索斯的祖父就在菲德尔·卡斯特罗的统治下失去了木材生意。

当然，杰夫·贝索斯并不是一个国家的统治者。亚马逊也只是一家与合伙人一起为顾客提供服务的私人公司。根据自由意志主义政治理论家的说法，这就是国家和诸如亚马逊这样的私营系统之间的关键区别，即私营系统的参与是完全自愿的。[39]如果出版商和商家对贝索斯的待人方式存在不满，那么他们完全可以主动退出。合伙人也完全可以用脚投票，并将业务转移到其他地方，这样的威胁原本是可以促使亚马逊善待他们的，[40]竞争原本也应该对企业统治者起到制约的作用才对。

许多商家确实离开了亚马逊。一位商家写道："很高兴，我将关闭我的卖家账户，永远地离开亚马逊。过去几年至少可以说充满挑战……可亚马逊货运物流不断上涨的收费，已经变得越发不合理。"但离开亚马逊这样的平台是有代价的。它需要抛弃人们在平台上建立的一切——这一切基于的不是实体商店，而是经过验证的顾客评论、重复的买家关系、精心设计的入站链接，以及编入平台系统的大量数据。一位二手书卖家写道：

> 我的烦恼是，我拥有将近9 000本书，我花费了大量时间，才将它们展示到亚马逊上，而现在我不知道如何是好……除了我的收入，所有的东西都在涨价。

独立商家在亚马逊建立的东西，很少能够轻易被带走，而且亚马逊也不会轻易让他们得逞。平台会保留买家的电子邮件地址，防止商家带走他们的顾客。这样的策略也被包括eBay在内的许多其他平台采用。因此，离开一个平台就意味着要放弃自己的生计，一切从头再来。原则上，卖家可以随时退出平台，但实践中，这样的做法成本往往太大。大多数人只能留在平台，低调从事，忍受其掠夺。论坛上的一位商家总结道："你最好不要太过成功。"

原则上，如果人们对国家的统治者不满，他们也可以退出国家。米格尔·贝索斯当初就是这么做的。他离开古巴就是为了逃离压迫其家人的政权。但这样做的人力成本极大——他必须抛下他的家庭和社交网络，他的语言和文化，以及其家庭拥有的财产。那些留下来的人并不是因为他们都支持卡斯特罗政权，而是因为他们无法离开。竞争——人们成为避难者并用脚投票——无法遏制卡斯特罗的政权，同样地，竞争也阻止不了贝索斯的掠夺。

不过米格尔·贝索斯离开古巴时，他至少还有一个吸引人的选择——美国。虽然他失去了一切，但他也获得了巨大的机会。可是亚马逊的出版商和卖家则没有这样的选择。美国书商协会、美国出版商协会和作家协会在2020年的一份联合声明中明确表示：

> 亚马逊的运营规模和图书发行市场份额已经到了这样的地步，即所有出版商都已离不开亚马逊的在线商店。[41]

在 21 世纪初，亚马逊和 eBay 的竞争仍然不分上下。到了 2019 年，亚马逊赢得了这场比赛的胜利。现如今，美国人在网上购买商品所花费的每一美元中，大约有一半是付给了亚马逊。如今，亚马逊在美国的市场份额，是紧随其后的十大电子商务网站市场份额总和的两倍。[42] 同时，它也是加拿大、墨西哥、巴西、印度、日本、大多数欧盟国家以及其他地区的最大的电子商务网站。在一些产品类别中，亚马逊甚至占据了超过 90% 的在线市场。

一定程度上，亚马逊的主导地位可以用正向网络效应理论中的一个令人不安的推论进行解释。对于买家而言，如果最有价值的平台是将他们与最多卖家联系起来的那个平台，那么同类平台之间的竞争往往就会产生一个压倒性的赢家，成为市场的主导——同样的情况也适用于卖家。为什么会这样呢？我们假设存在这样的两个竞争平台，其中一个平台除了拥有稍好的商品选择和稍多的顾客数量之外，其他方面与另一个平台完全相同。那么新来的顾客或商家大概率就会选择规模更大的那个，于是规模优势就会略微倾向更大平台一方；这样，下一个顾客或商家就更大概率会继续选择它，如此循环，最后它就会形成压倒性的优势。换句话说，在相同原理下，能对人们产生价值的正向网络效应，往往也会催生出一个垄断性的市场所有者。[43]

领土主权国家也享有一些规模优势，但它们的发展受到地理环境等因素的限制。人类和资源分布在陆地上，而海洋和山脉则将陆地划分为可防御的领域，最后形成不同的国家覆盖在地球表面。然而，在互联网上，所有事物在理论上都可以融进某个单一的、不受空间束缚的"城市"；能保留下来的，往往是最具吸引力的那座城市。

不过,市场上也存在一些能够对抗主导者的力量。一个小平台如果将重心放到某个利基市场,比如某一特殊产品类别或某一特定区域,那么它就可以在特定的利基市场里,建起一个更加厚实的网络,从而捍卫自己的地盘,以对抗一个规模更大但相对不专业的竞争对手。例如食品配送市场就不存在全球性的垄断者,领先的相关应用程序也因城市各有不同;甚至如果存在不便,卖家还可以同时使用多个平台,就像一些司机同时使用优步和Lyft一样。但在完全基于互联网的普通电子商务市场,正向网络效应会给予亚马逊巨大的推动力,使其成为市场的主导。

亚马逊在网络空间以外的地球,也是一个极其强大的存在。该公司正在世界各地建设机场枢纽,最近还刚刚成立了亚马逊航空公司(Amazon Air),这是一家拥有70架飞机的独家货运航空公司。就这点而言,与亚马逊正面竞争可能需要数千亿美元的投资和营运资金——大致相当于美国在过去15年里将人类送上月球所调动的所有资源的总和。一位商家宣称:"如果有一个新平台可以取代亚马逊,那么我会毫不犹豫地离开亚马逊。"不过,他的这个告别恐怕还遥遥无期。

虽然商家们举步维艰,但贝索斯本人——在新冠病毒感染疫情的几年里亚马逊获得了创纪录的利润——已经开始了新的冒险。2021年2月,他宣布辞去亚马逊首席执行官一职,全心投入到其他项目中去。其中一个项目就是他创立的空间技术公司——蓝色地平线(Blue Horizon)。公司的目标是在得克萨斯州建立一个亚轨道太空港,将贝索斯本人送入太空。

司令官菲德尔·卡斯特罗于 2016 年去世。几年后，古巴通过一部新宪法，对私有财产和企业给予了更多保护。但在亚马逊的"万物帝国"里，企业家们依然担惊受怕，唯恐自己的生意被他人夺走。

第七章
加密统治：技术取代

> 天下有道，则庶人不议。
>
> ——《论语》第 16 章第 2 节[1]

"整个国家掌握在少数人手中，佃户如果付不起租金，就很有可能成为奴隶，孩子们也会受到牵连。"[2]亚里士多德在《雅典政制》(*Athenian Constitution*)中，描述了雅典这个古老城邦曾是如何被残酷的寡头所统治的。政府管理人员腐败不堪，不得民心，受压迫的人民得不到任何帮助。这种局面最后渐渐失控：

> 由于多数人被少数人奴役，人民开始对上层阶级奋起反抗。斗争异常激烈，在很长一段时间里，双方互相较量，形成了敌对的阵营……

令人吃惊的是，解决冲突的办法竟是任命一位诗人，为这个国家设计出一套全新的政府体系：

> 双方最后达成共识，任命梭伦（Solon）为调解人和

执政官,全权负责整套宪法的制定。[3]

梭伦是一位诗人,也是一位出色的政治家。在吟唱完一首诗歌之后,他就开始动手设计一套更为完好的体系。他没有试图让政府管理人员变得更加可信,而是采取了不同的方法:他想让信用变得不那么重要。实现该目标需要用到一台机器,这台机器被称为"分配机器"(kleroterion)。[4]

"分配机器"约有成年人那么高,围绕着一块长方形的石板而建。石板表面刻有矩阵式的细孔,约有10个纵列,50个横列。插入细孔的是一些铜牌,上面镌写着当天来到机器面前的人的名字。当白球和黑球被投入石板侧边的管道时,分配就正式开始。这些小球会在机器内翻滚混合,最后通过机械装置一排排释放出来。黑球意味着对应横排名字的人落选回家,白球则意味着他们被任命为政府管理人员。

在古希腊,人们利用"分配机器",随机确认人选来担任政府管理人员。[5]行政长官每年都以这种方式任命。法官每天早上也会以这种方式重新选举。雅典的每个法律案件都会由其中几个随机选中的法官共同审理,他们彼此之间相互制衡。只要大多数人诚实可靠,那么少数腐败的官员就无法滥用他们的职权。个人信用也就不再那般重要。为了鼓励人们参与其中,每个被任命的人员都会得到来自公共财政的奖励。

在设计完这一具有革命性的政府体系,并见证它开始运行之后,梭伦就踏上了前往埃及的旅程。最后他逐渐淡出公众生活,并将项目移交到别人手中。

一、信任问题

中本聪是一位技术娴熟且作风稍显老派的程序员。[6]在网上发布的个人资料中,他声称自己生于1975年,生活在日本——但这很可能只是某人(或某群人)为自己虚构的一个网络形象。中本聪在编写信息时能够准确使用英式英语,他还援引了伦敦《泰晤士报》的内容,而且他的在线时间大多是英国的白天。

不管中本聪是何身份,从他发出的信息可以看出,他对数字革命的结果感到失望。约翰·巴洛等网络空想家曾设想,互联网会催生出一种社会秩序,完全独立于政府和强大企业的控制。然而,到了21世纪初,政府依然不可撼动,互联网也催生出了更为强大的企业。[7]而且更让中本聪感到困惑的是,人们现在依然依赖强大且缺乏透明的金融机构来管理他们的钱财。

> 传统货币的根本问题在于,它需要依靠信用来实现正常运转。中央银行需要让人们相信自己不会让货币贬值……银行需要让人们相信自己会好好保管金钱,并允许我们通过电子方式转账……[8]

> 互联网商务对于电子支付的处理,现在几乎完全依赖金融机构,将其视作可信的第三方。[9]

很多人都深有同感。2008年,全球正遭受重大金融危机的影响。政府的无能和企业的自私致使客户遭受误导和蒙骗,很多人失去了工作、储蓄,甚至是他们的家园。数以千计的人们走向华尔街举行抗议，索求对这些机构的运作方式的更大的发言权。

不过中本聪对如何让这些机构变得更加民主的想法毫无兴趣。相反，他想做的是复兴巴洛等人的梦想，即重新建立一个独立于这些机构的数字社会秩序——没有官僚，没有必然背叛选民信任的政客，没有受到公司操纵的选举，更没有大企业这一方霸主。中本聪依然认为，这样的社会秩序可以通过技术来创造，尤其是通过密码学技术。

中本聪并不是第一个相信密码学可以实现这些目标的人。程序员亚文化群体中有一群人自称"密码朋克"[1]和"加密无政府主义者"。他们在近20年的时光里，一直渴望通过密码学实现政治上的解放。[10] 密码学（cryptography）一词起源于古希腊单词"kryptós"（意为"隐藏或秘密"）和"gráphein"（意为"编写"），它是一门创造和破译秘密信息的千年技艺。这门学科随着个人计算机的出现得到了巨大的发展，订阅"密码朋克"邮件组[2]的用户曾一度达到了数千名。[11]

"密码朋克"的目标是创建不受国家或企业等权威机构控制的基础设施。截至目前，他们已经成功建立了匿名的交流平台，信息的交换不再受到权威机构的监督。但即便经过了多年的努力，他们还是没能建起一个可行的支付平台。结果，他们的"飞地"只能停留于信息层面的交流，无法促进交易的产生。早在1988年，《密码朋克宣言》（*A Cypherpunk's Manifesto*）就呼吁："我们

---

① 密码朋克（Cypherpunk）是一套加密的电子邮件系统，旨在使用强加密保护个人隐私。它也能用以指称支持密码朋克的群体。——译者注

② 邮件组（Mailing List）是互联网上最早的社区形式之一，是一个群体间进行信息发布和交流的论坛。——译者注

必须齐心协力，创建出支持匿名交易的系统。"[12]但20年后，这一目标依然难以实现，而"密码朋克运动"也慢慢失去了发展的势头。

为了理解该运动所要实现的目标，我们不妨来看看传统银行的功能。银行的功能在于，无论在什么时刻，当有人想要付款时，它都会确保其账户上拥有足够的信用额度。如果账户余额不足，银行就会阻止交易的产生。此外，银行施加的监督能确保相同的一笔钱不被多次使用，并且账户持有人不能凭空造出一笔钱来。金融系统通过这些方式创造了秩序，使这些对银行施以资金委托的人，可以完成彼此间的经济交流。但金融机构也可能滥用这种信任，例如拒绝执行有效交易、冻结款项，或操纵规则使内部人士获利等。信任意味着在没有保证的情况下仍然相信对方心存善意，所以它被滥用的风险也是固有的。这可以归结为政治科学领域的一个古老问题，这一问题也困扰着古希腊人，即我们依靠权威来保护我们，但谁又能确保权威不来伤害我们？我们如何让权力拥有者承担责任？"密码朋克"和"加密无政府主义者"将这称为"信任问题"。他们想利用科技来解决这一问题。[13]

20世纪90年代，各路企业家推出了新的数字支付平台，想要挑战银行在支付中介方面的垄断地位。彼得·蒂尔（Peter Thiel）、埃隆·马斯克（Elon Musk）和其他联合创始人创办了后来为人所知的PayPal，成为这些数字支付平台公司的佼佼者。但许多用户认为，PayPal的管理人员所施加的费用和政策，都过于武断随意，且缺乏透明度。此外，平台若冻结了商家账户，致使其关门歇业，商家也无处申诉。虽然在促进互联网交易方面，PayPal实现了新的突破，但在解决信任问题上，它毫无进展。

部分数字支付平台也尝试采用更为自由的方式。比如一个名为 E-gold 的平台就很少过问用户，也很少对交易实施监管。平台很快吸引了犯罪资金，但美国政府最终关闭了它，并逮捕了该平台的所有者。

中本聪推测，这些平台的问题在于，它们仍将权力集中到用户必须信任的某一中央权威机构的手中。

> 自 20 世纪 90 年代以来，许多公司创业失败，很多人便以为电子货币注定无法实现。但我希望大家清楚，是这些系统的中央控制性质注定了它们的灭亡。[14]

一个受信任的中央权威可能会滥用权力，就像平台公司经常做的那样。同时它也很容易遭到政府的取缔。为了避免这些隐患，中本聪想到了创建一个"无须信任"的平台——在这个平台上，受信任的权威机构被技术的确定性所取代：

> 我们需要的是一个基于密码证明，而不是信任的电子支付系统，它允许任何有意愿的双方直接进行交易，而不再需要可信任的第三方。[15]

中本聪希望人们能够直接互发款项，而不是让 PayPal 这样的中央实体来协调人们之间的付款。为了实现该目标，中本聪计划让每个参与者都在自己的电脑上运行特殊的点对点（P2P）"银行软件"，直接与其他参与者实现电脑通信。他从点对点文件共享中获得了这一灵感：

对于像 Napster①这样的中央控制网络，政府很擅长"砍掉"它们的脑袋。但像 Gnutella②和 Tor 这样纯粹的点对点网络，它们似乎能挺住政府的打击。[16]

点对点支付平台的总账不会存留于任何的中央数据库中，而是以并行副本的形式存在于每个用户的电脑上。中本聪将这个平台称为"去中心化"平台。

二、抵御"女巫攻击"

这样的一个去中心化平台该如何确保人们只使用自己的钱呢？PayPal 通过让用户设置用户名和密码来完成身份的认证，而在点对点系统中，将你的用户名和密码传输给其他用户可算不上明智之举。

古希腊的人们有时会使用陶片来证明自己的身份。一块印有名字或标志的平整陶片会被分成两半，留下各自不规则的边缘。一半陶片会交由管理人员，另一半则由人们拿走，之后用以证明自己的身份。人们可以展示手中的这一半陶片，确定与当局所保存的另一半陶片完全吻合。与密码有所不同，陶片是不可复制的，手握另一半陶片的人也难以做到。

在中本聪之前，加密无政府主义者就已经发现了一种被称为"数字签名"的技术，可以用于点对点系统的用户验证。该技术

---

① Napster 是第一个被广泛应用的点对点的音乐共享服务平台。——译者注
② Gnutella 是互联网上一种流行的文件共享网络。——译者注

依靠的不是陶片，而是依靠特殊设计过的一组数字，被称为"密钥"。其中一个密钥由账户持有人私下持有，另一个密钥则公开附在其账户上。就像碎裂的两半陶片一样，这对密钥也能形成完美精确的配对；账户持有人可以通过这种方式，向其他人证明自己对账户的所有权，其过程滴水不漏，不会遭到他人的模仿。[17]

然而，数字签名并没有让加密无政府主义者创造出真正无须信任的支付平台，因为受信任的权威机构还有一个存在的理由——用来跟踪账户余额，确认款项未被使用。于是，到了新世纪前10年的后半段，数字签名开始广泛使用，不过使用者都是些银行、支付公司或其他受信任的数字平台。

中本聪的新想法是，核对余额的责任可以在用户之间随机循环，就像古希腊的管理人员的职位在公民之间随机循环一样。雅典人使用"分配机器"，让管理人员每24小时轮换一次，而中本聪的方案是使用一种算法，让管理人员大约每10分钟轮换一次。

在中本聪的系统中，管理人员的职责是校验最近发出的支付指令，确认它们的有效性，并将其整理为一个被称作"区块"的记录——一项官方的交易记录，用来确定系统中每个人所拥有的金钱。管理人员不必手动校验交易：所有工作都可以由他们电脑上运行的点对点银行软件自动完成。

大约10分钟过后，下一个管理人员会接管职责，复查前一个区块的记录，并附上自己的区块，形成一条区块链。就像在古希腊一样，这种责任的持续循环意味着管理机构很难产生腐败。联合起来的用户可以强如银行，但单独存在时，任何用户都没有足够的权力去胁迫另一个人。只要大多数用户保持诚实，该平台就能在没有任何受信任机构的情况下，保持有序的记录。技术上的确定性取代了善意的信任。信任问题似乎迎刃而解：

> 有了基于加密证明的电子货币，我们不需要再信任第三方中间人，金钱具有安全保障，交易也变得毫不费力。[18]

不过，还有一个重大的问题仍然存在。如果攻击者不断创建傀儡账户，直至其数量超过合法用户的数量，又该如何是好？为自己创造众多新的数字形象并不困难，尤其是当加密无政府主义者都宣誓要保护隐私和匿名。结果，随机选择的管理人员在现实中就会反复变成同一个人，这就破坏了系统所谓的不依赖任何一方的特性。这种"女巫攻击"（Sybil attack）——以一个据说拥有16种不同人格的女人的希腊假名（Sybil）命名——曾让早期的加密无政府主义者感到头疼。

诗人梭伦也遇到过类似的设计问题。在雅典，从理论上讲，一个随机选出的管理机构可能会被来自敌对城邦的人接管。敌对城邦的人可以在早上突然大量出现，并把自己的名牌塞满整个"分配机器"。如果他们担任了城市的大多数管理职位，那么他们就可能造成严重的破坏。

为了防止这种攻击，梭罗将资格限制为在雅典拥有财产的男性。候选人的名牌会依据其财富被排到机器的每一纵列上，所以每一横排都代表了从最富有到相对富裕的男性。而没有财产的男性，则不会出现在机器的纵列上（女性或奴隶也同样没有对应的纵列）。

中本聪对"女巫攻击"的防御与上述方法有点儿类似：他的

计划是要求潜在的管理人员证明自己拥有一个 CPU。CPU，或称"中央处理器"，是计算机进行计算的部分。在中本聪的计划中，任何人若想成为下一个管理人员，都必须使用其计算机的 CPU 去猜测一个数字，以解决一道看似毫无意义的密码谜题。使用 CPU 率先猜对数字的参与者，就会成为下一个 10 分钟区块的管理人员。虽然任何人都可以创造尽可能多的在线形象，但这些形象如果来自同一台计算机，那么他们被任命的可能性加起来也不会比个人的可能性高，所以他们这样做是徒劳无益的。通过这种方式，"女巫攻击"被成功抵御了。

但中本聪没有发明出这种让用户花费 CPU 周期来猜测数字的技术。这种技术后来被加密无政府主义者称为"工作量证明"（proof-of-work）。"工作量"指的是花费的周期，"证明"指的是正确的猜测。不过，中本聪提出的使用这种技术来随机挑选一个轮换记录员的想法却是一个重大的突破。加密无政府主义者的梦想，是建立一个不依靠受信任的权威机构的真实可靠的支付平台，而在遭遇多年的挫败之后，这个梦想突然变得触手可及。中本聪对他的发明做出了总结："一切基于的都是加密证明，而不是信任。"[19]

三、最危险的项目

2008 年 10 月 31 日，中本聪向全世界宣布了他的发明：

发件人：<satoshi@vistomail.com>
收件人：密码学邮件组 <cryptography@metzdowd.com>
主题：比特币点对点电子现金论文

我一直在研究一种全新的电子现金系统，它是完全点对点式的，不需要依靠可信的第三方。

该论文可通过以下网址获取：http://www.bitcoin.org/bitcoin.pdf。

……

——中本聪

两个月后，中本聪发布了软件的 1.0 版本。这是一个可以在个人计算机上运行的点对点银行程序，人们可以通过这个程序加入网络，发布交易信息；甚至如果人们愿意的话，还可以花费 CPU 周期来争夺管理人员的位置。中本聪建立了该网络的第一个节点，并记录了第一次交易。在第一个交易记录区块中，他编进了一条信息——引自一份报纸的内容，用它来注明记录的日期，也用它来嘲讽自己的系统所要挑战的机构：

《泰晤士报》2009 年 1 月 3 日英国财政大臣正欲对银行业实施第二轮救助。

一开始，中本聪并未获得热烈的反响。经过几十年的失败，许多加密无政府主义者对建立一个真正独立于受信任的数字支付系统已经不再抱有幻想。但少数人还是将自己的计算机加入中本聪的网络中，并开始使用这个平台。与 PayPal 不同的是，该平台不能使用美元或任何其他国家的货币进行支付。相反，记录在区块链中的数字代表了一种新的货币单位——比特币。这些虚拟货币本身没有价值，它们只是一些代币。用户们来回发送它们只是为了测验这个系统。中本聪之后发布了软件更新，修复了漏洞并增添了功能。他还为对该项目存在兴趣的用户建立了一个邮件组和一个在线讨论论坛：

> 我保留着一份我在论坛上看到的所有未解决的漏洞清单……这不是一款会留下很多未解决漏洞，以至于需要追踪器辅助的软件。[20]

爱好者们对平台进行了一年多的测试和修补，但比特币依然没能成为一个真正的支付系统。和所有平台一样，它也面临着一个"先有鸡还是先有蛋"的问题：当没有商家接受比特币时，该如何吸引消费者？当没有消费者使用比特币时，又该如何吸引商家？[21]

由于金融危机，人们对既有机构的信任达到了低点。许多人渴望改变。一些小型企业开始尝试这种据说能独立于旧时体制的全新数字货币。我的住处附近有一家素食餐馆，它在宣传中表示，可以使用一个比特币购买一份由大豆制成的奶酪汉堡；有一位在线商家也开始使用比特币售卖羊驼毛袜子；甚至电子前沿基金会也开始接受比特币捐款。

但是咖啡馆、商家和基金会仍然需要使用当地货币来支付供应商和员工。在未来，若比特币能够发展成为大众广泛接受的货币，到时他们或许就能用它来支付供货商货款。这也正是中本聪希望见到的一幕。但就目前而言，虚拟货币仍然需要转换为国家货币才行。幸运的是，这种转换可以通过交易所（新兴的在线交易网站）实现。在交易所中，人们已经开始使用美元、欧元、英镑和日元来购买和出售比特币。

　　这一全新的反权威机构的支付平台很快为人所知，越来越多的人开始对其产生兴趣。这也引起了博客使用者的注意。美国科技投资者杰森·卡拉坎尼斯（Jason Calacanis）写道，比特币是"有史以来最危险的开源项目……如果没有终端用户提起诉讼，它将不可阻挡"[22]。瑞典自由意志主义活动家里克·福尔克文奇（Rick Falkvinge）解释说："你可以在任何地方发起任何金额的即时转账，而且任何权威机构都无法知晓或干预。"同时他宣称会把"所有的积蓄都投到比特币"[23]。媒体还对这个故事进行了报道。《连线》（*Wired*）称比特币是一种"基于数学的货币"，它不会受到人类政治的影响。[24]《纽约时报杂志》（*New York Times Magazine*）则在其封面上绘制了一张融化成像素的美元钞票，上面写着"我们相信代码"[25]。比特币的汇率随之一路飙升。

　　在该系统成功启用之后，中本聪也开始从项目中慢慢退去。他在论坛上的帖子越来越少，最后彻底不再发帖。和诗人梭伦一样，这位以化名出现的程序员，最终从公众舞台上完全消失，变成一段传奇。

四、机器漏洞

　　比特币的成功促使其他人也发起了类似的项目。一些人简单复制了中本聪的源代码，改变了部分变量，并以新的名称和货币单位推出了竞争平台。这些平台和它们的代币被统称为"加密货币"。

　　其他人则试图更进一步。杰出的加拿大籍俄罗斯裔程序员维塔利克·布特林（Vitalik Buterin）和他的合作伙伴共建了一个名为"以太坊"的系统。与比特币一样，这个系统使用工作量证明算法，随机指定计算机记录管理人员，将交易区块串联成正式记录。系统的货币单位被称为"以太币"。但除了用以单纯的付款交易外，它的记录还可以包含智能合约，比如某些只有在特定条件下才能进行支付的程序。法律合约用英语编写，由律师和法院执行；智能合约则用计算机代码编写，并由以太坊的点对点网络执行。

当然，依靠自动化程序执行有条件的交易其实早被运用到了各种场景，如金融市场、公司工资单、谷歌广告、亚马逊市场等。与之不同的是，以太坊平台承诺将"丝毫不依靠信任"来运行此类代码：如果交易各方提交了合同，那么它会完全按照合同的内容执行，不会出现任何额外的操作。它可以保证不做出越权和滥用权力的行为。该平台的网站声称，"宕机、审查、欺诈或第三方干预的可能性"完全不存在；合同执行将会是"不可阻挡的"。[26]布特林做出承诺（当然用户可以表示怀疑）：使用中本聪开创的技术，确定性将内置于技术本身。它不但能解决支付的信任问题，更能解决所有经济互动领域的信任问题。

这一承诺带来了巨大的政治影响。纵观历史，国家和其他正式机构通过执行合同和产权，在经济增长中发挥了不可或缺的作用。如果说，近来的互联网削弱了国家的作用，那也只是借用与国家类似的私人机构取代了而已。[27]我们依靠权威机构来提供秩序，而当他们与我们反目时，我们依然会受到影响。几千年来，政治科学并未就这个基本问题给出明确的答案。而现在，以太坊承诺会解决这一问题，它承诺会带来正式机构具备的好处，也会避开它们本身存在的隐患。克里斯·迪克森（Chris Dixon）对区块链具有远见卓识，他总结道："'不能作恶'的好处要大于'不作恶'。"[28]于是彼得·泰尔（Peter Thiel）向布特林支付了10万美元，让他从大学辍学，全身心投入到以太坊的项目中去。

在该网络发布一年之后，现实情况就没那么令人惊叹了：以太坊上流行的智能合约大多是些赌博机器、庞氏骗局和其他一些并不起眼的项目。但其中一个彰显了平台潜力的项目是分布式自治组织（DAO），这是一套于2016年4月推出的复杂的智能合约。它的网站介绍，这是一种"前所未有的新型人类组织……它产自不可改变、不可阻挡和不可推翻的计算机代码"[29]。

参与者可以把钱存入分布式自治组织，以换取投票权，从而参与决定代码如何投资组织中的资金。而组织所获得的利润又都会存入参与者的虚拟账户。因此，分布式自治组织更像是由投资者管理的风险投资基金，唯一不同的是它不受任何国家的法律约束：它的规则用计算机代码表达，管理则由节点遍布全球的点对点式网络完成。按照其德国创造者的说法，它"无处存在，同时也无所不在，它完全依靠不可阻挡的代码的坚定毅力运行"[30]。虽然可以通过可读的解释，阐明分布式自治组织的运作规则，但其创造者强调，代码中所表达的才是真正的规则：

> 任何解释性条款或描述都只是出于教育目的而提出，而区块链上列出的分布式自治组织代码的明示条款，是任何解释性条款或描述都无法取代和修改的。[31]

加密无政府主义者和科技记者们对此十分着迷。TechCrunch[①]在一篇报道中将分布式自治组织描述为"经济组织理念的一次范式转变"[32]。在该基金成立的首月，它就吸引了来自11 000多人，总计超过1.5亿美元的投资。[33]

在软件工程中，一个公认的原则是，软件永远做不到完美无瑕：就算程序员竭尽所能，缺陷或漏洞仍然会存在于几乎所有代码中。衡量软件质量的一个指标是"每千行代码"（KLOC）存在的缺陷数量。根据一项行业估计，新编写的代码通常每千行包含10—50个缺陷，而经过充分测试的代码通常每千行包含0.5个缺陷。[34]一项研究报告指出，流行的开源软件包平均每千行代码包含0.69个缺陷。[35]有时候，一些关键的缺陷要在几年后（甚至几十年后）才会被发现。

分布式自治组织只有2 000多行代码，按照软件项目的标准，这一数字并不算太多。虽然发布前经过仔细审查，但从统计学的角度来说，它依然可能存在漏洞。事实上，几周时间内它确实被查出了多个漏洞。到了6月17日，一些人开始利用这些漏洞。一位匿名用户在以太坊的讨论论坛上写道："我认为分布式自治组织正在被掏空。"[36]维塔利克·布特林和众多人士尝试出面解决，却只能看着加密货币从基金中渐渐消失，被分批转移出去。黑客最终成功抽走了该基金大约1/3的资金——价值约5 000万美元的以太币。

[①] TechCrunch是一个以科技新闻和评论内容为主的网络媒体。它常会介绍一些创业公司、科技新产品以及网站应用等。——译者注

五、软件更新

随着黑客攻击的消息传播开来,分布式自治组织的投资者感到大为震惊。许多人在论坛上要求赔偿,但从以太坊平台的角度来看,这一行为实际上并未违反任何规则。被指控的黑客只是利用了分布式自治组织代码中的功能为自己提取了资金。分布式自治组织的创始人是否有意保留这些功能,这不是自动平台能够判断的事情。该平台的职能只是执行编写的代码,而任何漏洞都是有目共睹的。一条声称来自黑客的匿名信息也强调了这一点:

> 我仔细研究了分布式自治组织的代码,发现它有一个功能,可以通过拆分代码获得额外的以太币奖励,于是我决定参与进来。我利用这个功能,正当地获得了3 641 694枚以太币,并感谢分布式自治组织给予这个奖励……一些人将我使用这一意向性功能描述为"盗窃",我对此感到十分失望。我完全是按照智能合约的条款,使用了这个被明确编进代码的功能。[37]

这种情况对分布式自治组织及其投资者来说是一场灾难,对整个以太坊平台来说也同样如此。分布式自治组织是该平台的模范应用和突出的媒体案例。当时流通中的所有以太币有约15%投资于分布式自治组织。如果投资者失去了他们的资金,那么他们对整个平台的信任将就此崩塌。因此,以太币的汇率一落千丈。布特林确信是时候采取措施了。

然而,具体要采取什么应对措施尚未明晰。毕竟,分布式自治组织的建立是基于以太坊的"不可改变、不可阻挡和不可推翻的计算机代码"。平台的全部意义在于，人们无法依靠任何管理人员小组来取消自己讨厌的交易。合同需要按照编写的规定执行，这就是规则。就算是布特林本人，也难以打破以太坊的规则。

然而，改变规则是另外一回事。布特林及其团队可以对规则进行小幅改动，这几乎是例行操作，也是他们向用户发布软件更新的一部分。所以可以想象，他们也能推出一种更为复杂的规则变化，把挪用的资金强制返还给原始投资者，从而扭转黑客攻击的影响。这条特殊的规则如下："双方在此日期签署的合同将被视作无效，据此转移的资金也将悉数返还给原始所有者。"这虽然会是一项复杂的软件更新，但实施过程会与早期更新完全一样：布特林的团队发布一项更新，用户下载并安装到电脑，新的规则就此生效。而从生效的那一刻起，去中心化的平台将继续以同样的"坚定毅力"执行这一新规，就像它执行以前的规则一样。问题也就得到了解决。

然而，由此产生的一点问题是，这项更新将揭露"不可篡改的记录和不可阻挡的代码"这个想法只是一场幻想罢了。如果人类可以随意更改规则，那么在实施这些规则时确保人类无法干扰又有什么用呢？

因此，这项更新很可能会引发论战。不过值得称赞的是，布特林团队并未直接将这一更新强加给以太坊用户。相反，他们在讨论论坛和博客文章中公开了这个问题，并附上了他们的解决方案。由于分布式自治组织的代码中内置了安全措施，黑客无法在未来四周内花掉他们的加密收入，所以用户们依然有时间可以深入探讨。

许多用户对修改规则的提议表示赞同，但另一些人表示反对。因为追溯性地改变规则似乎有违平台的整体理念。最后，布特林组织了一场临时的网上公投。用户的投票权与他们拥有的以太币数量成正比。最终的投票代表却只占了流通中所有以太币的6%。虽然事先进行了宣传，但很多不太活跃的以太币所有者，似乎都未了解到这次匆忙组织的投票。不管情况如何，最后赞成票以接近7∶1的比例超过了反对票。更新被确认实施，分布式自治组织的资金最终归还给了原始所有者。

这场危机向我们展示了点对点区块链系统最终并未真正做到"无须信任"。虽然网络可能以机器人的公正性执行其规则，但规则的制定和修改依然掌握在人们手中。在这个例子中，人们就是通过修改规则，最后达到没收个人财产并将其归还给之前的所有者的目的。引用这个案例并不是为了说明此决定是否合理，或是否以民主的方式执行，而是为了说明，人们一开始就有可能做出这样的决定。也就是说，存入该系统的资金最终仍被委托给了人类保管，信任问题依旧没能解决。

以太坊虽然渡过了难关，但名誉也受到了严重的影响。人们进行了深刻的反思。平台也把"不可阻挡"这个词从其主页中删除。一位前以太坊项目经理评论道："事实证明，我们与中央银行有许多共同之处。相似之处可能不在技术或法律层面，而是在政治层面，社区中的人们希望我们为他们做得更好。"[38]

类似的事件表明，比特币最终还是需要依靠人类来制定规则。当中本聪退出比特币项目时，他将项目移交给了美国籍澳大利亚裔的程序员加文·安德森（Gavin Andresen）。安德森指定了一个软件开发团队来助其一臂之力。这个核心团队发布了软件更新，增添了新功能并修复了漏洞。但安德森淡化了团队的作用,认为他们只是负责处理了"管道工程"。[39] 当严重的漏洞再次出现时,攻击者依然可以利用它随意生成新的比特币。[40] 不过现在若发生这种情况,团队已经不会再事先告知用户更新的全部目的。用户被要求完全信任团队。最终证明,比特币也不是一种"基于数学的货币",而是一种基于人的货币,它与中本聪试图取代的英镑和美元没有本质上的区别。

六、利益竞争

大约在同一时间,人们也发现,即使是区块链的革命性规则执行系统,也不像中本聪所想的那样"无须信任"。

使用工作量证明方案来选择记录管理员,这可以说是一个绝妙的工程。这意味着选择具有随机性。不过,选中的资格却与某种有形的东西联系在一起——CPU 功率。与古希腊时期一样,参与竞争能获得对应的奖励:每次被成功选任的人都会获得新的比特币。中本聪将这一过程称作"挖矿"。

> 新货币的数量稳定增加,这就像淘金者消耗资源来增加流通中的黄金一样。但在我们的例子中,淘金需要消耗的是 CPU 时间和电力。[41]

矿工获得的奖励可能是巨大的。2015 年,每个区块的奖励是 25 个比特币,这在当时的交易网站上价值已超 6 000 美元。由于每隔 10 分钟,一个新的区块就会被开采,每周总收益加起来就超过了 600 万美元。挖矿很快吸引了专业人士的兴趣,数据中心式的工业加密挖矿设备也随之出现,它配备了定制的硬件和大量的电力接入。

虽然中本聪是一位极其出色的密码学家,但他毕竟不是经济学家。他没有意识到,和挖金矿一样,比特币挖矿也会导致规模经济。[42]相比使用普通个人电脑挖矿的个体用户,工业化的挖矿作业所产生的单位成本相对更低。于是,工业主义者们很快在竞争中超过了中本聪原本希望承担系统管理的普通用户。比特币的官方记录职责也开始只在少数几家大公司之间循环,而非在千千万万名加密公民之间随机循环。

在2015年底,单单三家公司就负责开采了60%的比特币记录区块。原则上,若有人控制了超过一半的挖矿权,他们就可以阻止任何自己不喜欢的交易,以此来劫持整个网络。[43]2015年12月,在香港举行的比特币会议上,代表该网络约90%挖矿力量的管理人员一起出现在舞台。这些管理人员试图向公民保证,会将网络的最大利益放在他们身上。"无须信任"的记录如今成了"信任我们"。

比特币的首席开发者安德森认为,挖矿权集中在几个大公司手中并不是什么大事,因为挖矿公司不会去破坏延续自身利润来源的系统,这样做在经济方面没有任何意义。[44]不过,这也意味着,如果之后这些公司的利润受到威胁,它们也不再任人宰割。事实证明,安德森本人也即将引发这样的场景,他最终将领教到这些挖矿公司的力量。

2015年,安德森提议增加记录交易的比特币区块的大小。这样做的逻辑十分简单。当时,每个区块最多可以容纳大约2 000笔交易。考虑到系统的设计是每10分钟左右在链上添加一个新区块，这就意味着比特币网络每秒只能确认约 3.5 笔交易。这个速度在一开始还绰绰有余，但当下网络的日益普及却导致了系统的拥堵。人们有时需要等上数个小时才能确认自己的付款，这也使得整个系统几乎无法使用。

安德森建议将最大区块的大小再增加 20 倍，从而使每秒确认的交易数量达到约 70 次。但与 Visa 等主流支付系统相比，这仍然算是小巫见大巫。Visa 平均每秒能处理 2 000 笔交易，最快情况下，甚至每秒能处理 5.6 万笔交易。安德森认为，这会是个易于实施的简单更新，至少能暂时缓解交易拥堵的问题。

最终结果是，在比特币的利益相关者中，有一个强大的利益集团反对这样的改变。当时，由于有政府补贴的廉价电力，挖矿产业主要都集中在东亚。到 2015 年底，比特币网络中约有 3/4 的挖矿力量来自东亚。[45]但防火墙限制了挖矿公司与世界其他国家之间的互联网带宽。这就意味着，安德森提议的更大的区块会让矿工的操作变得更加困难。一位挖矿产业的高管解释说："将区块大小增加到 20 兆字节会增加矿工的操作成本。"[46]

此外，世界各地的挖矿公司实际也正从网络拥堵中获得利润，至少短期内的情况如此。这些矿工们拥有权力，可以从待处理的交易队列中，将特定交易选出，纳入他们生产的区块当中。普通用户若是急于将交易排于队伍前列，就可以在下达支付指令的同时附上小费，矿工们在处理完他们的支付后就可以将小费收入囊中。拥堵的情况越严重，用户愿意提供的插队小费就越高。于是，中国的挖矿公司很快就对安德森的提议表示反对。安德森安排与他们进行会谈，但也无济于事。

其他各种商业利益和意识形态利益也与区块大小问题紧密相

关。一些利益集团公开对安德森的提议表示支持，一些人则表示反对。由于比特币没有正式的决策程序，即正式的政治制度，所以各方都认为自己的决定是合法的，于是冲突变得不可调和。双方分歧逐渐加剧，言辞也变得越发强硬。这场辩论最终带来了部落主义、网络对喷和社交媒体机器人运动。事件最后被推向了高潮：团队中的另一名开发者背叛了安德森，取消了安德森对比特币官方代码库的写入权限——事实上是将他完全赶出了核心团队。

一位挖矿公司的高管感叹道：

> 去中心化的系统……需要民主机制来运行，只有如此，才能避免比特币社区出现这样直接粗暴的争端。[47]

七、支离破碎的规则市场

就开源软件的开发项目而言，其决策一般由两种不同的要素组成。第一种要素是强有力的技术官僚管理，它来自某个技术娴熟、富有魅力的首席程序员——有时他们也被称作"仁慈的独裁者"。[48]例如维塔利克·布特林就被众人称作以太坊的"仁慈的独裁者"。[49]"独裁者"及其团队通常控制着软件开发项目的基础设施，如官方的通信渠道和代码库等。这种权力的集中可以带来高效的决策，从而实现其自始不变的愿景。

另一种决策要素是所谓的"粗略共识"——一种非正式的准则，即任何重大的软件更改都要得到社区近乎一致的支持。"社区"向来没有明确的定义。基于你询问的对象，社区可以指积极从事项目工作的软件开发者、使用该软件的公司，有时甚至可以是个人用户。这种公民大会可以对行政权力产生制衡作用，并且能够确保决策是基于广泛的观点形成的。

在实践中，公民大会通常以邮件组或在线论坛的方式进行商议。商议的目的是就当前的重大问题达成粗略共识；基于这一共识，采取相应的行动。粗略共识意味着辩论参与者很少或完全不存在分歧。而现代国家所采用的多数主义这一决策方式——进行投票表决，且少数人必须服从多数人的意见——则并不常用，这或许是因为尚不清楚谁应该享有投票资格。下面这句格言是由颇具影响力的互联网工程师大卫·D. 克拉克（David D.Clark）所讲——许多区块链开发者反复引用这句话，它表达了上述这种理想：

> 我们拒绝国王、总统和投票。我们相信粗略共识和运行代码。[50]

经过几十年对开源软件的开发，这两种截然不同的要素组合——在社会科学的术语中，这被叫作"比较政治制度"——不断演变，最终呈现出了一些优势。不过在调和冲突方面，它依然表现得十分糟糕。人们对"仁慈的独裁者"感到十分失望，但始终找不到可以取而代之的途径，这也使得一些"仁慈"的开源"独裁者"多年来一直欺压着社区成员（幸运的是，在比特币或以太坊的案例中并未出现这种指责）。而且，因为社区决策依赖于共识且拒绝投票机制，所以在一些颇具争议的问题上也很容易陷入僵局。

然而，开源软件项目的锦囊中还藏有第三种政治制度，一旦发生不可调和的冲突，它就会被抽出使用。这第三种政治制度被称作"分叉"。因为所有的源代码都能免费获取,所以这些对企业的领导或管理不满意的开发者,就可以简单地复制代码,并推出自己的版本。两个平行的项目会像餐叉上的叉尖一样,从它们共同的轴上分化出来。由于存在分叉的可能性,开源软件项目有时会被视作无政府主义,甚至会被视作是民主的,即使它们受到了"独裁者"的监督。

依据同样的道理,区块链支持者有时会争辩说,他们的项目根本"无须信任"——虽然项目需要依靠强大的首席开发者和挖矿公司,但若任何人对安排存在异议,他们原则上都可以推出自己的分叉。事实上,当加文·安德森的盟友在比特币区块规模的斗争中被击败后,他们采取的行动就是如此:他们用不同的规则创建了比特币软件的平行版本,并用该软件建立了一个平行的点对点网络。同样地,这些反对维塔利克·布特林为了推翻分布式自治组织合同而改变以太坊规则的人们,也建立了属于他们的以太坊网络。在他们的版本中,更新并未实施过。之后人们可以从两个平行的比特币或以太坊版本中挑选他们喜欢的那一版——也选择出他们想要遵守的那一套规则。这也符合无政府资本主义的思想,"市场"可以自行选择规则,而像投票这样的正式政治制度也就不再被需要了。[51]

然而,规则市场的流动性并不是很好。其中存在的一个问题是,这些平台的价值需要基于网络效应。[52]对消费者最有用的支付平台是最受企业青睐的平台,反之亦然。换句话说,个人不能简单地选择自己喜欢的系统,他们必须将其他人的选择也纳入考虑的范围。当两个比特币网络形成分叉时,矿工和用户起初会在两种选择之间摇摆(见图7.1)。[53]但当人们看到其中一方即将成为既定标准时，他们中的大多数人就会迅速倒向这一方，而与之竞争的"货币"就会一下子失去几乎所有的支持和价值。以太坊的分叉也出现了同样的状况。个人不能自由地选择想要遵循的那一套规则。最后，如果他们还想参与交易，就必须遵循大多数人的选择。可见，制度的选择不是个人的选择，而是集体的选择。

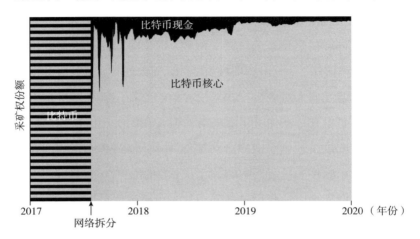

图 7.1　比特币现金与比特币总挖矿能力的核心份额对比（2017—2019 年）

但是，必须做出选择吗？难道人们不能简单地使用多个并行系统吗？这在平台理论中被称作"多宿主"。在某些情况下，多宿主是切实可行的，它能限制正向网络效应所带来的赢家通吃的动态变化。虽然并行使用多个支付系统十分麻烦，但这并不是不可能发生。

当区块链系统被用以记录实物资产的所有权时，如土地所有权、公司股票或非同质化通证[①]等，采用分叉后多宿主的方法就完

[①] 非同质化通证（Non-Fungible Token，缩写为 NFT）是区块链网络里具有唯一性特点的可信数字权益凭证，是一种可在区块链上记录和处理多维、复杂属性的数据对象。——译者注

全行不通了。我们可以假设，在遭受黑客攻击之前，分布式自治组织购买了一些股票，紧接着，以太坊网络分叉成两个版本，而这两个重复的以太坊区块链版本现在都声称自己包含了记录，可以证明上述同一股票的所有权。我们再做进一步假设，之后人们采用了多宿主的方法，并且两条区块链都保持运行。在其中一条区块链中，股票的所有者卖掉了持有的股票，而在另一条区块链中，所有者没有卖掉股票。那么，同一股票现在在两条不同的区块链中就拥有了不同的所有者。那么哪个记录是正确的呢？这项技术没有给出任何答案。所以，从某种程度上说，人们必须选择其中一条区块链作为权威，而另一条区块链则要完全舍弃。

当然，即使我们接受了这一事实，即选择必须做出，且制度的选择是一种集体选择，但区块链网络的分叉还是有可能被视作一场公投，用以确定集体希望采用哪套规则。公投中唯一有资格的选民是矿工。事实上，中本聪在他最初关于比特币的论文中，对于系统治理的唯一说法也是——矿工"将用他们的 CPU 能力投票"。[54] 普通用户只能通过非正式和间接的方式对公投结果产生影响，比如购买特定的代币以推高其价值，从而激励矿工前来挖矿。

此外，这项技术并不能确保用户在知悉所有情况的前提下做出选择。当布特林的以太坊基金会同事创建出软件新版本，从而改变此游戏的规则时，基金会的商标也保证了只有这个新软件才能被称作"以太坊"。不曾改变的软件版本不得不采用一个新的名字，虽然后者才是软件延续性的真正代表。在比特币的案例中，一些社区版主则通过禁止讨论关于安德森盟友的新版本，来阻止用户知晓其他选择的存在。

在这两场冲突中，能够成为最后赢家的一方往往控制着不可分叉的事物，如官方代码库、官方通信渠道，或更为关键的——系统的官方名称和品牌。此外，交易网站也扮演着"造王者"的角色，它决定了哪个版本可以保留既有的股票代码，而哪个版本必须采用新的代码。由于上述种种原因，分叉既没有让区块链网络变得"无须信任"，自己也无法成为正式政治制度的有效替代。比特币的分叉尤其如此，它的整个过程更像是一场内战，而不是一场公投；它既展现出了辩论，也展现出了赤裸裸的权力。

八、受信任的中央机构

时至今日，比特币处理交易的能力仍然极其有限。它还从未作为一种支付系统被广泛采用。曾经很多试验过这种货币的商店和餐馆都拒绝接受它了。[55]我住处附近的那家素食餐馆的员工告诉我，最初使用比特币付款的，主要是撰写比特币报道的记者。比特币和其他加密货币没有被用于支付，而是变成投机性的投资资产。人们购买比特币，是为了让后面的人以更高的价格从他们手中买走。

现今，绝大多数加密货币投资者实际上并未持有他们所购货币的密钥，因为持有加密货币与把现金塞进床垫一样，本身存在风险且不易操作。于是，他们将自己的加密货币委托给几家经营着最大交易网站的公司，并通过登录类似于网上银行的平台来获取这些资金。绝大多数加密货币的交易发生在这些新金融机构的专有系统内。比特币网络没有成为普通大众的支付系统，却成了这些机构之间类似银行的结算网络。

主要的交易网站和挖矿公司——其中许多掌握在同一些人手中——现在的利润已经达到了数十亿美元。与传统的金融和监管精英相比，经营这些组织的加密货币精英对人们更加不负责任。他们会对客户撒谎，欺骗他们，操纵市场，兜售他们知道没有足够抵押品支持的资产，而且这一幕仍然还在上演。[56]在最后的危机到来时，数百万人将再次失去他们的部分或全部储蓄，而内部人士的利润将早早地流向海外。电子前沿基金会——忠于其网络自由主义形式——依然会游说大家抵制政府的干预。[57]唯一值得庆幸的是，目前，加密市场的规模远小于主流金融市场的规模，因此损失也相对较少。

当然，这并不是说比特币或以太坊的创始人本身就不是可信或真诚之人。与一些平台公司的大亨相比，比如亚马逊的杰夫·贝索斯或PayPal的埃隆·马斯克，比特币和以太坊的创始人对自己的计划还是十分开放的，他们让许多用户在决策中拥有发言权，许多重要决策也征得了用户的同意。提及上述这些只是为了说明，与以前的密码学家和加密无政府主义者一样，比特币和以太坊的创始人最终还是未能消除经济活动所需的信任，并且还带来了不良的后果。

与此同时，中本聪提出的工作量证明方案，也带来了另外一个意想不到且不容忽视的后果。挖矿公司的总耗电量现在已经与中等国家的电力需求相当。[58]工作量证明算法使得网络的能量消耗与货币的兑换率成正比。只要加密货币投资者继续为矿工挖出的新币支付巨额费用，挖矿公司就会继续肆无忌惮地消耗能源。虽然挖矿硬件变得更加高效，但这也意味着更多的硬件会被使用，同等量的能源依然会被消耗。工作量证明应该被称作"浪费证明"。加密采矿行业又转移到了其他国家，为首的国家变成美国。[59]多年来，以太坊的开发者一直试图实施一个破坏性较小的方案，但比特币的开发者直至今日也没能宣布任何此类方案。而一些著名的比特币支持者也开始试图淡化或否认该系统所带来的气候影响。

九、加密统治的崛起

中本聪本想通过将权力委托给一个永不腐败的机器——一个点对点的区块链网络——来解决信任问题。就像古希腊时期的"分配机器"一样，这台机器会将管理责任分配给尽可能多的人，这样个体用户就无法拥有足够的权力去胁迫他人，不具滥用职权风险的秩序也就能因此产生。但这种分权管理并没能取得成功，因为规模经济使得管理活动集中到了少数几家大公司手中。不过，即便它成功了，它也无法从系统中完全消除受信任的权威机构，因为中本聪没有设计任何东西，能与雅典民主的另一个关键方面相媲美，即分权立法。

立法和管理像是一枚硬币的两面。立法创造规则，而管理则执行这些规则。梭伦为两者都设计了制度。但中本聪太醉心于建立一个永不腐败的管理机构，以至于立法完全没有引起他的重视。虽然管理在某种程度上可以实现自动化，但立法却无法做到。当中本聪第一次宣布他的项目时，邮件组中就有人告诫他："你在密码学中将找不到任何解决政治问题的办法。"[60]但中本聪忽略了这一点，并继续推进他的项目，仿佛政治根本不存在于他的体系一样。

于是，在接下来的许多年里，区块链的开发者们始终相信（或者至少假装相信）自己只是一个"水管工"。因为他们要是承认自己是政客，即如今众多财富与他们的决定挂钩，那么就与他们的加密无政府主义信仰背道而驰。因此，他们试图让一切保持非正式的状态，抵制创建正式的政治制度，这样就不会更加广泛地分散立法权力，也不会暴露他们的实际权力。

一些危机的到来，比如分布式自治组织攻击或区块大小的冲突等，迫使开发者不得不直面区块链的政治。他们之前试图像管理传统的开源项目一样管理他们的软件，但现在，投资者、交易网站、价值数十亿美元的挖矿公司、非法的巴哈马银行以及其他拥有经济利益和充足资源的利益相关者，都纷纷加入进来。于是，反对开源的异见人士所拥有的传统武器——分叉，在网络效应面前黯然失色。对于任何想要维持确切记录，以展示现实世界中人们拥有的财富的区块链来说，分叉也变得完全不再适用。由于缺乏正式的程序，许多重要的决定最后变成幕后政治和社交媒体战争。结果，大多数普通用户根本不知道系统的权力集团是谁，他们追求的目标是什么，或者他们资助的社交媒体账户的归属者是谁。大多数记者依然报道着这种以数学为基础，同时以某种方式自行运转的"金钱"。

在消灭受信任的权威机构的过程中，中本聪取得的成功主要在于掩盖了权威机构的身份。他试图用技术的确定性来取代人类的不可靠性，这一复杂的尝试带来了一个错综复杂的系统——权力拥有者因此变得难以识别，追究其责任更是难上加难。中本聪的笔名和像梭伦一样的消失行为，让他的创造变得更具传奇性，但这也进一步掩盖了它的工作机制。中本聪尝试放弃大众统治的需求——类似于雅典实施的"人民统治"，最终却催生了一个更为隐秘的统治制度——"加密统治"。

第八章
人工型人工智能：
团结起来的互联网工作者

> 众人皆认许：
>
> 手足是身肢。
>
> 如是何不许：
>
> 有情众生分？①
>
> ——《入菩萨行》② 第 8 品第 114 颂[1]

克里斯蒂·米兰德（Kristy Milland）于 1979 年出生在加拿大多伦多市③。[2] 这是一座繁荣昌盛、人口多元的城市。虽然在边境另一边的底特律，许多汽车制造商关闭了工厂，但他们又在米兰德所在的城市开设了新的工厂。米兰德的双亲都是专业人才，他们一家人住在林木繁茂的郊区。

---

① 此小段翻译引自如石法师翻译的《入菩萨行》。——译者注

② 《入菩萨行》阐述了大乘佛教的基本内容，是佛教僧人及其信众研究佛法的必修教材。——译者注

③ 克里斯蒂·米兰德所在的多伦多市是加拿大安大略省的省会。加拿大政府一直试图将该省打造成为仅次于底特律的北美第二大汽车中心。——译者注

米兰德上过一所特殊的学校——一个专门为天才儿童开设的项目,但她对学习并不上心。她不喜欢学校大多数的课程,也不喜欢与项目中的其他 40 个孩子相处。此外,米兰德也不喜欢逛商场,或者诸如此类的事情,因此她的朋友寥寥无几。

但米兰德拥有同龄人很少能接触到的东西:互联网访问。她的母亲是一名早期计算机爱好者,父亲是一名计算机工程师。整个童年时期,她的身边一直围绕着电脑屏幕和穿孔卡片①。"在我十二三岁的时候,父亲给了我第一个调制解调器,还帮我连上了 CompuServe。"——一个早期的商业在线服务系统。

米兰德对 CompuServe 的即时通信群组颇感兴趣,它可能是世界上第一个公开的即时通信群组。当时,还没有即时通信的概念,CompuServe 就将此系统定位为一种基于文本的业余无线电,这些群组被称作"频道"。频道里的用户聪明有趣、好奇尚异。米兰德结交了好些朋友,她父亲隔三岔五还会带她去多伦多的科技区参加线下聚会。之后,她开始染紫色的头发,穿黑色的衣服,戴人体穿孔的饰品。米兰德接触的世界与以逛商场为基础的青年文化截然不同:

> 它让我变得与众不同,但是……我也经历了一场早期互联网的冒险,感受到了它的理想主义。

在米兰德高中毕业之前,悲剧却降临在这个家庭:她的母亲去世了,家庭陷入了危机。"我辍学了很长一段时间。"到了第二

---

① 穿孔卡片是早期计算机输入信息的一种设备。——译者注

年，米兰德的生活发生了更大的转折：她生下了自己的女儿。

米兰德与她的伴侣搬到一处，为了支撑这个新生的家庭，男方搁置了自己的学业。但那时多伦多仍遭受着当时经济衰退的影响，工作找起来十分不易，而且男方也尚未获得任何资格证书。在新婚丈夫寻找工作的同时，米兰德也通过收集优惠券和制作电子表格，来决定各种生活必需品的最佳购买地点，尽可能节约地使用他们的社会福利金。

她的丈夫最终通过一家临时工中介公司找到了差事，每小时只有11美元的报酬。[3] 米兰德意识到自己必须在照顾女儿的同时想办法获得收入。她懂得一些"超文本标记语言"①，并自学了更多相关的知识。米兰德的父亲帮她与需要建立网站的客户取得联系。之后，这变成一门小小的买卖。

后来，米兰德了解到了eBay。[4] 她可以凭借自己的网页设计技能，以及手头的数码相机，制作出具有吸引力的上架货物。她开始在当地的旧货市场淘买玩具和收藏品进行出售。"我和祖母会在黎明时分起床……所有可以放到eBay上出售的东西，我们都会买下来，并在当天将它们统统挂到网上去。"

米兰德还开始建立自己的网站，尤其是针对流行玩具和电视节目而建立的独立粉丝社区网站。她通过出售网站的广告位，以及提供订阅服务，赚到了一些钱。虽然这些网站最终未能形成大买卖，但米兰德的这些交易让她成了互联网早期的企业家之一。

1996年，米兰德的丈夫由一名雀巢（Nestlé）饮料厂的临时

---

① "超文本标记语言"（HTML）是一种用于创建网页的标准标记语言。——译者注

工转为正式员工，时薪几乎翻了一倍。米兰德则通过参与加拿大首批在线教育项目，完成了高中学业，并取得了优异的成绩。他们一家人暂时过上了安稳舒适的生活。

一、人工型人工智能

2007年，一场金融危机席卷美国，并很快蔓延到世界各地的银行，导致银行减少了对企业和消费者的借贷。企业深受影响。雀巢公司收购了一家饮料公司，并将生产线整合到另一座城市。米兰德和丈夫不愿意远走他乡——他们刚在多伦多买了房子，他们的女儿也即将上高中——所以她的丈夫失去了这份工作。

想重新找一份养家糊口的工作并不容易，尤其考虑到米兰德的丈夫还未高中毕业。为了取得文凭，米兰德的丈夫只能重返校园——与此同时，这个家庭迫切地需要收入来源。除了失去工作以外，这个家庭也失去了丈夫的医疗保险，这意味着他们现在每月需要为重要的处方药多支出大约250美元。

与此同时，米兰德之前的互联网业务也开始枯竭。粉丝社区从独立网站转移到社交媒体平台，eBay的竞争越来越激烈，收费也越来越高。客户还试图欺骗和敲诈她。此外，米兰德的网站开发业务也因为金融危机遭到了毁灭性打击。"我的客户都是美国人，所以在2008年和2009年，我的网站开发业务也彻底终结。"

如今只剩下最后一个在线收入来源，即米兰德在一个名为亚马逊Mechanical Turk的网站上的活动。在这个网站上，杰夫·贝索斯的电子商务巨头会在屏幕前发布一些小任务，比如"图片上的衣服是什么颜色的？请选出正确的答案"。每当有人完成这样的任务，亚马逊就会给予他们一笔小小的报酬。米兰德最早使用该网站是在2005年，那一年也是该网站被正式推出的年份。当时，米兰德只把它当作业余时间赚取外快的一种特殊方式，现在她决心把它当作家里收入的主要来源。

亚马逊之所以请人来回答这些简单的问题，是因为该公司的工程师想要收集更多关于公司销售的产品以及其他相关方面的数据。有了这些数据，他们就可以建立一些新的系统，比如建立一个允许购物者按颜色搜索产品的搜索框。在未来，人工智能（或称"机器学习系统"）或许能够自动完成这项工作，特别是在使用人类的数据对其进行训练了之后。但就目前而言，人工智能还难以完成这样的壮举，所以亚马逊的工程师就创建了该网站来顶替它。这个网站有个特别的名字叫作"Mechanical Turk"——用以指代18世纪出现的一个著名的"机器人"，这个机器人实际上是由一个隐藏起来的人类所控制的。网站的口号是"人工型人工智能"。[5]

2006年，亚马逊将网站开放给想在上面发布任务的其他公司。于是，Mechanical Turk成了一个将在线计件工作的买家和卖家连接起来的平台。慢慢地，数千家公司加入网站中，并发布了数十万个任务。一家公司要求用户查看扫描过的名片，并将详细信息输入数据库；一家金融技术初创公司要求用户转录收据；另一家初创公司要求用户查看食物照片，并识别照片中的菜肴，这些照片来自一款移动减肥应用软件的用户。除了亚马逊以外，其他互联网巨头也开始直接（或通过他们的承包商）使用该平台。他们要求用户完成一些事项，比如检测YouTube视频中的脏话、对提交给谷歌App Store的应用程序进行分类，或者对发布到Twitter上的信息进行审核等。

然而，完成这些任务只能获得极少的报酬。一个图片分类任务可能只会为每张图片支付0.01美元的酬劳。稍微大一点的任务，比如撰写一篇文章或者参与一项调查，也只能得到一两美元的收益。但搜寻合适的任务所花费的时间却得不到任何报酬。一项研究表明，Mechanical Turk的有效时薪中位数仅为可怜的每小时2美元，这根本养活不了加拿大的一个三口之家。[6]此外，由于用户仅被视作独立承包商，而不是雇员，所以他们也未被赋予医疗保险或其他任何福利。

不过，由于这项工作是按件而不是按小时计酬的，所以理论上，米兰德若能提高工作效率，她还是有机会提高自己的时薪的。事实上，一项研究表明，在Mechanical Turk平台上，大约有4%的员工每小时可以挣到7.25美元或者更多。[7]如果米兰德能够极快地完成任务，或者相对于寻找和完成工作所耗费的时间，她能够找到更高报酬的任务，那么她还是有机会赚到足够的钱养家糊口的。

二、Turker Nation论坛

幸运的是，米兰德知道去哪里寻求帮助，使自己成为一名高效的在线计件工人。她是一个名为"Turker Nation"的在线论坛的成员，Mechanical Turk的许多工人兼用户都聚集于此。工人们自称"Turker"，他们在论坛上分享彼此的快乐和艰辛，讨论挑选和完成任务的技巧，分享发现的高薪任务的链接。一位Turker解释说："工作本身并不难，真正难的是管理工作相关的其他事务。"[8]

不过，Turker之间的关系错综复杂。像其他独立从业人员一样，Turker之间既是同行也是对手。Mechanical Turk上的竞争

异常激烈。平台在分配可获得的任务时，会秉持先到先得的原则。有时，特定买家的任务一天之内就会被一抢而空。一位 Turker 解释道：

> Mechanical Turk 上的竞争极其激烈。当人们使用闹钟之类的东西时，他们不会公开谈及……如果每个人都采用铃铛和哨子这类提醒的东西，那么任务只会更快地被一抢而空。[9]

一些最有用的技术和最赚钱的任务只在亲密的内部圈子分享：

> 大多数的板块都是隐藏的，只有当你参与到社区中，并被授予了特权，你才能够看见它们。这是我们用沉默之墙圈护起来的东西。[10]

对米兰德来说，沉默之墙并不是问题。作为一名经验丰富的在线社区管理人员，她很快就在论坛中崭露头角，成为论坛的管理人员之一。在申请成为一名全职 Turker 的时候，米兰德已经当上了 Turker Nation 的首席管理员。她可以接触到行业中最重要的秘密。

米兰德从 Turker Nation 中学到的最重要的一点是，她可以使用浏览器脚本——软件的一小部分——来实现工作的部分自动化。例如亚马逊的一项任务是指出一件衣服的颜色，而这个任务通常需要点击两次鼠标：第一次点击是选择列表中正确的颜色，第二次点击是提交答案。有了适合的脚本，米兰德就只需按下一次按键，比如按下 Y 键代表黄色,之后脚本就会自动提交答案。[11]这样一来,一项通常需要用时七八秒的任务就能在四五秒内完成。

不过,Turker 最珍贵的脚本应该是自动监控平台新任务的脚本。米兰德设置了自己的脚本,这样,在检测到符合标准的新任务时,它就会发出声音来提醒她。如果任务的报酬达到 0.05 美元,它就会发出一个简单的"砰"的声音;如果报酬超过 0.25 美元,它就会发出警笛的声音。[12]每当警笛响起时,米兰德就会立刻冲向自己的电脑。其他 Turker 解释道:

> 这个警报只要一响,我就会停下手头的事情,一直工作到结束为止……我会在洗澡洗到一半的时候,直接从浴室冲出来,然后开始工作。如果没有这个脚本,你只能被拴在电脑上,没完没了地搜寻任务。[13]

在掌握了各种脚本、技术,拥有挑选、完成任务的丰富经验和决心之后,米兰德最终获得了成功。2011 年,通过在 Mechanical Turk 上完成任务,米兰德赚到了超过 4 万美元的税前收入。此外,作为一名杰出的 Turker,米兰德还懂得网页设计,所以部分雇主会聘请她作为顾问,帮助他们为任务设计更好的用户界面。虽然米兰德的收入仍然低于加拿大家庭的平均税后收入——65 000 美元[14],但她已经远高于 Mechanical Turk 工人的平均收入,而且最重要的是,这些收入已经足够她养家糊口了。

三、成人内容

全球金融危机已经结束,而工作机会的增长却十分缓慢。虽然米兰德的丈夫完成了高中学业,但依然找不到工作。米兰德只能在 Mechanical Turk 上又工作了一年,再次赚回超过 4 万美元的收入。不过,即使她掌握了这么多技巧,这项工作依然十分困难。米兰德睡在办公室里,这样任务警报响起时,就不会吵到自己的丈夫。她的右手腕和手臂出现了疼痛——由重复性劳损和腕管综合征引起。米兰德的医生建议她休息,但作为一名独立承包商,她不得不自掏腰包弥补收入上的损失。米兰德的家庭负担不起,所以她只能戴上护腕和护肘,继续不停地工作。"一连几个小时,我需要一直重复同样的动作……疼痛变得愈加严重。"

此后,米兰德还面临着心理上的压力。许多任务要求对未经审核的照片、社交媒体帖子和 YouTube 视频进行筛选。这些内容大都平淡无奇,但偶尔也会有一些糟糕至极的东西出现在网上。有一次,米兰德被要求标记 ISIS 处决视频中的静态镜头,这一幕包含了一颗放在篮子里的人头。另一组照片则记录了虐待动物的可怕行为。结果,在多年之后,每当米兰德带着宠物狗去看兽医时,都会止不住地哭泣:"这些东西你不得不看。"[15]

按照 Mechanical Turk 平台的规则,雇主需要用粗体的文字警告来标记此类任务。例如"这个人工智能任务(HIT)可能包含成人内容,建议员工酌情处理"。如果不希望自己受到二次伤害,工人们可以选择跳过任务。但在实践中,内容相对安全的任务也常常被标记成"成人内容"。雇主为了以防万一,还会将包含用户提交内容的所有任务都标记成"成人内容"。对于像米兰德这样需要依靠 Mechanical Turk 收入养家糊口的人来说,跳过所有任务显然不符合现实。米兰德只能将这种心理风险当作工作的一部分:"它们是最赚钱的一些任务……但这些利润根本弥补不了我所遭受的创伤。"[16]

最糟糕的一些任务是由学术研究人员和学生发布的。一个实验型经济学家团队创建了一个臭名昭著的任务，这个任务让米兰德感到异常困扰。这个团队想要研究"工作中不断增加的不适感"对工人坚持完成任务的影响。[17]工人们被要求处理一组图片，为其标记合适的描述词。但每隔一段时间，研究人员会插入一张"令人不适"的图片。根据一名工作人员的说法，这个任务最终带来的体验是：90%的图片是可爱小猫、阳光、纸杯蛋糕和布朗尼蛋糕，但中间会夹杂一些街头被肢解的儿童、烧伤的受害者、截肢和腐烂的尸体的图片。[18]

另外一个困扰米兰德和众多Turker的问题是，雇主们经常不愿意支付费用。原因可能是平台允许雇主单方面"拒绝"工人对任务的回答。一般情况下，只有当工人的回答明显有误，或者违反雇主的要求时，"拒绝"才会被使用。但有时候，雇主的要求写得并不明确。有时雇主在没有审核的情况下，还会直接大批拒绝数百个回答。虽然雇主可以保留回答的结果，但工人却得不到任何报酬。"你不可能因为一小笔索赔款，而把欺骗你的雇主告上法庭，你甚至与他们素不相识。"而且，亚马逊的管理人员也不会出面解决这些纠纷。

更让工人感到无助的是，他们在Mechanical Turk平台上的存在几乎完全透明。他们没有官方的讨论论坛，也没有个人主页，更没有任何可以在平台上表达诉求的渠道。[19]亚马逊可以突然改变平台的规则，打破工人所依赖的脚本和惯例。

米兰德通过计件平台养活了家庭，但她的收入却是以牺牲长期的身心健康作为代价的。当丈夫最终找到一份工作时，她告诉丈夫自己再也不想依附于 Mechanical Turk 平台了。[20]"为了我们的生存，我苦苦挣扎了许久。"现在女儿已经长大成人，米兰德也是时候该开启自己人生的新篇章。她为自己申请了大学，被多伦多瑞尔森大学（Ryerson University）——一所研究型名校录取。她在那里学习心理学。

虽然米兰德在瑞尔森大学开始了学习生活，但她依然通过 Turker Nation 与前同事保持联系。偶尔，米兰德还会在 Mechanical Turk 上完成一些任务，但她已经完全摆脱了对平台的依附。不过，米兰德看见许多人还依靠着平台，他们依然经历着米兰德之前的煎熬。她觉得自己有必要对他们施以援手。

四、"不足以引起政府中任何人的重视"

多年来，米兰德和其他工人一直在平台外与 Mechanical Turk 的雇主逐一取得联系，试图说服他们善待工人：

> 我们也会举行社交媒体活动，我们会在社交媒体上呼吁雇主："嘿，你应该为这个东西支付每小时 2 美元。"

一些雇主做出了积极的回应，另外一些则对反馈意见置之不理。同时新的雇主们大部分都不清楚事情原委。联系雇主最终还是起不了作用，米兰德得出结论：

> 问题在于，这完全是针对个人的，你只是在改变个别雇主的行为。你根本没有在改变这个系统。

在米兰德看来，问题的根源在于亚马逊设计和营销这个平台的方式。工人被营销为"人工型人工智能"——作为尚不存在的软件系统的替代品。雇用他们的公司在亚马逊的语言中不被称作"雇主"或"客户"，而是被称作"请求者"（requester）。杰夫·贝索斯在向记者和潜在客户介绍 Mechanical Turk 时说："你们听说过软件即服务①，那么这就是人类即服务（humans-as-a-service）。"[21]

按照贝索斯的"软件即服务"的框架，平台设计这些规则和机制，都是为了让人类劳动与软件相似。他们将雇主和工人之间的互动设计得尽可能机械化和编码化。这样，雇主在与工人打交道时就会采用这一框架。其中一位雇主解释道：

> 你不能浪费时间与工人互发电子邮件，你查看邮件的时间成本比你付给他们的钱还要多。他们必须像算法系统一样自动运行……与你的业务流程相结合。[22]

另外一个由该框架引发的后果是，它会让雇主对工人的健康置若罔闻。这些让工人接触到不适图片的雇主，本应为工人提供适当的培训、监测和支持。学术人员也至少该告知实验对象可能存在的风险，并在参与者知情且同意之后才进行实验，而且事后还应给予他们适当的支持。但 Mechanical Turk 平台并没有实施这样的行为规范。该平台将工人打包成不露面的、可互换的"群

---

① 软件即服务（software-as-a-service）是在21世纪兴起的一种完全创新的软件应用模式，即通过网络提供软件服务。——译者注

体",可以通过应用程序接口(API)进行访问。他们仿佛成了软件库。就像程序员不太担心对软件库造成创伤一样,雇主似乎也不担心对 Turker 造成创伤。研究人员莉莉·伊拉尼(Lilly Irani)和西克斯·西尔贝曼(Six Silberman)解释道:

> 通过将工人隐藏在网络表格和应用程序接口后面,Mechanical Turk 平台让雇主以为自己是创新技术的缔造者,而不是对工作条件漠不关心的雇主。[23]

那么米兰德如何实现变革呢?最明显的一个方法就是向加拿大政府寻求帮助。米兰德得出结论——加拿大现有的就业法规并不能提供帮助。"如果你是一名国际劳动者,尤其是雇佣形式与独立承包商类似,那么你将得不到一丝一毫的帮助。"但米兰德可以尝试让政府出台新的法规。当然,凭借一己之力,她很难引起政府的注意,但如果其他 Turker 也加入进来,也许他们可以一起实现变革。

社会科学家使用"集体行动"一词来表示一群人为了追求共同利益而采取的共同的行动。如今,加拿大的工人在工作上比以往更加安全,他们更少经历工伤、死亡和社会心理等风险,同时工资也更有保障,这在很大程度上是因为他们在过去 150 年间采取了许多要求变革的集体行动。他们的行动从一开始的骚乱和破坏,发展到后来的罢工、集会、请愿和示威,再到最后的集中资源雇用说客、支持候选人参加选举。作为对这些行动的回应,加拿大政府多年来也推出了许多新的计划和法规,解决了工人们的一些忧患。同样地,其他利益群体,比如农民、矿工、退伍军人、宠物主人等，也采取了集体行动来影响政府制定的法规——Turker难道不能采用同样的方法吗？

但Turker在加拿大并不是大规模的利益群体。Mechanical Turk平台上的注册工人总共有50多万人，但他们分布在190个不同的国家。[24]住在加拿大的注册工人大概只有几千人，而且他们中只有一小部分人活跃于平台。因此，在加拿大的政治背景下，Turker的困境只能算是一个不起眼的小问题。况且，就算所有活跃的Turker都聚到一起，他们的行动是否能影响国家政府也尚未可知。米兰德估计，"在平台上，任何时候大约都有300名活跃的加拿大Turker，但这并不足以引起政府中任何人的重视。"同样的情况也适用于工会。"加拿大工会本来是我们寻求帮助的另一个渠道，我也确实这么做了……但他们对我视而不见，事实上，他们都极力想避开我。"

此外，即使Turker成功地让加拿大当局支持他们的事业，但米兰德觉得，这也起不了什么作用。加拿大是第一批尝试解决如何与互联网巨头打交道的国家之一。像许多其他国家一样，加拿大也一直在寻求解决一些基本问题，比如，如何让这些巨头缴纳税款。此外，在米兰德的眼中，加拿大现有的就业法规也毫无作用，因为政府并不能很好地执行它们。"那些遭受欺骗的工人……他们根本请不起律师……所以你看到的那些通过执行就业规范来寻求索赔的人，全都是些高管。"

米兰德最终得出结论，要想改善Mechanical Turk的工作条件，最有效的方法就是改变平台本身。该平台的用户界面、后端系统和客服政策形成了一整套规则系统，规范着平台上雇主和工人的行为。虽然，当前这些规则未能保护工人，但没有技术上的原因表明它们不能被更改。"你改变不了请求者。你只能去改变这个平台。"

五、全世界的数字工作者

因此，米兰德没有试图通过加拿大政府间接地实现变革，她觉得 Turker 应该直接向平台的决策者寻求帮助。在任一特定领土国家中，Turker 顶多只能算是一个边缘利益群体。但在 Mechanical Turk 平台上，Turker 却是一个重要程度能与雇主相媲美的利益群体。所以，Turker 的观点理应具备一定的分量。

当然，Mechanical Turk 平台并非民主制度。工人们不能仅仅通过投票给中意的候选人来改变现状，但如果他们齐心协力，其观点就能具备一定分量，对"独裁者"产生影响。历史上，心怀不满的工人阶级就曾多次通过大罢工等行动，将"独裁者"带到谈判桌前。原则上，数字计件工人也可以通过大规模罢工或集体破坏，比如提交错误的任务回复，让整个在线劳动平台的经济陷入瘫痪。虽然他们没有明确做出这样的威胁，但工人们若是采取集体行动，就能拧成一股力量，让平台的统治者引起重视。

然而，工作组织的数字化性质也给集体行动带来了一个问题。卡尔·马克思指出，19 世纪的工厂工人"因为资本主义生产过程中的机制，而变得纪律分明、团结一心且组织有序"。[25]他们工作在一起，住在同一套出租屋中，可以很容易地进行沟通，协调抗议行动。相比之下，Mechanical Turk 上的工人分散在各个城市和时区——从多伦多到特里凡得琅①。他们虽然花费很长的时间完成同一任务，但在这条虚拟的流水线上，他们从未见过或听过对

---

① 特里凡得琅（Thiruvananthapuram）是印度西南部的一座城市。——译者注

方。甚至两个人住在同一座城市，在街上相遇时也不可能认出彼此。对马克思来说，这样的工人大概是毫无组织性可言的。

就算在地理上彼此分离，在虚拟世界里，许多人还是能够团结在一起。[26] 当新来的工人在网上寻求建议和友情时，他们经常会找到像 Turker Nation 这样的论坛。在一项研究中，Mechanical Turk 平台上近 60% 的工人表示，他们都至少使用过一个论坛。[27] 在互联网中继聊天和 Skype① 上，许多工人会以小团体的形式一起互动，一边完成任务一边互相聊天，在虚拟世界里并肩完成工作。在这些虚拟社区中，米兰德感到轻松自在，她知道，相对于在工厂门口分发传单这种方式，他们同样可以通过这些社区来宣传集体行动。

2014 年 4 月，一场年度学术活动，名为"计算机系统中的人为因素会议"（Conference on Human Factors in Computing Systems），在多伦多地铁会议中心（Toronto Metro Convention Centre）举行。该地点与米兰德的住处相隔不远。部分学者想见见米兰德，现在米兰德名声在外，是 Turker Nation 的首席管理员。在聚餐席间，他们讨论了可以让 Turker 向平台公司集体表达诉求的实际方法。同年晚些时候，米兰德与部分学者合作，发起了一项行动。

这是一场直接给亚马逊最高决策者——CEO 杰夫·贝索斯写邮件的活动。当时的一位记者写道，贝索斯可以"很容易被客户联系上，他的电子邮件地址 jeff@amazon.com 也很容易获得……当顾客心存不满时，贝索斯也不会高兴"。[28] 米兰德认为，心存

---

① Skype 是一款即时通信软件，具备视频聊天、多人语音会议、多人聊天、传送文件、文字聊天等功能。——译者注

不满的 Turker 也可以使用同样的渠道。这场运动旨在向这位亚马逊决策者传递以下三个方面的信息。

  1. Turker 是人，不是算法，应该相应地以人为本进行营销。
  2. Turker 不应该被当作廉价劳动力出售，他们是技术娴熟、时间灵活的劳动力，应该得到尊重。
  3. Turker 需要一种能通过亚马逊向雇主以及整个世界展现自我的方法。

米兰德并不天真：她知道贝索斯大概率不会亲自阅读这些邮件。不过她认为，如果很多 Turker 一起向贝索斯的收件箱发送邮件，那么他就会意识到，自己应该聆听一下他们的心声：

> 我觉得贝索斯的团队会阅读我们的邮件，但我不确定这些邮件是否能被上层看到……如果写邮件的 Turker 越来越多，且我们正在形成组织的消息被传播开来，那么贝索斯就必须参与进来。[29]

如果要参与这项行动，工人们需要向贝索斯的地址发送一封电子邮件。活动的网页上包含了邮件内容的撰写指导，组织者也会为无法把握撰写内容的人提供编辑帮助。参与者还需将邮件抄送到活动的电子邮件地址，这样他们的信息就会出现在活动的网页上。

这个活动并非想在一夜之间改变一切。它的其中一个目标是得到贝索斯的回应，并与公司展开双向对话。活动人士希望，这最终能使他们影响到平台的规则，进而使它朝更好的方向改变。

六、搭便车问题

从某些方面来看，该活动拥有一个良好的开端。它很快受到十几个不同博客和科技网站的报道，这很大程度上受益于学者们拥有的人脉。《卫报》写道，该活动旨在"向杰夫·贝索斯的收件箱发送数百封邮件"。[30]《华尔街日报》则发表了一篇题为《应需而生的工人："我们不是机器人。"》的报道。媒体的这些报道让米兰德深受鼓舞。

> 这是真正的集体努力，它借助网络，以一种全新的方式进行着。它适用于这个全新的网络世界……它在说："看，我们真实存在，我们的声音将被聆听。"

实际上，集体的努力并不像媒体宣传的那般顺利。米兰德鼓励 Turker Nation 的每个人都来写邮件。她自己也动手写了至少两封邮件。但活动开展了数周，网站上的邮件却寥寥无几。为了动员参与者，米兰德想出了更多创造性的方法。她的学术合作者甚至以请求者的身份登录到 Mechanical Turk 平台，雇用工人来阅读运动的相关信息。更多的邮件陆续寄来，有些邮件是深思熟虑的呼吁，有些则是简短的俏皮话。

几个月后，邮件不再寄来。这个活动共产生了 31 封邮件，此外还有未知数量的邮件是已经发出，但并未抄送到活动中来的。这个数字很难让"独裁者"感到颤抖。一些邮件还收到了亚马逊客户关系团队相同的回复。杰夫·贝索斯本人并未做出回应，活动也并未带来与公司的真正的双向对话。如果说活动有产生什么影响的话，那么带来的也只是相反的效果：米兰德表示，公司甚至切断了与员工现有的沟通。

为什么没有更多的工人参与进来呢？数以千计活跃的工人都遭受着该运动所关注的一些问题。学术研究已经证实了这一点。而且这场运动明显是为了改善工人的处境，这毫无疑问。许多工人也一定对这场运动有所耳闻。按照常理，这场运动不该只是吸引了几十名参与者而已——问题出在哪儿呢？

美国经济学家和政治学家曼苏尔·奥尔森（Mançur Olson）提出了一个颇具影响力的理论，该理论表明，让人们参与集体行动往往比设想的要困难。[31]我们不妨考虑一下，集体中的成员们都了解到了这项运动，知晓这项活动一旦成功就能给集体中的每个人带来福利，于是他们面临以下选择：首先，如果活动成功了，那么无论参与与否，他们都能获得好处（比如获得更好的工作条件）；但是，如果他们选择了参与，那么他们就需要付出一定的代价——不一定是金钱，也可能是额外的精力（所花的时间本可以用于有偿工作或个人休闲），或来自运动反对者的打击报复。

奥尔森认为，在大型集体中，个体成员很可能会选择拒绝参与活动，因为他们知道自己参与了也改变不了结果，而且还需要付出代价和承担风险。如果很多人都有这样的想法——或者认为他人也拥有这样的想法——那么这场运动就注定要失败。奥尔森将这称作"搭便车问题"，暗指这些妄图免费搭乘真正参与者的便车，最终致使所有努力付之东流的非参与者。

奥尔森的结论是，由于搭便车问题，大型集体只有通过强制参与的方式，才能在集体行动中取得成功。例如参加罢工的加拿大工人经常在他们的工厂周围设置纠察队，以防止他们中的人阻挠罢工而前去工作。但在像 Mechanical Turk 这样的虚拟工作场所，工人们很难胁迫对方参与到活动中来。奥尔森的理论表明，大规模远程劳动力的集体行动似乎注定会失败，正如米兰德运动所昭示的那样。

人们很容易觉得这些拒绝参与运动的 Turker 目光短浅，但我们不应该低估参与这样一个看似简单的行动所要付出的代价——尤其是对这些为生计而挣扎、不习惯于政治活动的人来说。米兰德事后反思道：

> Turker 的工作本来就充满不稳定性。他们随时可以屏蔽你，封停你的账户，夺走你所有的金钱。我们深谙这一点，因为我们经常看到有人的账户被封停……我的账户就曾被无缘无故地封停过……所以我们知道这项工作有多不稳定，因此这也阻碍了行动主义。

七、"你们怎么还敢对普通工人收钱"

然而，许多学者认为奥尔森的理论太过悲观。[32] 它忽略了一些重要的因素，这些因素可以让原本无望的行动获得成功。一个至关重要的因素是，人们在决定是否参与时，不一定只考虑理性的自我利益。人们参与一项行动，有时只是出于同他人的团结；有时，他们采取行动也仅是出于对不公正现象的愤慨。当这些因素产生作用时，一个纯粹出于自身利益而失败的行动就有可能吸引来大量的参与。

米兰德在 Mechanical Turk 发起活动后一年多，在线自由职业市场 Upwork[33]就宣布，它将调整自己的费用。在此之前，该平台对所有自由职业者的收入统一征收 10% 的费用。但从 2016 年 6 月开始，它将采用分层收费结构。工人从客户那里赚取的第一笔 500 美元将被收取 20% 的费用；从同一客户获得的其他收入，如果不超过 1 万美元，将按原来的 10% 收取费用，如果超过了 1 万美元，将按照 5% 的比例收取费用。

从 Upwork 的角度来看，新推出的收费结构更加合理。该平台提供的大部分价值，以及运营的大部分成本在于：当雇主和工人双方都不太熟悉彼此的时候，对两者进行初步的匹配，并要求双方做出良好行为。一旦有人为同一个客户完成了价值超过 1 万美元的工作，那么他们从维持平台关系中获得的价值就会减少，而新的收费结构就反映了这一点。

从工人的角度来看，平台的费用却有点儿像税收：虽然没人喜欢支付它们，但它们经常被认为是维护市场的必要条件。对大多数自由职业者而言，新推出的收费结构就像突然的加税，因为大多数客户支付的工资都不足以让他们达到新的低税等级。此外，加税也是一种倒退现象：最辛苦的工人现在反而要被征收最多的税。那些没有长期客户的工人——他们愿意接受短期、低薪的工作——现在却要额外支付一倍的税款。

工人们感到十分愤怒。尼克是伦敦的一位视频编辑自由职业者，他解释说："我觉得这种做法是错误的，我认为他们是在滥用职权。"[34]有人在网上发起了反对这一改变的请愿。虽然媒体并未对此做出报道，但这份请愿书很快得到了 500 多人的签名，另外还有 200 多名签名者留下了信息。与米兰德在亚马逊

Mechanical Turk 上发起的活动相比,这个数字已经达到了该活动期望获得的邮件数量。此外,还有近千名自由职业者在 Upwork 的官方论坛上留下抗议的信息。

但这一短暂的运动并不能说服 Upwork 的领导层,收费调整依然按计划实施。虽然这场运动是自发、无计划且人数不足的,但在短时间内动员了如此多的工人,它又是如何做到的呢?

> "你们已经赚了这么多钱,怎么还敢对普通工人收钱?"这就是我的感受……虽然这一改变对我影响很小,但我真的为我认识的其他自由职业者感到沮丧……那可是他们的主要收入来源。

这就是凯西(Casey)——一位来自洛杉矶的用户体验设计自由职业者——解释她参与活动的原因。[35] 和凯西一样,大多数参加论坛抗议的自由职业者都来自美国和欧洲。按理说,美国和欧洲的自由职业者是最不可能受到新出的收费结构的影响的:他们在 Upwork 的平均收入要远高于低收入国家的自由职业者,而且他们还有其他的收入来源。因此,他们是最不可能因为理性或私心而进行抗议的。但是,这种突然的、倒退式的加税却激怒了他们中的许多人。他们因为团结而在网上抗议,声援那些他们知道会因此受到伤害的人。

相比之下,来自南亚和东南亚的工人——通常情况下,他们才最有可能面临最多增税的影响——却都缺席了这场抗议活动。而且,管理人员若是认定这场抗议活动违反平台规定,他们也最不可能面临被平台除名的风险。他们中的许多人可能根本无法从有偿的工作中抽出时间来参与政治活动。

米兰德完成了她的心理学学位。之后，她又攻读了劳动研究的硕士学位，并考虑参与一个博士项目，探索一种可以取代 Mechanical Turk 平台、由工人经营的合作性组织。但米兰德已经不再像以前那样相信虚拟劳工组织的力量了。她也不想一直贫穷下去，她的丈夫不可能从事一辈子的体力劳动，他们必须从现在开始就为退休生活存钱。

米兰德决定申请去法学院学习。作为一名律师，她在赚钱的同时，或许还可以为工人辩护。在法学院的入学考试过程中，她之前作为 Turker 留下的旧伤让她的手臂疼痛不已，她只能强行握住铅笔。最终她还是完成了测试，并被法学院录取了。

八、平台政治的到来

米兰德认为，单枪匹马对抗互联网巨头可能会显得无助，但许多人团结在一起就有可能赢得改变。毕竟，过去的人们战胜强大统治者的方式就是如此。通过集体行动，米兰德不仅想要追寻一时的解脱，更想要追寻持久的参议——在平台决策中的发言权，在谈判桌上的一席之地。

与一般的工厂工人不同，米兰德的同事们分散在世界各地。即使两人住在同一座城市，他们走在街上也不可能认得出彼此；在互联网上，他们却可以通过虚拟社区和群体进行交往。虽然社区的出现是为了提供建议和友情，但米兰德知道，它们同样可以被用来传播政治活动的信息。

但是，加入米兰德的运动的工人却很少——不是因为只有少数人才处于痛苦之中，而是因为太多人都处于痛苦和剥夺之中，他们需要花费所有的精力才能挣到一天的收入。政治本身也是一项工作。因此，对于工作已经过量的人来说，这远远超过了他们的负担。而且，低收入人群也无法承受失去收入的风险。在另外一场针对不同平台的运动中，更多的工人被调动了起来，这不仅仅是因为该活动由强烈的不公平感引发，更是因为许多工人本身就更富裕——他们更有能力采取这样的政治行动。米兰德并不是在自己最痛苦的时候采取了行动，而是在自己已经安全上岸后，通过观察别人的痛苦，才最终采取了行动。米兰德后来回忆道："在我经济独立之前，我根本没有权利进行反击。"

最终，两场运动都没有达到目标。但米兰德及其同事的努力却更加引人关注，这背后存在着一个更根本的原因。他们没有试图去寻求领土政府的帮助，在后者的眼中，他们充其量只是一个边缘利益群体。相反，他们把这个平台本身想象成一个政体——一个政治社区——并把自己想象成其中一员，主张拥有参与其管理的道德权利。

政治（politics）这个词来自古希腊语"politiká"，意思是"城邦事务"（polis）。许多人倾向于将这个词与政党和选举联系起来。社会科学家们却常用它来泛指共同事务的决策——无论这些决策是否民主。起初，Mechanical Turk 的规则并未涉及任何政治，因为它不是一项公共事务，它只是亚马逊的内部企业事务而已。但后来，米兰德及其同事将这个问题政治化了：他们声称，自己与该平台的规则存在利害关系，要求对规则的制定享有发言权。虽然亚马逊最终没有给他们这样的权利，但某种程度上，变化已经产生。一种所谓的"平台政治"已经悄然出现。虽然当前它仍属于一种专制政治，但它与领土政府的政治是截然不同的。

第九章
Bizness Apps：数字中产阶级的崛起

设摆筵席，是为喜笑。酒能使人快活，钱能叫万事应心。①
——《传道书》第 10 章第 9 节

安德鲁·加德基（Andrew Gazdecki）于 1989 年出生在底特律。[1]那是个艰难的年代。曾为数十万名工人提供就业的汽车制造厂大都倒闭了。加德基一家人远走他乡，搬到了加州繁华的奥兰治县（Orange County）。但厄运也随之而来，"在我六岁的时候，父亲突然离开了人世"。[2]

加德基的母亲想通过干保洁，将两个孩子抚养长大。"我们靠食品券过活，生活十分窘迫。"周围的人都比他们富有。"春季假期到了，其他人都去夏威夷，我内心却满是疑惑自己为什么去不了。"[3]

到了上小学的时候，加德基喜欢上了玩滑板，他觉得自己长大后会成为一名职业滑板手。但步入初中后，他才发现学校禁止玩滑板。"我大失所望。"他说。[4]

---

① 此中文翻译引自《和合本圣经》。——译者注

在母亲的支持下,加德基决定反抗这一规定:

> 我和妈妈想出了一个请愿的主意。我们在互联网上查阅一些网站,并寻找到了一份请愿书。[5]

加德基动员同班同学,在他的"允许校内使用滑板的请愿书"上签下了近150个名字,并提交给了校长。活动未获成功。出于安全考虑,校长坚持执行这一规定。不过,加德基的倡议却赢得了赞誉,甚至当地电视新闻都对他赞赏有加。[6]

加德基后来喜欢上一款用于收集的卡片游戏,叫作《神奇宝贝》(*Pokémon*)。学校没有禁止神奇宝贝卡片,但与滑板不同,这些卡片需要不断花钱购买。为了赚钱,加德基在 eBay 上出售稀有卡片。几年后(大概在 2005 年前后),10 多岁的加德基又迷上一款名叫《魔兽世界》的大型多人在线游戏。他建立了一个网站,用来出售游戏货币以换取真钱。[7]加德基后来回忆道:"创业对我来说就像一种生存机制,它拯救了我的人生。"[8]

加德基后来进入加州州立大学奇科分校(California State University, Chico)攻读商科专业。该校虽不像加州其他高等院校那样享有盛名,但它历史悠久,学费也更加实惠。加德基若能坚持学完课程,他指定能找到一份体面的工作,还清学生贷款;甚至如果他愿意的话,还可以前往夏威夷旅行一趟。

但经过多年贫困的洗礼,加德基渴望的已远不止体面的生活:

> 我知道,我想要的绝非仅是一份工作……我欠下大约 3 万美元的学生贷款,而且毕业后我也无处可去,所以我

需要建立一家公司……这完全是出于恐惧，因为工作无法带给我想要的生活。[9]

一、客户遍及 20 多个国家

2007 年，苹果手机横空出世。苹果首席执行官史蒂夫·乔布斯（Steve Jobs）在旧金山的一个舞台上宣布了此消息。每个人都对苹果的应用程序感到兴奋，但没人知道如何开发它们。加德基决心在宿舍里创业：建立一个在线市场，专门为从事移动应用程序开发的自由职业者提供服务。

但加德基不是程序员，为了建立这个市场，他购买了一个"Upwork 脚本"，这是一个软件包，复制了这个领先的在线自由职业平台的一些最重要的功能。[10]加德基把它安装到一个网络服务器上，命名为 PhoneFreelancer，并开始推广它。"我花了一整个冬天，在 1 000 多个不同的博客上发表推广评论。"[11]

不久之后，一些客户出现在网站并开始发布项目，擅长移动应用软件开发的自由职业者对项目进行了投标。签订合同的数额达数千美元，加德基从中能抽取 5% 的佣金。这个网站似乎取得了小小的成功。但在此之后，加德基注意到了一件事：

我发现人们反复发布同样的工作：他们都要求为自己的中小型企业开发一款移动应用程序，而这些应用程序都要求具备相同的功能。[12]

餐馆、健身房和其他当地企业也有类似的需求：他们都想要一款简单的应用程序，方便与客户形成互动。加德基认为这是一个比自由职业者市场更大的机会。"高档餐厅……愿意为一些非常基础的功能支付 4 万—5 万美元。"[13]

对加德基来说，尝试不同商业模式的时间已然不多了。那年是 2010 年，是加德基大学生涯的最后一年。一旦他从大学毕业，就再无退路可言。

加德基决心冒险一试。他卖掉了 PhoneFreelancer，"售价虽然不高，但对在校大学生来说已经不少了"。他用这笔钱创办了另外一家公司：Bizness Apps。

他创建 Bizness Apps 的初衷，是想将应用程序开发从昂贵的定制服务转变成一个"支持自己动手的移动应用程序生成器"[14]。加德基聘请了一名工程师，之后便推出了网站，用户可以从选项列表中挑选功能，将自己的文本和图像上传到模板中，并由系统生成一个功能齐全的应用程序——整个过程不需要任何编程基础！

在有了最初的投资之后，这种半自动化的应用程序开发模式显然比从零开始的应用程序开发划算得多。加德基每月只收取 39 美元的套餐费用，费用包括了生成应用程序；代表客户向苹果的应用程序商店提交应用程序；维持代码更新，使应用程序能够在新版苹果手机上运行等。通过这种方式，加德基希望搞定一个小型企业市场，这些企业都想为自己的客户提供应用程序，但面对应用程序的开发和维护，他们无能为力。

Bizness Apps 的首批客户是加德基所在大学的健身房。该健身房购买了一款应用程序，用来告知用户有关课程安排和教练信息的内容。"如果课程取消了，我们会推送一则通知，用户立马就可以看到。"健身房的营销助理解释道，"这个应用程序非常好用，运行也十分流畅。"[15]由于每个应用程序都是由标准组件生成的，因此这些应用程序相当强大，与从零开始编程的应用程序相比，它们更加不容易出现漏洞和故障。

加德基招募了两个大学朋友来帮助他，他们组成团队，开始向当地企业推销应用程序。他们还招募了经销商——自由设计师或广告公司。这些人可以将加德基的应用程序生成器与他们的平面设计和文案技能结合起来，为加德基的小型企业客户提供具有成本效益的、外观专业的应用程序。

应用程序的销售取得了开门红：9个月后，Bizness Apps 已为20多个不同国家的客户创建了近1 000个应用程序。[16]其中，最大的客户群是餐馆、咖啡馆和酒吧，约占公司销售总额的1/3。[17]许多餐馆想要一款应用程序，可以让老顾客进行外卖下单，这样顾客在订餐时就不必通过外卖平台支付高昂费用；美发师想要一款应用程序，可以让客户预订服务；艺术家想要一款应用程序，可以与粉丝保持联系；律师和会计师也想要一款应用程序，可以让客户进行表格填写。

加德基的 Bizness Apps 获得了一些媒体的正面报道，其业务量也持续增长着。到2012年1月，该公司已创建了约3 000个应用程序，年订阅收入预计达100万美元。[18]加德基的宿舍创业正在转变成一项正式的业务。他开始招兵买马，并将公司搬到旧金山的一间豪华办公室，里面配备了游戏室和小吃店。[19]

> 硅谷是最适合创立科技公司的地方，它是苹果、Facebook和谷歌的大本营，举世闻名。多年来，我一直梦想着加入这个精英企业家的俱乐部。[20]

接下来几年，加德基的公司依然表现良好，但它始终未能像 Facebook 等独角兽公司那样，实现疯狂的、曲线式的增长。"我们也摆脱不了'边际收益递减规律'①的影响。我们用尽了常规的销售渠道，但现在要达到原本的收益，需要投入更多的资金。"[21] 加德基也试图找过风投，但接受外部资金意味着要放弃对公司的控制权，这是他无法接受的。公司的发展只能依靠公司自身的利润。不过，随着 AppMakr 和 ChowNow 等其他应用程序开发商进入市场，利润也被进一步压缩了。

2016 年，在旧金山度过了激动人心的四年之后，加德基把 Bizness Apps 迁到 800 公里以南的圣地亚哥，那里的租金和工资更加合理。加德基写道：

> 硅谷可能永远都是开创下一个 Facebook 的最佳地点，但对于剩下的 99% 的人来说，这些拥有切实可行的想法的人还有更好的地方可以选择。如果你想建立一个实现盈利的中型公司，那就换个地方探索吧。[22]

二、大卫与歌利亚之战 ②

当加德基向潜在客户推销 Bizness Apps 的服务时，他经常会引

---

① 边际收益递减规律，简单来说，就是指在其他条件不变时，连续把某一生产要素的投入量增加到一定数量后，所得到的产量的增量反而出现递减的情况。——译者注

② 大卫与歌利亚之战（David versus Goliath）出自《圣经》，故事中矮小瘦弱的大卫战胜了巨人歌利亚。后来人们常用这个典故来形容弱小者出乎意料地击败强大的敌人。——译者注

用"大卫与歌利亚之战"的故事。他将自己的公司比喻成投石器，是它让小型企业这个"大卫"能在与大品牌的竞争中幸存下来：

> 星巴克开发了一款很棒的移动应用程序，但他们为此花了200万美元……我们允许小型夫妻店用报纸广告的价格建立一个移动应用程序，使它们能与街上的大型公共品牌竞争。[23]

加德基自己的事业也有点儿像"大卫"。在诺基亚（Nokia）和黑莓（BlackBerry）手机时代，只有手机巨头与其青睐的承包商才有资格开发移动应用程序，手机操作系统将其他人都拒之门外。虽然，巨头们后来渐渐向独立开发者开放了操作系统，但后者依然没有切实可行的方法能将应用程序下发给消费者，所以业务仍然掌握在电信巨头手中。苹果的应用程序商店改变了这一状况。它引入了一个开放的中央系统，通过这个中央系统，所有开发者都能随时随地向所有苹果用户提供应用程序——这就像是一个投石器，它让像加德基这样的弱者能与电信巨头一较高下，争夺移动革命的成果。

加德基也并非独自一人在战斗。到2017年，有将近50万名开发者活跃在苹果的应用程序商店。[24]他们中许多都是学生和业余爱好者，但也有成千上万家像加德基这样的中型企业。和Bizness Apps的情况一样，他们近一半的收入来自为客户开发应用程序[25]，另一半则来自直接向消费者销售应用程序以及应用程序内的广告。2017年6月，苹果公司宣布，它向苹果商店开发者支付的薪水，已经累计达到了700亿美元。[26]在苹果商店推出几个月后，谷歌也推出了面向安卓手机的 Play Store，而后者也发布了类似的数据。

加德基的 Bizness Apps 没能成为下一个 Facebook，但它也没有轻易地缴械投降。应用市场的存在让它成为一个稳定的中型公司。与成千上万家公司一样，它在这个由苹果和谷歌创建和维护的新的跨国市场中蓬勃发展。基于这个新市场，旧金山、伦敦、海得拉巴和河内等城市都迎来了应用程序开发产业的崛起。[27] 行业出版物、网络活动和辅助服务的提供者为这个行业创造了内部结构。媒体的报道提高了该行业的公众地位。2016 年，一家当地报纸将加德基评为"圣地亚哥 100 位最具影响力的领导人"之一。

在把成年后的大部分时间都花在经营 Bizness Apps 上之后，加德基开始考虑转行。"创建了 Bizness Apps 我感到十分自豪，但我也做好了迎接新行业的准备。"[28] 虽然加德基不打算让 Bizness Apps 在证券交易所上市，但现在公司的规模已经足够大，应该会有更大的企业或私募股权基金公司愿意接手。而且公司还处于盈利和增长之中，所以找到下一个买家应该不成问题。于是，加德基雇用了一家投资公司，将自己正在考虑出售的消息放了出去。很快，加德基收到了几份价值数百万美元的收购报价。在这样的交易中，创始人通常会在公司待上一段时间，以确保成功过渡；过渡成功之后，他们将完全获得自由，并可能实现财务上的独立。到时候，加德基只要愿意，他可以随时去夏威夷旅行。而他的孩子"也不用再担心自己爸爸的薪水能否为他们买一双新鞋"。[29]

然而，谈判和完成整个公司的售卖需要一定的时间。而且，收购还会涉及一段被称为"尽职调查"的时期。在这段时间内，买方的律师和会计师会仔细审查目标公司的各个方面，查阅其文件和账簿，寻找任何可能存在的问题或债务。这个阶段很容易造成交易的失败。所以对满怀希望的卖家来说，这是个头疼的时刻。

在加德基与Think3达成交易之前，苹果公司新任CEO蒂姆·库克（Tim Cook）登上了加州圣何塞的舞台。那是2017年6月，是苹果年度"全球开发者大会"的时间。"全球开发者大会"于1983年首次举办，是个为期一周的盛会，大会包括主题演讲、技术教程以及聚会活动。聚会活动是专门为从事苹果设备开发软件的人举行的——是开发者年度日程表中最精彩的活动。2017年，实际出席人数被限制在5 300人，同时在线观看人数达到了数十万人。

即使是不关心聚会和技术教程的开发者也会密切关注"全球开发者大会"，他们的心情通常喜忧参半——喜的是苹果公司会利用该活动宣布新的产品和功能（这可能为开发者带来新的商机），忧的是苹果公司会利用该活动宣布对现有服务的改变（这可能会影响开发者的现有业务）。苹果特别喜欢利用该活动来宣布对苹果商店规则的更改。

这些用以管理苹果数字市场业务的规则会呈现在一份名为《应用商店审核指南》的文件中。该指南约有40页文字，具体内容还会进行划分和细分，就像法律条文的章节和段落一样。它们对儿童保护、禁止内容（如色情内容或对宗教文本有误导性引用的内容）以及受限制的商业模式（如赌博和加密货币挖矿）等做出了规定。为了执行这些规则，苹果公司会同时采用机器人程序和人工管理员，来审查所有提交到商店的应用程序。这些指南本质上是市场的法律。

在2017年的"全球开发者大会"上，苹果宣布将在这些指南中新添一条规则：

> 4.2.6 利用商业化模板或应用程序生成服务所创建的应用程序将被拒绝。[30]

仅凭这一句话，苹果就将 Bizness Apps 及其竞争对手定性为非法。AppMakr 的首席执行官感叹道："他们几乎消灭了整个行业。"[31]

三、"我的公司就要倒闭了"

起初，许多人对苹果的声明将信将疑。ChowNow 的首席执行官解释道："在 6 月份的时候，我们根本不会说'他们会将矛头指向我们的应用程序'。"[32]毕竟，对这一改变还有更加合理的解释。在此前几个月里，苹果公司在苹果应用程序商店中发起了一场打击垃圾邮件的运动。因为有人总会模仿大热的应用程序，推出粗糙的山寨版本——其中一些山寨版本还只是为了从倒霉的买家那里骗取几美元而已。这些垃圾邮件大部分是由模板生成的。因此，许多观察人士认为，这条新规只是苹果反垃圾邮件运动的延续。[33]

虽然 Bizness Apps 为一家健身房开发的应用程序，在外观和功能上可能与该公司为另一家健身房开发的应用程序非常相似，但这两款应用程序的终端用户其实并不一样。所以与垃圾邮件不同，这些应用程序根本不是多余的存在。而且它们也并非粗制滥造：加德基的应用程序因其良好的质量而闻名；苹果公司自己也将 ChowNow 称为设计实践最好的范例。[34]

此外，苹果与 IBM 有着持续的合作关系，IBM 向客户提供"入门工具包……让你在几分钟内就能创建和使用一个应用程序"[35]。

当然，苹果公司并不打算关闭其合作伙伴的模板业务。而且，以往的《应用商店审核指南》中的措辞有时也会让人摸不着头脑。所以，归根结底，还是要看管理人员如何执行这些规则。大多数人都觉得，这些规则不会被用到合法企业的身上。

事实证明，这样的希望完全是徒劳的。在接下来的几个月里，苹果公司的管理人员开始与主要的应用程序开发公司逐一取得联系，并告知他们，根据新规定，他们在2018年1月1日之后提交的任何应用程序都将被拒绝。[36]很多现有的应用程序即刻被撤了下来。[37]使用模板为客户端制作应用程序的小型应用开发工作室开始收到拒绝消息。苹果不只是在打击垃圾邮件，它也将目标投向了那些使用模板的合法开发者。"许多为客户提供服务的企业已经无法再提供服务了。"一位来自英国牛津郡的开发者气急败坏地解释道，"他们让我的生活变得越来越糟糕。"[38]

然而，并不是所有人都受到了影响。IBM的客户一如既往地使用现成组件大量生产应用程序。对于假日酒店等大型特许经营企业的个别分店，它们的应用程序仍然在线，尽管它们都是千篇一律的复制品。这引起了许多独立开发者的愤怒。一群应用程序开发者的律师表示："它们都完全一样，却没有一个被除掉。这明显违反了苹果的政策。对其他开发者而言，这显然不公平。"[39]另一位开发者抱怨道："突然之间，我们迎来了一位'盖世太保①'，无论如何，这都不是我们想要的那种自由开放的平台。"[40]

这并不是苹果第一次制定出让部分开发者付出沉重代价的政

---

① 盖世太保（Gestapo）是纳粹时期的一个恐怖组织机构，它能够不借助任何法律而随意怀疑和逮捕他人。——译者注

策,也不是该公司第一次选择性地实施其政策。苹果一直在调整其市场规则。有些改变是为了应对市场上不断变化的情况,如垃圾邮件的增加;但有些改变则与苹果公司的利益和结盟转变有关,因为它正与其他巨头以及领土政府进行一场巨大的战略博弈。时不时地,依赖于苹果平台的小人物和公司就会被卷入这些变化的齿轮中,致使其饭碗被碾磨殆尽。

现在,圣地亚哥和上海等地的应用程序开发人员发现自己被困于齿轮之中,于是拼命想要寻找出路。一些人表示要放弃苹果,转而使用谷歌的安卓平台。但对于像 Bizness Apps 这样的公司来说,这并不是一条可行的道路。在美国和其他几个富裕的国家,接近一半的智能手机所有者持有的都是苹果手机。[41]在向苹果手机用户发布应用程序方面,苹果的应用程序商店拥有100%的垄断地位。开发者可以同时为多个平台制作应用程序,事实上,Bizness Apps 就同时为苹果手机和安卓手机开发应用程序,但 Bizness Apps 是不可能在停止为苹果手机提供服务的同时,继续像以前那样开展业务的。加德基解释道:"谁不想让自己的业务出现在世界第一大应用程序市场上?谁不想为世界第一大智能手机提供服务?"[42]只要终端用户使用的是苹果手机,Bizness Apps 就必须为苹果手机服务。正如那位来自牛津郡的开发者所解释的那样:

> 最理想的情况是,每个人都放弃使用他们的苹果设备。他们所有人都摆脱掉苹果手机,转而使用安卓手机。但这绝不可能发生。[43]

整个情况让人感到绝望。加德基暗自思忖："我的公司就要倒闭了，公司收入急剧下降，客户要求退款，我生怕看到员工的辞职信……他们现在都在逃离这艘沉船。"[44]Bizness Apps 的一个竞争对手最终放弃挣扎，宣布将关闭公司。Bizness Apps 也一直尝试吸引企业客户——也就是 IBM 也瞄准的大型公司。Bizness Apps 的首席执行官表示，苹果的不可预测性使得领域中的持续投资变得难以为继。[45]

加德基并不打算放弃，他有太多的利益牵涉其中了。他花了近 7 年的时间打造这家公司，而且财务自由已经触手可及。苹果的管理层若一意孤行，那么他的工作势必会付之东流。"我花了毕生心血建立了 Bizness Apps，这次若失败了，我将无法东山再起。"[46]他觉得一定有办法可以让这家平台巨头回心转意。

但苹果此时已即将成为世界上第一家市值达万亿美元的公司。它富可敌国，盈利可观。在很多方面，公司的首席执行官蒂姆·库克比世界上大多数国家的元首都更具权威。一个人若单枪匹马，那么无论他再怎么坚定，也很难被苹果这个巨头注意到——但开发者们若联合起来抗议，他们的声音能否足够响亮呢？

四、"团结起来，让我们的声音变得更加响亮"

加德基再次登录互联网，在网上发起了请愿。他把请愿书寄到位于加州库比蒂诺的苹果总部：

苹果公司：请允许小型企业在应用程序商店发布应用程序。
我们希望通过这份请愿书与苹果公司展开建设性对

话，希望他们重新考虑刚刚推出的应用程序商店的审核指南，让小型企业能有机会与那些有能力开发定制版 iOS 的大公司正面抗衡……[47]

加德基向竞争对手和应用程序开发行业的合作者伸出橄榄枝，希望他们加入这一活动。加德基在行业内颇具名气，而且拥有广泛的人脉：

> 我们现在希望与为小企业开发 IOS 应用程序的公司，或者与这些支持小型企业的组织合作，形成一个联盟，让我们一起变得更加强大……如果你是某个公司或组织的成员，想要与我们合作，让我们的声音变得更加响亮，请随时与我们联系。[48]

许多开发者认为加德基的运动只是白费力气，但也有许多人并不这么认为。一些加德基在生意场上的劲敌也支持了这一运动。加德基在他的活动网页上附上了这些公司的首席执行官的声明。其他开发者则在博客上发表了关于该活动的文章，并在 YouTube 上发表了相关的言论。请愿活动有了一个良好的开端。之后参与活动的成员不断涌入，在不到一周的时间里，这份请愿吸引来了 1 000 多个签名。世界各地的开发者纷纷留言：

> 我们是一家精品公司，使用模板为菲律宾的中小型企业开发应用程序。如果执行第 4.2.6 条规则，应用程序的开发工作将变得令人难以负担，除非是为大品牌公司提供服务。[49]

在幕后，加德基和他的同行对手也开始利用他们在科技媒体上的人脉。同情他们的记者开始报道应用程序开发者的困境。萨拉·佩雷斯（Sarah Perez）在 TechCrunch 上写道：

> 苹果公司进一步禁止模板化应用程序的做法，相当于阻止了小型企业与大品牌在同一生态系统中的竞争。苹果公司是市场守门人……它通过打击小型企业的业务能力，使他们受到了影响。[50]

有人甚至让加州民主党国会议员刘云平（Ted Lieu）给蒂姆·库克写了一封公开信：

> 苹果应用程序商店帮助小型企业扩大了经济视野……但我也担心……苹果公司是否把网撒得太广，导致长期合法的开发者的应用程序变得无效……[51]

尽管这样，苹果公司仍然保持沉默——它既没有对国会议员的信件做出公开回应，也没有就记者的问题给出回复。与此同时，2018年1月1日的最后期限已经临近，Bizness Apps 即将在几天内失去其核心业务。请愿书上的签名仍在不断增加。人们留下信息，表达对苹果应用程序商店的专制者日益增长的绝望和愤怒：

> 你用尽全力把膝盖抵在别人的胸口，他们只不过想养活孩子和谋求生计而已，你这么做也只是因为……你可以做到。

请尽快重新考虑这个决定。企业将面临倒闭，人们将失去谋生的饭碗。[52]

之后，加德基接到了苹果高管打来的电话："你好，安德鲁……第 4.2.6 条规则将做出修改。"[53]

2017 年 12 月 21 日，加德基在请愿网站上更新了一条信息："胜利了！苹果公司对基于模板的应用程序的指南做出了修改！"他在一篇博客文章中阐述道：

> 在小型企业倡导者的坚持下，苹果公司对新出的指南做出了修改，允许使用模板生成的应用程序出现在苹果的应用程序商店中……所有小型企业将再次能够通过 Bizness Apps 等应用生成服务，并在苹果应用商店发布价格低廉的应用。非常感谢我们的合作伙伴和支持者，正是因为他们的并肩战斗，我们才能取得这一成果。[54]

苹果公司并没有完全废除这项新的规则，它只是对其进行了修改，使 Bizness Apps 及其竞争对手能够继续运营下去。苹果公司的客户现在需要进行注册并提交会员费，之后，他们就能继续使用模板创建应用程序。

这家巨头没有公开解释过自己态度转变的原因。我们无法确定苹果公司的决策者是否看到了加德基请愿书上的 3 261 个签名、成百上千的留言、刘云平议员的信件、不断上升的媒体关注、应用程序公司首席执行官的个人呼吁，以及苹果公司内部的不同意见，但很显然，所有这些活动都在声援彼此，它们一起构成了一场声势浩大的运动，最终迫使苹果公司修改了规则。

五、数字中产阶级的崛起

为什么加德基的活动大获成功，而其他很多同类活动却失败了呢？其他活动失败的原因不仅在于其未能实现变革，还在于其未能让其他平台和用户加入这一事业。米兰德是一位聪明机智的活动家，她在亚马逊的 Mechanical Turk 平台上为数字计件工人争取权利。[55] 她在这个平台上有多年的经验，既获得了激进学者的支持，也博得了主要媒体的同情。然而，就算她再怎么努力，她在运动中也只能动员数万名工人中的三十几人；加德基的活动却在很短的时间内，动员了数千名请愿参与者和多位公司首席执行官——这种局面到底是如何造成的呢？

集体行动的成功或失败是由多方面的因素造成的。[56] 米兰德的运动是为了解决长期存在的结构性问题，而加德基的运动则是为了应对因突然变化而产生的直接威胁。这种强烈的愤怒感有助于动员人们支持这项运动。但加德基的运动要比反对 Upwork 的运动做得更好，虽然后者同样是由对突发有害变化的强烈愤怒感引发的。[57]

从诸多方面来看，加德基的活动之所以有别于其他活动，最关键的因素在于资本，即应用程序开发者所拥有的财富和资源——这是大多数自由职业者和计件工人不曾拥有的。加德基的公司没有成为下一个 Facebook，但它也不是一个苦苦挣扎的微型企业。它是平台用户中富有的中产阶级——他们是在平台所创造的市场中逐渐富裕起来的个人和企业。

与贫困的计件工人不同，中产阶级的成员有能力从工作中抽出时间参与政治。他们有能力深入了解问题，与同行进行讨论，签署请愿书，甚至有能力撰写博客，联系当地记者或政治家。像加德基这样的企业主甚至可以指派一名全职员工来推动这项事业。此外，这个阶层的成员也拥有更高的自信、教育水平和文化修养，能以更具劝服力的方式劝说平台公司的规则制定者。最后，最重要的一点可能是，他们已经慢慢拥有了安全网、储蓄和市场技能，所以就算平台公司因其发言要惩罚他们，他们也不必感到害怕。

此处，我们可以将这些数字中产阶级与欧洲真正的中产阶级进行类比，后者最早来自中世纪的集镇。随着贸易和手工业的蓬勃发展，商人和手工艺者的数量越来越多，他们在贫穷的农民和强大的领主之间形成了一个新的社会阶层，被称作"市民"。农民反抗领主的企图通常以失败告终，但随着"市民"的财富、学识和社会地位的提高，他们已经有能力以集体的方式反抗领主的权力。他们通过请愿、抗议和贿赂，为自己赢得了权利——当地领主承诺不会干涉他们的生意，也不会扣押他们的财产或人身。为了加强斗争，他们有时还会招募强大的盟友，比如主教、君主和雇佣兵等。[58]

就像苹果公司给加德基和他的同行带来富裕，而后者又反过来利用自身的富裕对抗苹果公司一样，封建领主对权力的垄断也因自己创造的"市民"阶层而逐渐瓦解。中世纪早期的领主会在他们的城镇中安装降低交易成本的"硬件"（如天平和铸币厂）。他们还会执行合同，保护商人不受强盗的侵害。他们这样做是为了吸引更多的商品供应，为自己创造新的税收。但是，不断扩大的市场机会使商人和手工艺者的数量成倍增长，也使得这些"市民"累积了更多的财富。到了中世纪鼎盛时期，"市民"已经组建了行会和协会，竭力维护自身的政治利益。渐渐地，他们在集镇的治理和管理中获得了越来越大的话语权。[59]

加德基的活动只是少数影响了平台市场规则的集体行动之一，但专业用户对平台的不满情绪并未随之减少。移动应用程序开发者仍然对苹果应用程序商店的许多规则和强制规定感到不满。特别让开发者感到愤怒的是，他们还必须从应用商店的收入中向双重垄断者（即苹果和谷歌）支付 30% 的"苹果税"和"谷歌税"。热门游戏《堡垒之夜》（*Fortnite*）的开发团队 Epic Games 还因为这些税收把苹果告上了法庭。音乐流媒体服务 Spotify 也就此向欧盟反垄断机构提出了投诉。两者都通过社交媒体推广和行业人脉为自己的活动寻求支持。平台的统治者似乎感受到了压力：苹果和谷歌不久后就宣布，对年收入低于 100 万美元的开发者实施 15% 的新的低税等级。

2018 年 5 月 31 日，加德基在公司的网站上发文："今天，我们要宣布一个令人兴奋的消息：Bizness Apps 已经被 Think3 成功收购了！"[60] 在对抗完苹果公司之后，加德基接到了一家百亿私募股权基金的合伙人打来的电话，这家公司专门收购软件企业。他们的投资组合中已有好几家"软件即服务"公司，但还是给加德基的公司开出了很高的报价。

> 我本想以一半的价格出售公司……他们很快让我离开了……带着一大笔钱，这笔钱将使我衣食无忧。[61]

Think3 最终以现金进行了结算。"当款项电汇到账户时，这一刻令人永生难忘。"[62] 该基金公司委派了新的高管来运营

Bizness Apps。而这位新晋的百万富翁买下了一栋新房和一辆奔驰跑车。几个月后,这位29岁的创始人离开了自己创建的公司。

功成身退并没有打消加德基的创业雄心,他已经开启了一项新的事业。这次创业将基于以太坊的智能合约平台。加德基曾经战胜了一个强大的平台统治者,但其过程完全是一场折磨。以太坊被认为是一个"无须信任"的平台,平台参与者的命运不会受到任何统治者和政治的影响。[63]

第三部分

社会制度

第十章
数字安全网：平台经济中的社会保障与教育

> 赈款只归于贫穷者、赤贫者、途中穷困者、管理赈务者……这是真主的定制。①
>
> ——《古兰经》第 9 章第 60 节

19 世纪后期，欧洲五大强国为争夺土地、财富和威望而相互竞争。英国、法国、德国、奥匈帝国和俄罗斯组成不断变化的联盟。各国领导人运筹帷幄，试图压制对方。在混战的同时，五大强国也在经济实力方面展开比拼，试图超越对手。

在这场竞争中，最令人生畏的领导人之一是奥托·冯·俾斯麦（Otto von Bismarck），他后来被人称作德意志帝国的"铁血宰相"。作为普鲁士的首相兼外交大臣，俾斯麦先后征服了丹麦、奥地利和法国，获得了这些国家的领土和财富。之后，他又将敌对的德意志公国合并成一个统一的帝国，而普鲁士对这个帝国拥有绝对的控制权。[1]

霸权之争愈演愈烈。俄罗斯吞并了更多土地，英国也为其可

---

① 此中文翻译引自马坚的《古兰经》（Quran）译本。——译者注

怕的海军投入更多军舰，俾斯麦却做了一件出人意料的事情：他将一切政治资本用以推动社会的全面立法。

1883年的《疾病保险法》（The Sickness Insurance Law）保证了生病的工人能得到医疗保险，并获得其平均工资75%的经济救助。1884年的《事故保险法》（The Accident Insurance Law）规定，在发生工伤事故时，无论责任在谁，工人都能得到赔偿。永久残疾的工人能获得其收入2/3的养老金；如果工人因工伤去世，其遗孀和遗孤都能得到补偿。1889年的《伤残和养老保险法》（The Old Age and Disability Insurance Law）建立了一套由国家管理的养老金体系。[2]

这三部法律共同构成了一个前所未有的安全网，给困难时期的德国工人提供了依靠。这一安全网的资金主要来自雇主和国家；工人及其家属是这个体系的净受益者，特别是这些无力赋税的穷人。虽然该体系存在诸多不足，在之后几年也得到了很大拓展，但它为俾斯麦赢得了历史地位，他被誉为现代福利国家的发明者。

一、技术性失业

2014年，索菲亚作为加州的一名个体户临时工，没有任何医疗保险，也没有资格享受政府的医疗补助计划（Medicaid），可她却面临着超过10万美元的医疗账单。她甚至动过自杀的念头。

索菲亚于1987年出生在加利福尼亚州南部的圣巴巴拉县（Santa Barbara County）。[3]该县拥有漫长且宜人的海岸线，两旁都是旅游胜地。圣巴巴拉县的山区内部还分布着豪华牧场，时任美国总统罗纳德·里根（Ronald Reagan）的牧场便是其中之一。索菲亚的父母供职于为牧场和海岸提供服务的酒店部门。

索菲亚喜欢阅读，她喜欢的作家之一是日本小说家夏目漱石（Natsume Sōseki）。这位作家的小说被一位教授翻译成了英文，教授来自当地的加州大学圣巴巴拉分校（University of California at Santa Barbara）——索菲亚高中毕业后想去学习的地方。

加州大学圣巴巴拉分校是一所历史悠久的研究型名校。1969年，该大学的数学中心成为世界上第三个连接到互联网——其前身为阿帕网（ARPANET）——的站点。学校对学生的录取非常严格，不过索菲亚还是轻松地被该校的本科日语专业录取了。她甚至获得了奖学金，这笔钱使她能够继续学习下去。索菲亚后来回忆道："我梦想成为一名日语笔译或口译人员。"

索菲亚在2010年大学毕业，当时的就业市场并不乐观。虽然金融危机已经过去，但加州的失业率仍在飙升。谷歌翻译（Google Translate）对低端翻译服务的需求造成毁灭性打击，前者是一个自动机器学习翻译系统，使用联合国和欧盟翻译人员的作品进行训练过。与此同时，中端市场的日语翻译正通过互联网被外包到菲律宾等地，那里的日语专家可以以更低的报酬完成翻译。索菲亚没有多年相关的工作经验，所以她也无法胜任高端笔译和口译的工作。

索菲亚一边寻找合适的工作，一边继续与父母住在一起。索菲亚的父母并不富裕，她觉得自己应该为家庭预算做些贡献。于是在撰写求职申请的间隙，她开始寻找赚钱的门路。索菲亚找到一个名为Fiverr的网站，人们可以借助互联网在上面出售简单的服务。她想出一个"我会用日语写你的名字"的服务，费用为每个名字5美元。但在她之前，数十人已经提供了相同的服务，所以销售情况并不理想。索菲亚之后又找到一个网站，名为亚马逊

Mechanical Turk。[4]这是一个在线计件工作平台,她能通过填写调查和完成简单的数据标签任务来获得报酬。虽然收入微薄,但她每天至少能挣个几美元。

日复一日,索菲亚还是没能找到一份全职工作。她开始意识到自己可能真的无法成为一名日语专业人士。"经过这么长时间,我的日语技能已经变得十分生疏。"但索菲亚不想跟随父母的脚步,进入薪酬不高、福利微薄的酒店行业。她开始寻找提升自我技能的渠道。

二、谷歌认证

索菲亚不想重回大学,况且她也负担不起。相反,她开始在互联网上寻找一些免费或廉价的学习资料。亚马逊、谷歌和微软等科技公司在网上提供在线课程、教程和自学材料。这些材料大部分是为了教会人们使用他们公司的产品;有些则是为了教授一般的科技技能,比如人们该如何确保网络安全等。谷歌对自家的一个学习平台的介绍如下:

> Skillshop 将为您提供具有实用性和概念性的产品知识和技能,提供行业认可的谷歌认证,为您的职业简历提升价值和可信度。[5]

索菲亚开始学习使用谷歌为广告商推出的 AdWords 平台。仅在美国本土,互联网广告的市场规模就达到了 370 亿美元,这些资金中,有将近一半是通过谷歌的 AdWords 平台支出的。[6]所以,对于能高效使用 AdWords 平台的人来说,广告业一定能给他们带来就业机会。

广告业及其技术对索菲亚来说是个完全陌生的世界。教程难度虽然大，但索菲亚还是咬牙坚持了下来。几周后，索菲亚准备迎接在线测试。测试有时间限制，做题时，屏幕上出现了一个计时的时钟。大约两小时后，索菲亚完成了测试。结果也马上出来了：测试顺利通过。谷歌给索菲亚颁发了一个虚拟的"谷歌AdWords认证"徽章，这个徽章可以展示在索菲亚领英的个人资料上。

在获得认证的三个月后，也就是在从加州大学圣巴巴拉分校毕业后近两年，索菲亚终于找到了第一份全职工作。这不是一份广告领域的工作，而是一份来自加州南部的"普通办公室工作"。可能是因为索菲亚的领英个人资料的更新，平台算法将她的个人资料推送给了招聘者；也可能是因为自己对工作不再百般挑剔了——索菲亚自己也捉摸不透。但这份工作的福利和较高的工资，已经足够让她从父母家里搬出来，这是她作为一个25岁的单身人士梦寐以求的事情。索菲亚可能当不了一名日语专业人员，但在加州美丽安静的一隅，她正朝着普通中产阶级的生活迈进。

可不到一年时间，索菲亚就丢掉了这份新工作。她备受打击。她不想再搬回父母身边，只想一个人待着："我为自己感到羞愧。"

为了凑足房租，索菲亚再次登录Fiverr和亚马逊Mechanical Turk平台，但钱仍然不够。她又在在线劳动力市场oDesk上创建了一个账户，一些客户会通过平台为远程写作和翻译工作支付不错的工钱。[7]"想要站稳脚跟，你需要完成更多的工作，付出更多的努力。"绝望之下，索菲亚钻进了自己的旧车，开始在通勤高峰期为优步开车。这最终凑够了她的预算。

索菲亚花了大量的时间工作。"在我醒着的大部分时间，我基本都坐在电脑前，登录 Mechanical Turk 平台。"索菲亚的父母十分担心，他们不明白她在做什么工作养活自己。"我很少跟他们谈论此事……他们对这些行话一窍不通。"索菲亚感到孤独，但她也在网上找到了友情："Turker Nation 论坛让你真正感到自己是群体的一部分。"

随着时间的推移，索菲亚从远程在线工作中获得的收入稍有提高。她通过在线教程以及其他工人的建议提高了自己的技能。她参加了 Mechanical Turk 和 oDesk 的测试，获得了虚拟的"资格证书"，这些证书让她可以获得之前接触不到的项目：

> 我拥有许多资格证书……最重要的是来自 Crowdsource 的电子商务写作和电子商务编辑资格证书。如果你有这些证书，你就绝对能证明自己的资格。

因为这些事情，索菲亚没有太多的时间或精力去寻找另外一份正常的工作。不过她对正常的就业市场已经不再抱有幻想：

> 自从被解雇后，我就再也没找过其他工作。在我努力寻得那份办公室工作的几年里，我感到非常沮丧。我只是有点儿厌倦了。而现在有了 Mechanical Turk 和其他这些东西，我就更没有动力了。

索菲亚就这样一直坚持着，直到 2014 年春天，她发现自己胸部长了一颗肿瘤。

三、不断受损的福利国家

索菲亚被诊断出乳腺癌二期。这种病在年轻女性中极其罕见，但每年仍有成千上万的人患上这种疾病。索菲亚很害怕——担心这病会给她带来巨大的经济损失。因为仅仅是诊断费就花了她1 600美元，这几乎是她一个月的收入。

索菲亚被告知必须进行手术，手术费用将高达10万美元。她还必须购买药物，接受放射性治疗，也许还需要接受数次化疗，化疗费用为每次5 000—25 000美元。而在此期间，她极有可能无法正常工作。

作为一名个体户临时工，索菲亚没有医疗保险，无法支付治疗的费用，也无法承担收入上的损失。索菲亚没有孩子，也不属于残疾，所以她没有资格享受政府医疗保险计划——医疗补助计划（Medicaid）。她的信用评级相对良好，所以她可以借钱来接受治疗，但由此产生的债务和利息，她可能永远都无法偿还。治疗可以挽救她的生命，但也可能让她负债累累。

在美国，数百万人没有正式的安全网，以防止疾病或其他不幸事件的发生。美国的医疗保健体系在富裕国家中是一个独特的存在，因为它没有全民的公共项目。奥巴马政府在2010年推动出台了《平价医疗法案》（Affordable Care Act），大大减少了未参保人数。但截至2018年，在19—64岁的美国成年人中，大约还有12%的人没有医疗保险，包括许多像索菲亚这样收入微薄的穷人。[8]此外，另有45%的人保险不足，他们虽然拥有保险，但保险范围有限，一旦面对重大疾病，他们很难坚持下去。

在其他富裕国家，政府通常会实行强制性的国民保险计划。

各国政府还会向生病或无法工作的人提供各种福利。在欧洲，公共医疗保健、福利以及免费的公共教育，被认为是所谓的福利国家照顾人民的关键支柱。

但在欧洲，福利国家的支柱也受到了一定程度的侵蚀，部分原因是受到了全球金融危机过后推行的紧缩政策的影响。在欧洲和美国，亚马逊和优步等科技巨头还进一步加剧了对这一支柱的侵蚀。这些科技巨头推广没有保险的零工，并通过游说政府和法院诉讼来避免自己替工人投保。他们剥夺了政府的税收，使过去需要在每个县缴纳地方税的实体店倒闭；他们只在特定地点创造新的税收和就业，并基于这些地方，建立了物流中心和数据中心。而各国政府为了争夺各自设施的主要特权，就只能提供税收减免和投资补贴。

索菲亚身无分文，没有保险，也没有政府救助，于是她只能放弃自己的公寓，重新搬回父母的住处。她的父母为退休积攒了一些钱，但这笔钱并不多。他们很快开始使用信用卡为索菲亚支付医疗费用。索菲亚担心自己最终会把父母拖下水，所以脑海中甚至动过自杀的念头。

四、进入数字安全网

索菲亚大学时期的一位女性朋友听说了她的病情。这位朋友和她的丈夫在一个名为 GoFundMe 的网站上，为索菲亚发起了一场筹款活动：

索菲亚乳腺癌手术

索菲亚是一位不可思议的女性，她现在的处境非常艰难。几个月前，她确诊了癌症……她已经很长时间没有工作了，而且她的工作不包括任何形式的保险或短期失能福利。索菲亚计划在 5 月 16 日进行手术。她当前以开优步车维持生计，但由于康复期和随后的化疗，她将在相当长一段时间内无法开车。请伸出援手，帮助索菲亚渡过这个难关，哪怕一笔小小的捐款也能起到作用。我们祈祷她能活下来。谢谢您！

呼吁书的旁边附有"立即捐款"和通过电子邮件或社交媒体"分享"的按钮。此外还有一个进度条，展示着当前已筹资金占筹款目标金额的比例。筹款目标为 10 万美元。

索菲亚的朋友在 Facebook 上分享了这个活动。她还将链接分享到一个 WhatsApp 的即时通信群组，里面有许多索菲亚的大学旧友。捐款马上涌来。第一笔捐款来自一位大学旧友，他捐了 20 美元；另外两位朋友捐了 25 美元；还有一位朋友先是捐了 50 美元，之后又捐了 500 美元。发起活动的那对夫妇捐了 1 000 美元。几天后，进度条显示捐款金额达到了 1 万美元。捐款者还留言进行鼓励："加油妹妹！你可以的！"

总部位于硅谷的 GoFundMe 公司，运营着一个所谓的慈善众筹平台。自 2010 年该平台启动以来，像索菲亚这样的人已经通过该平台收到了超过 50 亿美元的捐款。该平台筹集的资金中，约有 1/3 是用于医疗费用的支付。该平台每年发起约 25 万次医疗众筹活动，筹集总额达到了约 6.5 亿美元。[9] 根据 2019 年的一项调查，20% 的美国成年人曾在医疗众筹活动中捐过款。[10] GoFundMe 在美国特别受欢迎，它在欧洲也有很多用户，比如法国、德国、意大利、葡萄牙和西班牙等。中国互联网巨头腾讯在中国拥有一个类似的平台；巴西、印度、日本等国家也有其他慈善众筹平台。

GoFundMe的首席执行官罗布·所罗门（Rob Solomon）表示，众筹的出现是为了填补社会正式安全网的漏洞。所罗门解释说："我们是数字安全网。"[11]他认为，医疗保健成本的上升和国家福利机构的削弱，使GoFundMe成了"一个不可或缺的机构"。[12]事实上，在一项针对美国1 000个医疗众筹活动的研究中，我们发现，在那些政府福利少、未参保人数多的县——正规保障网络较为薄弱的县——众筹活动发起的数量明显更多。[13]一些医院的个案工作者现在甚至直接把病人介绍给众筹平台。[14]众筹也越来越多地被用于为灾民、失去至亲的家庭和无力承担教育费用的年轻人筹集资金。硅谷削弱了人们过去所依赖的正式安全网。那么它是否又创建了一个可行的替代品呢？

其中一种可能是，众筹只不过是新瓶装旧酒的慈善。家庭、朋友和邻居一直是关怀和经济援助的重要来源。在正式的政府安全网被发明出来之前，困境之中的人们只能依靠这些非正式的安全网获得救济。然而，它们的不足之处在于，这些救济非常零散，尤其是在后工业社会里，多数人早已不再生活在紧密联系的农村社区了。[15]索菲亚的家庭并不富裕；她只能依靠家人来提供经济救助，但这样做又可能让家人也陷入贫困。索菲亚没有什么亲戚。幸运的是，她还有一些更加富有的大学同学，可以在第一时间捐出500美元甚至1 000美元。但她有足够多这样的朋友帮她战胜癌症吗？

国家保险计划和税收资助的福利将风险分散到更广泛的人群，因此它们提供的保障不取决于你认识谁或你的父母有多富有。例如如果索菲亚生活在英格兰，那么她的治疗将由强制性的国民保险和纳税人提供资金,并由国民医疗服务体系(National Health Service)提供支持。如果众筹只是不变的"朋友资助",只是人们寻求帮助的最后手段——如果众筹只是在数字媒介中复制传统的非正式安全网——那么它就无法成为像英格兰国家医疗服务体系这样的全民安全网的替代品。

事实上,在对美国医疗众筹活动的研究中,我们发现,在富裕人数更多的县,成功的众筹活动的数量往往更多。[16]而在最需要救济的贫困县,众筹活动成功的数量反而更少。这表明,众筹活动是由当地的朋友、家庭成员和邻居资助的,也就是说,传统的非正式安全网尚不完善,它无法为所有人提供保障。如果事实如此,那么众筹只能算是一种朋友融资,只不过硅谷为其蒙上了一层拯救世界的谎言罢了。

五、吸引受众

在发起众筹活动的几天后,索菲亚注意到了一笔匿名捐款。之后,十几个陌生人又陆续捐出了100美元的款项,并且未在活动页面留下自己的名字。另外还有一位匿名者捐款了1 500美元。索菲亚的一位朋友给她写信道:"我希望自己能捐更多的钱。我会把这则信息分享到Facebook,也许一些肾脏社区的人们会为你提供帮助。"之后更多陌生的捐款者涌了进来。

传统的非正式安全网与众筹之间的区别在于,众筹活动通常是通过社交媒体分享的。通过这种方式,他们可以接触到这些受益人的朋友、家人和邻居等直接圈子以外的人,从而在更广泛的人群中寻求捐款。一项调查显示,在向医疗众筹捐款的美国人中,有超过1/3的人都曾向素不相识的人捐过款。[17]GoFundMe声称，通过 Facebook 呼吁捐款，可以使捐款额增加"350%"。

在针对美国众筹活动的研究中，我们确实发现，在诸多因素保持不变的情况下，一项活动的分享次数与筹集到的资金数额之间存在着明显的关联性。我们的估算是：一项活动的分享次数每增加 10%，筹集到的资金就会增加近 2%。[18]

然而，与任何社交媒体的内容一样，众筹活动的受欢迎程度也差异巨大。一些活动能迅速传播开来，收到上千次的分享和转发，另一些活动却获得不了多少关注。我指导的博士生李素敏（Sumin Lee）在 GoFundMe 上，随机收集到了 12 126 个美国医疗众筹活动的样本。在这些样本中，最成功的活动被分享了 21 400 次（见图 10.1），但对于其他 90% 的活动而言，它们的分享次数却达不到 500 次，另有 1/4 以上的活动则从未被分享过。一项活动被分享的中位数是 68 次。

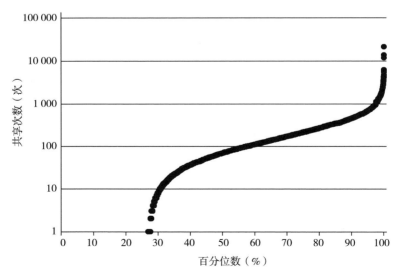

图 10.1　GoFundMe 医疗众筹活动在社交媒体上被分享的次数

活动能否被成功分享和转发，很大程度上取决于活动发起者和受益者与网上受众的互动方式。[19]索菲亚的朋友在活动早期更新了信息："手术很顺利，她现在在家中开启了漫长的康复之旅。"之后不久，索菲亚也更新了自己的状况："非常感谢大家……虽然身体还十分虚弱，但你们所有人的爱都给予我巨大的帮助。"她上传了自己的照片："几天前开始掉头发了，我决定把它们都剃掉。"其他人对这些照片进行了评论："索菲亚，你看起来棒极了。希望你的身体和你的状态看上去一样健康。"所有这些活动都有助于捐款的延续，让它被更多的人了解，并获得他们捐款。

　　所以说，数字安全网并不仅是带着"数字光环"的朋友资助而已，它可以从受益人的朋友和家人以外的人那里获得帮助。随着其他安全网的失效，其他有需求的人就会越来越依靠这种方式。不过，它并不能提供普遍的（或基于需要的）保护。这是一个福利市场，能否获得保护在一定程度上取决于你对受众的吸引力，以及在竞争中战胜其他同样有需要的人。不幸的是，我们往往是在缺乏吸引力和竞争力的时候，才最需要市场社会的保护。硅谷公司通过推广没有保险的零工工作，让政府失去税收收入，从而侵蚀了我们的安全网，但它们却没有在众筹中提供切实可行的替代品。

　　最终，索菲亚的活动从160个不同的捐赠者那里筹到了31 480美元。虽然筹集的资金没有达到活动设立的10万美元的目标，但平台还是允许索菲亚保留了这笔钱。虽然这笔钱不足以支付所有账单，它却帮助索菲亚暂时避开了财务危机，并给索菲亚的未来带来了一丝希望。索菲亚点击"提款"，并输入她的银行账户信息，几天后，这笔钱出现在她的账户上——扣除平台自己保留的 3% 的费用。索菲亚是为数不多的幸运儿。根据李素敏的数据，98% 的活动都筹集不到像索菲亚这么多的善款；筹资金额的中位数仅为 2 235 美元（见图 10.2）。

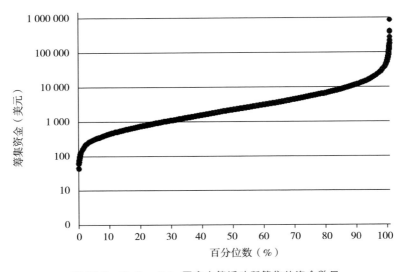

图 10.2　GoFundMe 医疗众筹活动所筹集的资金数量

六、亚马逊的关怀

难道硅谷的科技公司无法创造出类似于欧洲福利国家的全民安全网吗？它们都是一些为了市场份额和利润而相互竞争的盈利性公司。它们的首要目标是扩大业务和超越对手。虽然这些公司常常被视作其创始人的声望项目的载体，但在涉及金钱和个人责任时，公司的创始人又往往拥护保守派的观点——他们不是社会主义者。除了象征性地履行企业的社会责任之外，他们绝不会对创建福利国家制度表现出真正的兴趣。

现在让我们来回顾一下现代福利国家是如何被建立的。德意志帝国的俾斯麦总理不能算是福利国家的建立者，他只是一个惺惺作态的左派人士。他是一个极端保守主义者，竭力反对自由主义者和社会主义者。他认为"时代的重大问题不能通过演讲和公决来解决，只能通过铁和血来解决"[20]。虽然俾斯麦的帝国当时正与其他欧洲大国争权夺霸，但在这紧要关头，俾斯麦却选择将国家的资源投入社会福利中，他的目的何在呢？

虽然俾斯麦是一个参与全面竞争的冷酷的保守主义者，但他并不是纯粹想投资福利，而是带有一定目的性的。他认识到，如果德国要在钢铁和军备产量上击败其他大国，就必须保护本国的人力资本。国家承受不了因疾病和事故而失去工人的损失，也不能拒绝照顾这些工人及其年迈的或身有残疾的家人，否则就无法让他们履行努力工作的承诺。在前现代的各大公国里，大家庭、当地社区和天主教修道院会负责照顾病人和体弱多病者，但在新帝国的工业城市里，社会的结构却有所不同。孑然一身的年轻工人，或一个由工薪阶层组成的核心家庭，它们只是一个小型并且缺乏稳定的单位，无法承担其成员生病的风险。而且风险本身也提高了：疾病在拥挤的环境中更易传播，而像采煤这样的工作本身就充满危险。工业社会需要新的社会制度，这样才能避免作茧自缚，而这样的社会制度正是俾斯麦所提供的。

俾斯麦的社会政策产生了巨大影响，传染病致死人数大幅下降。[21]整个国家变得更加健康，移民美国的人数也急剧减少。[22]虽然在新大陆①工作可以获得更高的工资，但社会安全网提供的安

---

① 新大陆（New World）指美洲大陆。——译者注

全感让工人们选择留在德国。俾斯麦还投资教育。在此之前，德国已经实行了免费的公共教育制度，而教育积累了工业经济所需的人力资本。健康、忠诚和训练有素的工人促使德国走上了成为欧洲大陆主要工业和军事强国的道路。

其他大国也很快效仿起这位铁血宰相的政策，邻近的奥匈帝国在几年内就成功复制了该模式的各个方面。几十年后，英国和法国也纷纷效仿，现代欧洲的福利国家就此诞生——它不是出自社会主义者之手，而是出自富有的保守主义者之手。这些保守主义者因财富、权力和威望而相互竞争。事实上，俾斯麦明白自己的安全网会抢走德国日益壮大的社会主义运动的风头，而社会主义者也果断进行了激烈抗议。[23] 用今天的话说，俾斯麦正是通过创造福利国家而真正解放了自我。

同 19 世纪欧洲的大国一样，今天的科技帝国也需要健康和受过良好教育的人来推动它们的平台经济，但它们需要的不是煤矿工人和钢铁工人，而是送货司机、数据标签员、内容审查员、应用程序开发者、在线商人和社交媒体名人。与老牌大国当初的做法一样，现在互联网的五大巨头也正依靠旧的社会秩序来生产和维护其人力资本。但就像工业化破坏了前现代提供救助的网络一样，平台化也正破坏着领土国家的社会安全网。结果，当像索菲亚这样的人生病时，可能再也没人会对他们伸以援手，而领土国家的人力资本只能白白地从经济中流失掉。

然而，俾斯麦和贝索斯的不同之处在于，贝索斯可以更好地依靠外来移民来取代耗尽的劳动力。德意志帝国也接收了来自东欧和南欧的移民劳工，而亚马逊的平台却几乎可以从世界任何地方吸引虚拟移民。在索菲亚停止登录 Mechanical Turk 后，接替她工作的计件工人可能来自美国，也可能来自印度或巴基斯坦。[24]接替她在 oDesk 工作的翻译人员也可能来自中国或菲律宾。[25]因此，对贝索斯来说，工人福利可能不会像对俾斯麦那样迅速成为一个战略性的竞争问题。

然而，上述情况只适用于远程劳动者。互联网巨头同样需要现场零工，比如快递司机。在这方面，现有人力资本的制约已经渐露端倪。在新冠病毒感染疫情期间，快递服务的需求不断上升，司机的供应却持续下降，部分原因是病毒带走和削弱了许多不受保护的一线临时工。这也使得优步、Lyft 和其他交通和送货平台争先恐后地寻找司机。[26]亚马逊的管理人员也开始担心，他们对仓库工人和送货司机的消耗这么大，他们很快将无人可雇。[27]

针对人力资源短缺的问题，科技公司既没有缴纳更多的税款，也没有让公司的临时工加入员工保险计划中。相反，他们只是采取了试探性措施，试图开发自己的保险和医疗保健计划。贝索斯最近也推出了亚马逊医疗（Amazon Care）——属于"帝国"自己的"远程医疗"系统。

七、人力和利润

互联网巨头们同样需要高技能的远程工人，如电子商务人士、应用程序开发人员、在线营销人员和内容创建者等，但当前的主要瓶颈在于教育和培训。[28]世界上，在这些领域拥有高技能的人才并不多。科技公司也与世界各地的公共教育机构展开了合作，帮助开发合适的课程。正如索菲亚所发现的，这些公司也开始在云端创建自己的教育系统。这些教育系统包含了从课程到学习材料，再到测试和虚拟认证的所有一切。就像欧洲帝国的公共教育体系一样，这些系统不仅培养了经济所需的技能，它们还向学生灌输了对特定帝国的忠诚。

在竞相发展和吸引人力资本进入帝国的同时，互联网巨头们也越来越多地投资于其平台教育系统。然而，至少在目前，它们的教育系统还未提供一个替代品，来取代领土国家工业时代的教育系统。这是因为这些互联网巨头都认为学生已经具备读写能力和计算能力，并拥有高级的计算机技能。它们时常还认为学生们都能讲一口流利的英语——正是因为平台公司的这些预先假设，所以它们现在仍然依靠于传统教育。

进一步观察之后，我们会发现，按需平台教育系统还依赖于这类学生——他们在进入平台前，已经拥有了高级学习能力、分析思维能力和自我调节能力。[29]这些都是高等教育着重培养的技能。所以，对于这些平台经济中的高技能工人和企业家来说，虽然他们掌握的大部分实际职业技能都是后来从平台教育系统、网络社区和工作经验中获得的，但他们往往已经接受过传统大学的教育，而且在他们之中，还有一定比例的人拥有研究生学历。[30]

互联网帝国正在破坏工业社会建立和维护人力资本的机制。平台巨头们采取了试探性措施，试图建立能够取而代之的新机制。美国最大的平台公司纷纷对私人医疗保健和教育领域进行了投资。[31]但就算如此，它们的目的也只是为了在21世纪的大博弈中超越其竞争对手。就像俾斯麦为了不损害德国的经济竞争力而纵容童工一样，贝索斯也不可能在商业利益与人民发生冲突的时候选择保护人民——那不过是达到目的的一种手段而已。

福利国家出自一位坚定的保守派之手，但他只将人类的生命视作达到目的的工具。进入 20 世纪，随着社会民主主义者取代了保守派和自由意志主义者，这一福利被扩展为现在大家熟知的全民安全网。平台经济需要做出类似的政治转变，这样社会制度才能真正为人民带来保障。

结 语

为什么平台正在超越国家

互联网本应改变社会结构；本应去除市场守门人和中间商；[1]本应赋予个人和社区权力，创造一个"公平的竞争环境"，让"每个人都能获得同等的信息"。[2]它本应淘汰掉在我们身边建立了人为边界和档案资料的中央权威。[3]它本应由"道德"来管理，而不是由"为秩序而建成的系统"来管理。[4]它本应推翻专制者，摆脱自上而下的控制，促进个人自由。[5]这些都是互联网先知和技术专家给予我们的承诺，但他们兑现出的却与此不同。他们创造出了史上最强大的市场守门人。他们把互联网分割成封闭的领域，把我们载入他们的数据库。他们非但没能淘汰掉国家权威，反而变得与之不相上下。他们为什么这样做？这对我们的社会和经济意味着什么？我们又该如何应对？

一、背信弃义的原因

我们走到当前这一步，最直接的原因是：他们给出的关于"技术是实现全体解放的工具"的言论，自始至终都是一场骗局。亚马逊在20世纪90年代雇用的第二名员工表示："杰夫·贝索斯很擅长让人觉得他是在袒露自己的灵魂，让人觉得他是在告诉你事情的原貌……但事实上这仍然是他重大计划的一部分。"[6]蒂姆·梅（Tim May）是加密无政府主义运动的创始人，这场运动促进了比特币的诞生，他在1994年写给追随者的信中表示："加密无政府状态只能为抓住机会的人带来成功……剩下95%的人对此一窍不通，他们会因此受难，这还只是往轻了讲。"[7]彼得·蒂尔（Peter Thiel）是 PayPal 的创始人以及 Facebook 的投资人，他在 2014 接受《华尔街日报》采访时坦言："只有失败者才需要竞争。"从这个角度看，数字革命真正的目的自始至终都是统治和剥夺人权。

虽然听上去令人信服，但认为人们违背了互联网早期的承诺——这种"坏人"理论太过片面，并不能揭示故事的全貌。不过，倘若事实如此，那么在抵达"理想之园"之前，我们需要的将是道德觉悟更高的技术专家，只有他们才能坚守信仰，抵制诱惑，不会背叛我们。许多早期的网络自由主义者，如约翰·巴洛和皮埃尔·奥米迪亚，也对道德问题做了深入思考。他们满怀真诚，渴望改善人类的境况。察塔罗斯和卡拉曼拉基斯等企业家，在挣钱的同时，也确实希望为改造世界出一份力。他们的计划之所以没能像最初设想的那般实现，并不是因为他们背信弃义，而是因为，即使在互联网上，技术专家们也不是全能的。有些社会和经济力量超出了他们的管控能力，这些力量影响着制度的可行性。

从本书的第一部分，我们可以看到，从 20 世纪 80 年代起到现今，电子商务制度结构的改变主要受到了四大力量的影响：第一，维持社会秩序的挑战；第二，规模问题；第三，范围经济；第四，计划的诱惑。让我们来审视一下这些力量，看看它们如何把我们引向现在的境地。

1. 维持社会秩序的挑战

巴洛等网络自由主义者并未充分认识到解决互联网经济问题

的难度。我们可以看到，交易者依然需要想办法克服交易问题，即如何避免上当受骗。[8]管理者依然需要克服委托代理问题，即如何确保工人真正把时间花在他们该做的事情上，[9]工人们也需要得到保证，能够真正得到自己的报酬。只有当交易不会因为搜索成本——为寻找合适的匹配所花费的成本和努力——而变得不实惠时，交易才会产生。

互联网并未改变这些存在的基本问题。带宽的数量再多，也无法确保网络另一端的人会真心待人。只有当这些社会秩序的问题真正得到解决，交易才有可能发生。虽然如今的技术专家和互联网先知们对此后知后觉，但早期市场创立者所面临的挑战，现在同样也摆在了他们的面前。

2. 规模问题

巴洛和奥米迪亚等空想家认为，借助互联网，人们可以采用新的方式，解决任何社会秩序的问题——这种创新方式完全依赖于个人和社区的自我执行力。[10]但我们看到，让参与者自己执行规则（或称"非正式制度"），这是一种非常陈旧的观念。[11]同过去一样，这样的规则只能维持一定规模的秩序。一旦社区发展成繁荣的城镇，非正式的秩序就会土崩瓦解。技术不断更迭，人却恒久不变。

最终，空想家们制定了正式制度，并在必要时强制执行它们，如此才创造出了经济繁荣的特大虚拟城市。[12]换句话说，他们创造了正式制度——由第三方权威机构执行的规则，并自己承担起一直试图废除的强制性权威的角色。[13]连毒品市场"丝绸之路"的创始人——自由意志主义者罗斯·乌布利希也最终发现，只有诉诸强制手段，他才能维护好自己的市场。[14]

部分先驱者拒绝改变这一方式。在当今的数字经济里，非正式的合作依然小范围存在着。但与数百万人的市场相比，小团体内部交易所产生的收益依然有限。因此，同其他地方一样，现在互联网上的大多数交易都依赖于正式制度，虽然人们的愿景恰恰相反。

3. 范围经济

互联网的正式制度最初是彼此脱节的。你若想雇用远程承包商，就需要在"新闻组"的"百货·工作·合同"小组发布一个空缺职位。找到承包商之后，你可以使用跟踪考勤或其他远程监控工具，来解决委托代理问题。[15]如果雇佣关系出现问题，双方可以寻求独立的在线纠纷解决服务的帮助，比如"网上仲裁"（Virtual Magistrate）。[16]为了保证承包商得到报酬，在工作交付之前，客户可以将资金提前存入独立的托管服务中，比如Escrow.com。这些为劳动合同提供保障的制度全都由不同的组织实施。从这个意义上说，互联网早期的制度框架是分散的，并未有人对其统一管理。

但我们可以看到，察塔罗斯和卡拉曼拉基斯等技术专家，最终将所有这些有助于贸易产生的制度融合在一起，形成了一个综合平台。[17]显著的范围经济也由此产生。"评判员"若是能直接访问当事人的原始交易记录（甚至是对话记录），争端解决就更加容易实现。[18]管理员若是能全面调查可疑用户的活动，欺诈预防就更加容易实现。如果存在可供验证的交易记录，匹配就会变得更加精准。如果每个用户都拥有一个永久性标识，管理操作就会更加容易执行。[19]对于用户而言，采用能够提供全套制度的服务，也能使交易更加轻松省力地完成。

平台对制度的整合与欧洲民族国家最初出现的方式相似。在中世纪的欧洲，各种制度构成的互动关系错综复杂。封建统治者最关心的是如何维护其土地，以及耕种土地的农民的财产权。民间纠纷通常由农民自行组织集会裁决，市场、产业以及职业培训由半自治的集镇和公会管理，[20]所谓的高等教育和社会保障则由天主教会提供。国家只是君主的个人财产。重要的制度之间往往存在冲突。[21]

领土民族国家——其政府掌握着各项关键制度，形成一套严格的等级体系——其实是近代出现的一个新型概念。[22]它出现于18和19世纪的欧洲。由于当时欧洲纷争不断，战争便成了领土民族国家产生的一个推动力。中世纪时期的各地领主、主教和掌控者都存有异心，他们形如散沙，难以号召，而相比之下，范围经济可以帮助中央集权的政府更加高效地为战争调集人员和弹药。[23]中央集权的国家最终战胜了制度更为分散的王国。与此类似，互联网也不是由分散的服务器构成的，而是由中央集权的平台构成的，尽管有人预测网络社会将不再需要守门员。

4. 计划的诱惑

我们可以看到，通过整合制度，平台发挥了基础设施的作用，互联网用户可以在上面买卖和工作，并进行他们想要的任何互动。用户们愿意支持创新和实验，因为人们总能想出使用平台的新方法。苹果和谷歌推出应用程序商店之后，开发者可以更加容易和安全地推销其发明，手机应用的种类和质量由此迎来爆炸式增长。[24]与此类似，在近代欧洲的早期，随着国家和集镇建立起开放的制度基础设施，贸易和创新也实现了成倍增长。经济史学家称这样的制度为"广义制度"。[25]互联网学者则提出了"生成性制度"这个术语。[26]

然而，各国政府并不满足，他们不想只是充当被动的基础设施提供者。于是，他们开始生成和分析有关国家和人民的统计信息和数据。每个公民被赋予合法身份，并被载入行政档案。[27]这些数据被用来制定政策，以优化经济，解决社会问题，让国家朝着有利于政府的方向发展，最终在与其他欧洲国家的竞争中脱颖而出。[28]与此相似，数字平台公司也发现，他们可以将每个用户载入数据库，收集他们的数据，并从中获益。他们可以利用这些数据来发现问题、优化服务、引导发展，最终在与其他平台公司的竞争中脱颖而出。[29]

在苏联时期，政府利用数据来引导经济发展的做法达到了高潮。苏联的国家制度不再起到基础设施的作用，无法让人们优先完成自己的事务，它已经变成国家将优先事务置于人民之前的工具。与此类似，随着时间的推移，平台公司开始由开放市场的提供者，转变成管理市场的参与者。eBay和亚马逊现在开始通过绩效指标和配额对商家进行微观管理，优步则通过算法来确定特定时刻的优先方案，并催促平台的司机执行。大型平台现在都做着一定程度的算法匹配和优先级排序。[30]

苏联的计划最终彻底失控，因为缺乏数据和计算能力，无法管理日益复杂的消费经济。不过，硅谷掌握着更多的数据，计算能力也更加突出，而且还在全面探索，想要更上一层楼。纯粹的基础设施平台只会让用户自己做决定和犯错误，"人工智能"平台则可以代表用户做出选择,相比之下,后者似乎更具优势。[31]虽然人们的愿景是互联网能赋予其权利,但竞争的力量却将它一步步推向了计划。

二、为什么平台正在超越国家

现代性的制度尽管还存在重大缺陷,但它们却是几千年来制度创新、实验和竞争的产物。互联网先知和技术专家为自己设定的任务——促进大规模市场的交易——在许多方面与现代国家的行政管理的演变并无二致。于是,技术专家们只能采取同样的解决方案:集中实施大量互补的正式制度,将其作为基础设施,同时从计划中寻求效率。曾经促使国家崛起的力量现在也促进了平台的崛起。巴洛设想了一种非正式的、分散的、非强制性的大规模的社会秩序,这种设想并不缺乏试验,但在残酷的人性面前这根本无法实现。与其说是"坏人"背信弃义,导致这种愿景无法实现,倒不如说是这种愿景本身就过于单纯。[32]

因此,在某种意义上,现在许多所谓的科技公司所做的只是遵循传统的治国之道。硅谷的技术专家对经济进行了改造,但他们其实只是通过不断摸索,重新发现了许多国家早已知晓的东西。他们没有彻底改变社会秩序,只是用计算机代码和客户服务代理重新实现了它。大数据就是统计,区块链就是抽签。[33]算法决策也只是官僚主义的另一种说法而已。[34]在经历了15年的"快速崛起和强势突破"后,马克·扎克伯格(Mark Zuckerberg)也注意到,Facebook最终变得"更像一个政府,而非一家传统公司"[35]。

反过来也同样如此:国家传统上所做的事情在某种意义上只是技术。世界上最早的数据库是古代美索不达米亚帝国的税收和行政记录。[36] 为了管理私有财产，古代帝国开发了道路、地图、邮政网络、算盘、实物认证标志和密码学等技术。[37] 近现代，国家为了满足需求，推动了计算机、互联网和全球定位系统的发展。[38] 大多数的治国之道都是信息处理和通信的不同形式，所以说，信息和通信技术才是国家的基础。

科技公司若只是重新发现了政府一直在做的事情，那么为什么它们今天还能崛起呢？为什么它们在部分领域似乎超越了国家？为什么电子商务平台解决的纠纷数量会比全世界的法院系统还要多？为什么增长最快的劳动力市场是由硅谷的公司监管的？为什么现在许多城市的个人交通服务都由优步和 Lyft 提供？

一个答案是，在 21 世纪之交，许多政府突然决定，它们不愿意再充当社会的中央信息处理中心。[39] 英国、澳大利亚和许多国家几乎将所有的政府信息技术功能都外包给了技术承包商。于是，数据库、算法、网络以及维护和开发这些技术的技能都从国家中剥离出来。国家从一个技术管理者变成一个外部供应商和云服务提供商的"租户"。[40]

与此同时，平台公司却反其道而行之。随着业务的扩大，亚马逊将以前的外包系统纳入公司内部，它在队伍中增加了越来越多的软件开发人员和系统管理人员。它使用信息技术来管理用户和事务，并在实践中变得愈加纯熟。其他平台公司也采取了类似的行动。

后来，随着公民和小企业大量加入互联网，平台公司自然开始寻人来为这个新领域提供秩序，从而释放其交易的全部潜力。现在被掏空的国家已经无法实现该目标。甚至对于一些基本事项，比如让人们在网上提供身份证明，大多数政府如今也无力实现。

亚马逊、苹果、Facebook、谷歌和其他科技公司迅速介入，填补了这一空白。人们从无正规组织的网络荒野（骗子和罪犯在那里肆意横行）涌向相对安全的平台。数以百万计的人将自己置于技术人员的保护之下，成就了一番事业。所以说，大多数数字巨头并不是通过占领城市，而是通过建立城市实现了崛起。

但政府的退出只是数字平台今天崛起的部分原因。另一个原因是，平台公司能够以民主国家无法做到的方式寻找捷径。平台的规则执行和纠纷解决之所以快速有效，部分原因在于它们没有义务确保程序的公平性。与国家撤销出租车执照相比，优步可以用更少的证据和正当程序来撤销司机。苹果公司的管理人员，可以在符合公司利益的情况下，选择性地执行苹果应用程序商店的规则。[41]如果客户能促进 Mechanical Turk 的经济增长，那么亚马逊也可以让剥削数字计件工人的客户逃脱惩罚。[42]

平台在经济制度方面十分现代化，但在政治制度方面——包括个人权利——它们仍处于黑暗时代。这也使平台能够以低成本的制度框架与国家制度进行竞争，这些制度框架往往将私利（而非公平和尊严）置于首位。

在本章的后续部分，我还会重新探讨一下平台的政治制度和缺乏问责制的问题。不过，我们必须先探讨一下如今平台崛起的另一个更深层次的原因，这也可能是最重要的原因：尽管平台和国家在制度上十分相似，但两者却有一个关键区别——管辖权的形式。国家的管辖权主要在于领土：一个国家的规则适用于其控制的地球表面特定区域内的所有活动，并适用于该区域上方约 100 千米的范围，具体情况取决于具体的国家。[43]国际法对国家的其中一个定义就是对领土的控制权。相比之下，平台的管辖权是个人的：它的规则适用于任何注册并服从其权威的人——无论他们来自世界的哪个地方。所以，就算平台所做的与传统的治国之道类似，但它们自己的治国之道却和领土无关——它们是没有地产的国家，是云中的帝国。

对此，一个重要的现实意义在于：平台上的交易完全可以跨国进行。根据 eBay 公布的数据，eBay 上超过 90% 的卖家都面向其他国家出口商品。[44] Upwork 上超过 90% 的合同签订都发生在不同国家的雇主和工人之间。[45] 亚马逊市场、苹果应用程序商店、谷歌应用程序商店、Mechanical Turk 以及许多其他平台也都具有很强的跨国性。这些平台不仅在与国家竞争领土市场的控制权，它们更在构建不受领土限制的全新市场。[46]

三、没有地产的国家

用巴洛的话说，相距遥远的两地会存在一种经济上的"电势差"。[47] 一个地方稀缺的技能和资源在其他地方往往十分丰富，所以远距离贸易可能带来潜在的巨大收益。然而，跨境贸易却是以领土民族国家为基础的世界秩序所不擅长的。国家提供了制度框架，促进了其领土管辖内的贸易，但在此过程中，跨境贸易也变得更加困难。各国的标准和法规不尽相同；当事人发现在外国法院将很难强制执行权利和合同；边境手续也会增加成本，造成延误。一个国家的制度越是复杂和发达，它与邻国制度在细节处的差异就越大。

即使两国签订了取消进口关税的贸易协定，这些所谓的非关税贸易壁垒也会给贸易带来障碍。例如美国和加拿大之间拥有陆地边界，这两个国家关系融洽且签订了长期的自由贸易协定。但一项研究发现，美加边境对贸易的抑制作用相当于在两国之间额外增加2 870千米的距离。[48]制度上的差异让加拿大人和美国人之间仿佛隔了一片汪洋。

在早期，边界并不那么重要，因为运输和通信成本才是长距离贸易的最大瓶颈。但随着运输和通信技术的改进，人为设定的制度边界就对贸易和就业构成了越来越大的障碍。据估计，如果没有边界，人类的国内生产总值可能会增加超过一倍——而这还可能只是这种变化会产生的较小的一个结果。[49]

数字平台并没有完全消除国家边界，但它们在某些方面确实超越了国家边界。它们利用互联网创造了跨国的制度环境——没有地产的国家，来自不同国家的人们可以在此相互从事商业活动，仿佛没有国界将他们分开一样。这可能会成为平台最具变革性的影响。

但需要承认的是，平台绝不是私人建立的第一个跨国的制度环境。早在15世纪，西方的知识分子就通过书信构建了一个形而上的"书信共和国"。[50]与巴洛的网络社会一样，这个"书信共和国"需要依靠非正式规范来促进合作。在18世纪末，"书信共和国"分崩离析，不过当时它的成员已达到了数万人之多。

一个更近的类比是1919年在巴黎成立的国际商会（ICC），这是一个跨国的会员制组织，为从事跨境业务的企业提供服务。除了对政府进行游说外，它还会为跨境贸易制定交易规则，并通过其国际仲裁法庭（International Court of Arbitration）解决交易中出现的争端。然而，会员资格每年需要花费数千美元，而仲裁案件的最低费用中，仅行政费就要大约5 000美元，更不用说仲裁员的费用和开支了。[51]所以现实情况是，世界上绝大多数的企业和独立承包商都无法获得国际商会的帮助。

在数字平台之外，如今的跨境业务都由大公司主导。在2003年，德国前5%的出口商占据了全国81%的出口。[52]法国前5%的出口商占据了国家88%的出口。在秘鲁，这个数字更是达到了91%。大公司拥有克服边界效应的资源，这让它们能够垄断利润丰厚的远距离贸易。eBay的情况与之形成了鲜明的对比。2012年，eBay平台上前5%的德国出口商只占德国出口总额的54%。[53]法国主要出口商的出口占比不到35%。秘鲁主要出口商的占比则只有16%。在eBay上，成千上万家小企业都在进行着跨境贸易。

在eBay以外，大多数出口商只会将商品出口到一两个国家，而在eBay上，他们会将商品出口到数十个国家。eBay平台上的出口目的地，不是取决于卖家运用外国制度达成分销协议的能力，而是取决于世界各地的消费者对其产品的兴趣。一项研究估计，eBay将距离对贸易的影响降低了65%。[54]研究人员（其中一人还为eBay的承包商工作过）认为，这是由于eBay平台能够降低搜索成本，克服语言障碍，并加强远距离双方之间的合作。

然而，更宽松的市场准入也意味着更广阔的竞争范围。贸易的红利会在更广泛的卖家之间分配，但由于世界各地的卖家都在相互压价，所以红利最终也可能被买家所攫取。Upwork的政策制定者在其领域周围建起了一道虚拟边界，并制定了严格的移民管控，这能防止工人的收入下降至他们自以为能接受的水平。[55]其他平台也采取了类似的政策。不过，虽然这些虚拟边界有助于平衡供需，但它们再次给领土边界以内和以外的人带来了不平等。

在数字商品市场中，制造和运输成本不会对增长产生抑制作用，数字平台可能会产生另一种奇怪的分配结果：一个大型平台可以让一家拥有单一优秀产品的公司成为数字巨星,满足绝大部分的全球需求。[56]例如在 2016 年针对全球移动应用程序市场的一项研究发现,名为"Supercell"的一家企业销售了大量的应用程序,这让其市场份额超过了样本中的大多数国家。[57]可见,即使是一个小小的企业也可能成为数字巨星,就像亚马逊上自费出版的书籍偶尔也会变成闪亮之星一样。但数字巨星效应变化无常,一旦市场上出现更多诱人的产品,这种效应就会立即消失。2020 年,Supercell 的收入较其高峰期下降了 40%。

跨国贸易的社会和经济影响错综复杂。一般来说,贸易虽然能够创造价值,但它也能以令人惊讶的方式对价值进行再分配,在创造赢家的同时,也带来输家。但无论如何,从制度的角度来看,数字平台最具变革性的特点之一在于,它能在我们的领土边界之外创造新的非领土市场,而这也是如今这么多人和企业依赖它们的重要原因。

四、建立数字单一市场

为了强调数字平台成功创造开放的领土市场的重要意义,接下来,不妨让我们来看看国家是如何艰难地完成这一任务的。

欧盟是一个由 27 个独立国家组成的政治和经济联盟,成立目的是将各国经济联系起来,防止另一场"战争"的发生。欧盟是世界上最早使用互联网的地区之一,到 2007 年,欧盟内部成员国的大多数家庭都能接入互联网。[58]1/3 的欧洲人通过互联网购物,而且这个比例还在快速增长。[59]然而,欧洲只有 1/16 的人通过互联网从其他欧盟国家购物,这一比例并未再增加。欧盟的数字经济实际上是一片"群岛",由 27 个互不相连的国家市场组成,这一事实明显有违欧盟成立的初衷。

跨境贸易的缺乏并不是因为缺乏消费者需求。欧盟委员会的一项研究发现，目前可被搜索的在线商品中，至少有一半可以从欧盟的另一个国家中找到更便宜的报价，这还是在扣除了运输和处理费用之后。[60]此外，很多热门产品甚至无法在当地的网上商店买到。人们希望通过互联网来获得这些更广泛的机会。

真正的问题在于，每当有欧洲消费者试图跨越欧盟内部边界下单时，事情就会变得困难起来。很多情况是因为卖家没能提供合适的支付手段。欧盟内部不同的地区支持不同的在线支付方式，对卖家来说，支持所有这些支付方式成本极高。另外一些情况则是因为卖家拒绝为来自其他成员国的买家提供服务。不同的国家有不同的消费者保护规则，有不同的增值税制度和不同的申报要求，遵守27种不同的制度对许多小企业来说负担太大。虽然大多数欧盟零售商都通过互联网进行销售，但只有21%的零售商愿意将产品卖给其他成员国。[61]

数字产品也面临着同样的阻碍。Introversion Software是一家独立游戏工作室，总部位于风景如画的英国泰晤士河畔的沃尔顿镇。该工作室由三个朋友创立，曾制作过两款广受好评的电脑游戏，这些游戏在英国各地的零售店都有售卖。几个人想利用他们的网站将游戏销售到其他国家，毕竟，互联网应该是跨越国界发行数字游戏的最理想的媒介。当时是21世纪初，英国还是欧盟的一部分，对网上销售并未征收关税。

然而，Introversion Software的团队成员发现，要正确处理欧盟和其他国家不同的增值税规则、支付方式以及其他一些跨境差异，他们需要花费数月的开发时间和大量资金来建立他们的数字分销系统。像他们这样规模的企业大多无法承担这样的投资，但Introversion Software 公司非常幸运：他们获得了英国政府的出口援助拨款，为项目筹得了资金，于是工作顺利展开。[62]

同时，欧盟的数字经济因为领土而变得四分五裂，这让欧盟委员会感到十分尴尬，于是它们决定对其进行修补。2008 年，欧盟委员会主席若泽·曼努埃尔·巴罗佐（José Manuel Barroso）宣布："下一届委员会将致力于……解决建立真正的数字单一市场的主要障碍。"[63] 委员会的目标是确保网上的商家能够基于同一套规则（或基于同一个平台），在欧洲范围内提供商品和服务。

但创建这样一个平台的进展十分缓慢。欧盟委员会相当于欧盟的联邦政府，只是权力更加薄弱：立法提案需要得到成员国和欧洲议会（European Parliament）的批准，但成员国和不同的利益集团对如何协调消费者权利、税收、数据保护和版权的问题，以及哪些机构应负责实施的问题还存在分歧。因此，当巴罗佐的欧盟委员会主席任期结束时，他的继任者让－克洛德·容克（Jean-Claude Juncker）不得不承认，数字单一市场仍然无法存在，"棘手的监管和政策问题"依然存在。[64]

Introversion Software 的这些朋友们最终完成了他们的多国数字分销系统。然而，公司的销售额并未如愿得到提升。Introversion Software 的在线商店与大家熟悉的互联网贸易差距甚大，除了公司自身的粉丝以外，访问网站的用户寥寥无几。但维护这样一个系统的成本极高。为了运营下去，它需要抵御网络攻击，同时需要就其所覆盖的国家的相关法规的变化不断地做出更新。

几个月后，Introversion Software 与 Steam 完成了签约。后者是一个新的在线市场，开发商可以通过 Steam 平台直接向游戏玩家出售电脑游戏。该平台由美国的 Valve 公司创建，在全球有 600 万名注册买家，并且还在迅速增长。它能够处理很多国际结算和管理上的复杂问题——这些问题以前都需要 Introversion Software 公司自己处理——并允许消费者自行选择语言进行购物。它还保护了 Introversion Software 的产品不受盗版软件的侵害，并为消费者提供了一个简单的方法：对无法在其电脑上使用的游戏软件进行退款。通过这些方式，Steam 平台大大降低了各方需要承担的风险和成本。于是，在没有额外投资的情况下，Introversion Software 公司的销售量一路飙升：短短三周时间，他们最新一款游戏在 Steam 平台的销量，就超过了之前九个月内其他所有销售渠道的销量总和。

如今，欧盟已经拥有了一个数字单一市场，但它的诞生地不是在布鲁塞尔，而是在硅谷。欧洲人可以在 Steam 上购买英国游戏，在亚马逊上挑选意大利鞋，在 Netflix 上观看法国电影，在 Upwork 上雇用塞尔维亚程序员。截至 2021 年 6 月，德国国内最畅销的 10 款苹果手机游戏中，芬兰、瑞典、法国、英国和土耳其制作的手机游戏占据了 8 个席位。欧洲人生产了理想的产品，尤其是数字产品，但它需要依靠美国科技公司来创建一个和谐的商业环境，这样他们才能将产品予以出售。

五、废除数字平台"独裁者"

数字平台在国家失败的方面获得了成功，为小企业的跨国贸易创造了跨国的制度基础设施，但它带来的结局就是让私人平台公司掌握了巨大的市场。在第六章中，根据亚马逊两个"合作伙伴"的评估，我们看到杰夫·贝索斯的亚马逊从"最佳意义上的民主和平等"转变成"以掠夺者的姿态对待成功的第三方卖家"。[65]在获得主导地位之后,亚马逊平台立即对聚集在其市场的出版商和商家展开了掠夺——而且亚马逊不是唯一一个有此行为的平台。与历史上专制者的惯常做法一样,平台巨头们最终也将其经济中的大量财富用于实现自己的目的。这就是平台经济的政治问题:科技公司保护了我们,但谁又能来保护我们免受科技公司的伤害呢?

在本书的第二部分,我们了解到平台用户试图解决这一政治问题——用脚投票、建立去中心化的替代方案、通过集体行动索求发言权。在本章的剩余部分,我将基于平台用户的这些经验,思考领土民族国家的政策制定者可以且应该采取什么措施,来解决平台巨头们的权力问题。社会和经济力量影响了互联网经济制度的发展,同样地,另外一些力量也对互联网政治产生了影响。不过,事实证明,与经济力量相比,分配政治权力的力量更加具有可塑性。

在分析数字平台的力量时,最常见的出发点是:从法律的角度上说,数字平台只不过是营利性公司。微观经济学理论认为,竞争本应该迫使公司善待客户。但目前看来,这似乎并未发生——平台依旧收取高额费用,并强加不公平的规则。于是该理论指出,竞争在某种程度上已经崩溃,应该由国家来恢复。若是这种解决方法的话,那么它对平台"独裁者"和政治制度的论述显然跑偏了,因为和其他公司一样,平台也是企业,而管理企业的方法只能通过竞争。[66]

国家恢复竞争的工具,是被称作竞争法或反垄断法的法律分支。讽刺的是,在平台贸易早期,学者们都认为像亚马逊这样的平台将减少人们对竞争法的依赖,因为它们会让卖家之间的竞争变得更加激烈。[67]在当时,平台公司本身会变得过于强大的想法并未引起足够的重视。

现代竞争法最早出现在镀金时代①,目的是打击像标准石油公司(Standard Oil Company)这样的工业垄断者。标准石油公司由约翰·洛克菲勒(John D. Rockefeller)等人于1870年创立,它利用掠夺性定价和其他策略将竞争对手赶出市场,最后主宰了美国的石油市场。自此之后,它开始对客户强取豪夺。而为了恢复竞争,美国政府制定了法律,对滥用职权的垄断者进行了拆分。1911年,标准石油公司被拆分成了34家相互竞争的小公司。

法律学者莉娜·卡恩(Lina Khan)认为,类似的干预措施现在也能用来解决我们与平台公司之间的问题。[68]毕竟,与之前的标准石油公司一样,现在许多的平台公司也占据了各自市场的主导地位。根据一项统计,2019年亚马逊在美国的市场份额是紧随其后的十大电子商务网站总和的两倍。[69]从竞争法的角度看,最直接的解决办法是将巨头们拆分为成规模更小的公司。乔·拜登(Joe Biden)总统最近任命卡恩作为联邦贸易委员会(Federal Trade Commission)的主席,该委员会是负责反垄断执法的政府机构。相信贝索斯和其他平台巨头很快就会收到她的消息。

六、正在失效的规则市场

平台与国家存在相似之处,因此,竞争作为治理平台的手段

---

① 镀金时代(Gilded Age)大概指美国1870—1900年这段时期,"镀金时代"一词出自马克·吐温的同名小说《镀金时代》。——译者注

也存在一定的复杂性。平台的产品不是石油这样的商品，而是一种制度基础设施——一套规则。与石油市场不同，在规则市场上，巨大的市场份额是供应商自身吸引力的重要组成部分。这是因为拥有更多成员的基础设施往往对每个成员更具价值，它让成员能够接触到更多潜在的交易对象。[70] 创业者涌向美国的部分原因是看重美国国内市场的巨大规模，而在线商家纷纷涌向亚马逊也是出于同样的原因。因此，将一个平台拆解成几个类似（但规模更小）的平台，不但会削弱平台的市场力量，更会降低平台对人们的价值；而且，由于拆分不能消除最初导致集中化的网络效应，所以市场最终还是会回到近乎垄断的状态。

虽然如此，但并不是所有平台的市场集中都可以归结为网络效应。比如，亚马逊很可能是利用掠夺性定价来攫取部分市场份额的。[71] Facebook 则是在其潜在对手 WhatsApp 和 Instagram 威胁到其主导地位之前，就对其进行了收购。由于各种各样的因素，比如用户需求的多样化，平台市场不需要向某个单一垄断者倾斜；除非反竞争行为阻止了这一情况的发生，不然，市场完全可以提供足够的空间，让多个大型平台并行存在。

事实上，在当今的许多市场中，都至少存在两个主要平台，比如苹果的 iOS 系统和谷歌的安卓系统、优步和 Lyft、Upwork 和 Fiverr 等。然而，即使存在这样的选择，市场也没能产生极其激烈的竞争。许多平台的专业用户仍然觉得被困于平台之中。一位承包商抱怨道："你不得不使用它们……因为你别无选择。"[72] 所以，造成这种局面的原因何在呢？

一个根本原因在于，不同制度框架之间的选择不是个人选择——那种发生在市场上的选择——而是集体选择。制度制约着人与人的互动。一个人在互动时，不能选择与他人不同的规则。人们可以选择离开整个社区，在另一个社区重新开始，但这也意味着他们需要放弃许多东西，而不仅仅只是一套"规则"。他们必须放弃自己的人脉、声誉、知名度、老顾客以及对当地文化的熟悉程度等。正如我们在第六章和第七章中看到的那样，由于这种剧烈的转换成本，规则市场往往缺乏流动性，很难对统治者的权力进行有效制约。[73]

而在拥有多个大型平台的市场中，许多专业用户本身就已经存在于所有平台。例如在第九章中，我们看到应用程序开发者通过苹果和谷歌的应用程序商店分销他们的应用程序。[74]这两个平台并不是以互相替代的方式与同一批客户互动，开发者也并非在这两个平台上竞争博弈。就像处于一个国家的两端，这两个平台上活跃的客户群体并未相互重叠，而是分别为了 iOS 用户和安卓用户。开发者必须同时存在于这两端，否则他们将失去一半的潜在收益。所以说，以竞争的方式来管理这些平台是行不通的。

在一些市场中，客户也采用了"多宿主"的方式，即同时使用多个平台。在这样的市场中，不同的平台真正成了卖家接触客户的替代方式。但这些替代方式都没有特别突出的。微观经济理论认为，为了维持垄断利润，寡头垄断者们往往会默默勾结。算法定价（比如优步和 Lyft 的做法）会增加这种默认勾结的可能性[75]：一个智能的算法若是看到竞争对手的算法会针对降薪（或涨薪）做出适时调整，那么它就不会通过降薪（或涨薪）这种方式来获得市场份额。[76]由此可见，竞争还是未能对这些平台形成牵制。

正是因为这些根本原因，规则市场在本质上就不如像石油这样的商品市场竞争激烈。但这并不是说，专业用户永远不会转换平台——他们确实会这么做。显然，他们这样做的程度还不足以让它真正成为一种治理形式。"丝绸之路"的船长"恐怖海盗罗伯茨"曾建议："如果你们不喜欢游戏规则……你们可以随时下船。"[77]而船一旦开离了港口，这还会是个选择吗？镀金时代提供的纵向拆分的办法——将巨头拆分成多个相互竞争的小企业——似乎也不能解决我们现今的问题。

然而，卡恩引入了镀金时代的另一种竞争法中所提到的办法：纵向拆分。标准石油公司不仅在石油生产方面表现活跃，在炼油和分销方面也同样如此。它利用自己在价值链中某一环节的力量，来伤害另一环节的竞争者，比如利用其石油管道来排挤同为竞争对手的石油生产商。为了防止这种情况发生，美国政府在横向和纵向上对这个巨头进行了拆分。政府将石油的生产、炼油和分销拆分成独立的企业，它们彼此间需要依据实力展开竞争。

同样地，一些主流平台公司不仅经营市场，还以卖家的身份参与到自己的市场。在第六章中，我们看到亚马逊和苹果利用自己对市场的控制，让竞争环境更有利于自家产品。[78]虽然我们认为平台公司是类似于国家的基础设施，但这并不意味着纵向拆分对它们起不了作用。相反，人们都希望，现代市场自由主义国家不要以竞争者的身份参与到它们自己监管的市场，因为这种竞争本质上就是不公平的。[79]所以，作为监管者的亚马逊必须以某种方式与作为商家的亚马逊分离开来，而其他的平台巨头也应受到类似的审查。从2019年开始，印度限制了亚马逊在自己市场上作为卖家的运营权力，印度商家对此大为称赞。[80]

虽然纵向拆分解决了平台巨头滥用权力的其中一种方式，但它并不能解决其他形式的权力滥用，例如高昂的费用[81]、对优惠商家进行的区别待遇[82]、不公平的规则或因疏忽而导致的恶劣的工作条件[83]。问题的根源依然存在：市场由身家超亿万美元的技术专家或董事会统治，这些人与平台上的个人和企业存在根本上的利益分歧。

七、重要的基础设施与创造性的无政府状态

卡恩认识到了竞争法作为管理平台手段的局限性，于是转向了20世纪初流行的另一种解决方法：把垄断企业作为公用事业来管理。公用事业监管可能是国家掌握的最强大的干预工具，它在许多方面与竞争法完全相反。公用事业监管并不是想要促进竞争，而是为了阻止竞争，获取集中管理的好处，并通过政府密切的监管和监督，使巨头的行为与人民的利益保持一致。

20世纪初的许多高科技公司，如铁路和电网公司，都与数字平台类似，因为它们本质上是基础设施，能够受益于网络效应和规模经济。[84]与平台一样，这些高科技公司最终往往会变成垄断者，会通过偏袒和收取高额费用来剥夺他们的客户。当时的政府意识到，对重要的基础设施强制施加竞争是徒劳的，甚至可能会适得其反，于是它们转而采用了公共事业监管这一解决方法。

在实践中，这意味着政府会制定法规，限制被视作公用事业的公司的费用，并要求这些公司平等地对待所有客户，此外还有一些其他的限制和要求。卡恩表示，在证明这些法规的合理性时，美国最高法院首席大法官写道："当私有财产被用于公共用途时，它就需要受到公共管制。"[85]卡恩认为，数字平台就是当今经济中的铁路和电网公司，同样的法规也可以运用在它们身上。

欧盟提出的新版《数字市场法案》就采用了一种非常类似的方法。[86]它将某些重要的平台指定为"守门人",并对它们提出新的要求。例如它要求"守门人"在对自家平台上的搜索结果进行排名时,要"采用公平和非歧视性的条款"——类似于旧时政府对公共事业的要求。平台被要求不能对搜索结果有所偏袒。

然而,由于数字平台的产品不是像交通或电力这样的商品,而是由平台自身复杂的规则和规章组成的制度框架,因此,采用公共事业监管方法来治理平台就又变得复杂起来。对于在相同条款下向每个客户提供电力这样的要求,我们可以直截了当地给出定义。而要求平台的规则和规章要符合人民利益,并公平地适用于每个人,这很难用法律术语明确表达出来。

例如在苹果市场上,所有人都必须支付"苹果税",但最近苹果公司免除了亚马逊的 Prime Video 应用程序的"苹果税",这让亚马逊在与 Netflix 等视频流媒体的竞争中斩获了巨大优势。苹果可能是因为需要贝索斯的帮助,才破例为亚马逊改变了规则。[87]但苹果公司却声称,它只是在遵循自己的政策——它有一个针对"合格的优质视频娱乐应用程序"的"既定计划",Prime Video 恰好符合这一条件,Netflix 却不符合。业内专家此前从未听说过这样的计划,不过要证明这是苹果公司偏袒行为的遮羞布也是十分困难的。

数字市场平台是一个非常复杂的基础设施,如果管理层想要偏袒或从参与者那里获取价值,他们总能想出一些手段来。对使用公平和非歧视性条款这一法律义务进行笼统规定,可能会导致源源不断的法庭纠纷,并可能促使平台管理者采用更加卑劣的方法来实现其目的。我觉得,想要真正有效地管理平台,公用事业法规就必须具体详细到能把平台管理者紧紧束缚，这样平台才能服从于政府的管理。[88]

事实上，现今许多复杂的公用事业都受到非常严密的监管，甚至被完全国有化，尤其是在欧洲地区。许多人（尤其是欧洲人）现在都在呼吁要将那些被视作重要公共基础设施的平台国有化。[89] 这是一个完全正当的政策立场，具有经济和道德两方面的理由。美国首席大法官认为，当一个人"将其财产投入与公众利益相关的用途时，他实际上就准许了公众从该用途中获益，因此他需要服从公众的控制，以实现公共利益"。[90]

由约翰·巴洛等人创立的互联网自由倡导组织"电子前沿基金会"反对利用政府法规将平台变成实际意义上的公共机构。[91] 但电子前沿基金会如今的处境略显尴尬。多年来，它一直通过游说的方式反对政府干预互联网，没想到却造成了今天的局面——数字空间被更加不负责任的大型公司所统治。

对于如何解决平台公司的权力问题，电子前沿基金会赞成的方案是回到旧互联网的辉煌时代。"在早期的互联网上，每个人用来通信的协议……都是开放的且可共同操作的。"[92] "新闻组"——被誉为世界上第一个社会媒体——就运行在多个相互竞争的服务提供商的服务器上，这些服务提供商通过标准协议进行通信。[93] 如果你不喜欢你的服务提供商，你可以轻松地切换到另一个，而且依然能与之前的朋友互动。

电子前沿基金会建议，政策制定者应将相同的可共同操作的特性引入当今的服务中——要求大型平台开放其数据库，并允许相互竞争的服务之间相互连接。欧盟提出的《数字市场法案》也包含了一些类似的条款。电子前沿基金会认为，如果用户可以很容易地在相互竞争的服务之间切换，那么竞争就会让平台巨头们屈服，我们也将再次回到旧互联网时代的创造性的无政府状态——无须政府更加严格地监管平台。

然而，正如我们在第一章中所看到的，"新闻组"市场的失败正是因为该网络是由许多供应商组成的无政府状态，他们中没有一个能在市场上执行秩序。人们放弃了这一杂乱无序的网络，转而在 eBay、亚马逊、Upwork 以及其他"平台国家"的高墙后寻求庇护。边界——让人们难以从一个管辖区跳转到另一个管辖区的事物——并不仅仅是一个漏洞，在某种程度上，它是现代国家和平台创造秩序的基本特征。[94] 没有边界的平台对竞争和创新是开放的，但对欺诈、诓骗和垃圾邮件也同样如此。

大型平台当然需要比现在更加开放，而且更加具备可共同操作的性质。但无论是它们开放的程度，还是它们作为提供秩序的制度功能，都依然面临着一些基本的限制。如果只是简单地说我们应该"回归"中心化平台出现之前的状态，那么这就像是在说我们应该回归现代国家存在之前的状态一样。它可以解决一些问题，但新的问题也会随之而来。虽然它散发着一种浪漫的吸引力，但它似乎也忽视了人们过去遭受的痛苦，尤其是对于那些并不是处于公共阶层顶端的人来说。

巴洛于 2018 年在旧金山去世，享年 70 岁。电子前沿基金会仍然想要回到巴洛设想的美丽的、有缺陷的、能够自我组织的互联网时代。它不甘心接受这样一种事实，即在互联网上，我们依然需要某种能够对公众负责的权威。电子前沿基金会的怀旧之情带来的麻烦，不仅在于它无法达到效果，更在于它会对正面解决政治问题的努力造成极大的伤害。虽然电子前沿基金会提出了用创新和竞争来取代公共问责制，但有时却为当权者——平台巨头、加密货币操纵者[95]，或在旧互联网时代呼风唤雨的协议工程师——提供了掩护。

事实果真如此：即使是由刺耳的调制解调器和单色终端组成的旧时互联网，也从来不是巴洛所说的那种"平等的无政府状态"。在某种程度上，旧时的互联网曾经达到过这种无政府状态，而它之所以能够达到这种状态，完全是因为协议工程师和系统管理员的努力，是他们在幕后根据自己的价值观和优先事项进行了协调决策。[96]正如巴洛自己承认的那样："在每一个有效的无政府状态中，都存在着一个由'老友们'建起的网络。"[97]

八、平台民族主义还是平台合作主义

如果我们希望我们的制度基础设施具有真正的公共问责制，那么通过实际意义上的国有化进行严格监管似乎是迄今为止最可行的方法。不过问题在于：要如何将一个跨国平台国有化呢？亚马逊是58个国家中访问量最大的在线市场[98]，苹果的应用程序商店已在175个国家上线，Upwork的用户遍布180个国家，亚马逊Mechanical Turk的工人分布在190个国家。数字平台的吸引力很大程度上在于它们作为跨国制度基础设施的作用。可是要由哪个国家来实现这样平台的国有化呢？

从法律和实践的角度来看，最适合将平台国有化的国家是该公司总部所在的领土管辖内的国家。绝大多数大型平台公司的总部都位于美国和中国。一项研究表明，若按照公司估值排名，排在前五名的平台城市分别是旧金山、西雅图、北京、杭州和深圳。[99]只有15%的平台公司总部位于欧洲，仅占总市值的4%。唯一进入前十名的欧洲城市是德国的华尔多夫，它是企业软件巨头 SAP 的总部所在地。华尔多夫排名第七，位列东京之后。

换句话说，呼吁平台国有化的问题在于，进行国有化的国家可能不是你自己的国家。如果平台民族主义成为一种地缘政治趋势，那么欧洲人和世界其他大部分地区的人，可能很快就会发现，自己是在外国的网络土壤上进行着数字生活。美国等国家已经利用其对当地平台公司的现有影响力，将权力投射到其领土边界之外，有时甚至投射到了其法律边界之外。[100] 包括国有化在内的更严密的国家监管，将给这些政府提供更多的工具来实现这一点。

例如爱德华·斯诺登（Edward Snowden）的爆料表明，美国国家安全局——巴洛称之为"美国网络占领军"——已经利用美国平台巨头的数据来监视世界各地的人，包括其欧洲盟友。[101] 虽然美国的实体军事力量正在从世界的舞台退出，但它也在利用更直接的平台力量，继续向国外投射其意志。

欧洲希望通过加强对平台的控制，实现"数字主权"，但如果它最终引发一场走向平台民族主义的地缘政治竞争，那么结果必定适得其反。缺乏平台公司的欧洲人也许需要做出反向考虑：如何加强我们所依赖的平台，使其免受国家的影响。如果你无法控制你所依赖的基础设施，那么最好的结果就是让你的对立者也无法控制。

然而，这样的目标似乎与"让平台变得更加公开负责"的做法相违背。如何解决这个难题呢？

如果对控制重要基础设施享有合法利益的公众，不是这些特定民族国家的公众，而是使用基础设施的公众，是平台的实际用户，那么又会怎么样呢？公用事业监管依赖于这样一种观念，即国家能够准确地代表公用事业用户的利益。但事实上，没有任何一个地域政府能够真正代表一个地域数字平台用户的利益——只有部分用户属于某个特定政府的选民。正如数字劳工组织者米兰德观察到的那样："这并不足以引起政府中任何人的重视。"[102] 与其依赖政府来解决平台经济的政治问题，为什么不让用户自己动手解决呢？

事实上，许多学者和活动人士提议，用户应该展开合作建立自己的平台[103]，或者从风险资本家手中收购陷入困境的平台[104]。这样的平台可以进行民主管理，为其用户兼所有者谋求利益，从而一劳永逸地解决掉政治问题。事实上，几十个这样的平台合作社已经启动。2013 年，一个由用户成员持有的类似于 eBay 的平台——Fairmondo 在德国推出；2014 年，一个合作经营的自由职业市场——Loconomics 在旧金山成立；2015 年，斯坦福大学的研究人员推出了由工人管理的亚马逊 Mechanical Turk 的替代品——Daemo；2016 年，一个号称"优步杀手"，由司机享有股份的平台——Juno 在纽约推出。

和互操作性①支持者、区块链爱好者以及最近出现的所谓"Web3"②宣扬者不同的是，这些项目所设想的合作性的民主治理，并不是为了分散系统的管理权力，而是为了分散系统的立法权力。换句话说，它是与分配"规则制定"有关，而不是与分配"规则执行"有关。正如在现代国家中一样，只要我们确保制定系统规

---

① 互操作性（interoperability）又称"互用性"，指的是使用不同的计算机系统、网络、操作系统和应用程序一起工作并完成信息共享的能力。——译者注

② Web3 常被用来描述互联网潜在的下一阶段，一个运行于"区块链"技术之上的去中心化的互联网。——译者注

则的权力在人民之间分配,那么,当同一政府对各种互补制度进行整合之后,我们就能从正式制度的可扩展性以及范围经济中获益。这一般可以通过选举等政治制度实现。[105]

可惜的是,Daemo、Juno 和 Loconomics 已经不再运行,人们对 Fairmondo 的使用也少得可怜。虽然已经尝试了许多次,但依然没有任何合作性组织(或类似的尝试)能够对任何平台巨头的统治发起真正的挑战。如今,即使是一家资金充足的初创公司,也几乎不可能在竞争中击败平台巨头。[106] 对于一个无法筹集到数亿美元风险资金的合作性组织来说,这一成就更是难上加难。满足于在边缘运作的合作性组织,可能可以为少数人提供更好的生计和生活方式,而对于大众而言,主流平台显然还是当前和在可预见的未来里人们首选的基础设施。

在这种情况下,这些主流平台的用户能否承担起管理平台的角色呢?从本质上讲,这就是米兰德及其同事在第八章中提出的建议——用户在道德上有权利参与制定管理他们的规则。[107] 毕竟,与国家一样,数字平台被视作具有公共基础设施作用的制度框架。而且和国家一样,人们很难退出这些数字平台[108] —— 但人们并不是不能退出它们,就像他们并不是不能退出国家一样。不过,虽然每年有成千上万的人成为避难者,但我们认为,通过让人们用脚投票使政府承担责任,并不是一种有效的方式。当人们不能轻易离开一个制度时,我们通常会认为,他们在制度中应该享有发言权。而情况也确实如此,现在他们常常在索求自己在体制内的发言权。[109]

九、中产阶级革命

那么从平台专制转变到平台民主的方式会是什么样的呢？在前现代的欧洲，相应的转变以不同的方式发生过多次，一个突出的模式是所谓的中产阶级革命。在中世纪时期，欧洲的市场急剧扩张。得益于封建领主的帮助，他们在自己的城镇里建立了天平和铸币厂，执行商业合同，并保护商人免受强盗的侵害。领主们这样做完全是出于私心——为自己吸引供应商并增加税收。但是，不断扩大的市场机会也使商人和手工业者的数量成倍增加，他们的财富也随之快速累积。久而久之，这些商人和手工业者在贫困的农民和强大的领主之间，形成了一个新的社会阶层，被称为"市民"。[110]

农民反抗领主的尝试通常以失败或更糟的方式结束。[111] 市民拥有丰富的资源，他们逐渐开始有能力反抗领主的权力。市民们做了各种各样的事情，将他们的资源转化为政治权力：他们互相通信，使国家的事务变得透明；他们加入行会和兄弟会，让彼此可以为了共同目标而行事；他们实行多数决策，选举个人代表群体，实现合法而高效的领导；他们还招募了强大的盟友，如主教、君主和雇佣兵等。有了这样的政治制度，市民对城市管理的影响变得越来越大——有时甚至完全从封建领主那里夺走了控制权。于是，自治的城邦和独立的商人共和国被建立起来——这是今天的民主民族国家的前身。[112]

在数字平台中，通过一些创造性的身份说明，我们似乎也能看到类似的变革动力。在平台经济中至少存在四个社会阶层。高高在上的贵族们一如既往地"虐待"他们的臣民。处于底层的庸人——

我们这些消费者——缺乏应对的意识。虽然卑微的劳动者们（审核员、抄写员、数据标签员、虚拟助理以及其他维持平台运行的劳动者）已经开始提出要求，但他们缺乏实现这些要求的资源。[113]

在劳动者之上、贵族之下的群体，是平台经济的新市民阶层——成功的应用开发者、在线商人、自由职业者、流媒体、网络名流、OnlyFans①模特以及数字时代的其他各种商人和手工艺者。数字市场为这些市民赢得了资源，市民也借此开始反击平台贵族的权力，而且其中一些人已经采取了行动。

平台市民创造了一些类似于中世纪市民的非正式制度。例如由于商业和文化的原因，它们彼此往往有一定的组织和网络：在线商人会在论坛上讨论交易的技巧，应用程序开发人员会参加有关最新技术的研讨会，流媒体人和自由职业者会在社交媒体上联网并进行合作。这些团体的成立不是为了政治目的，却可以用于政治目的。

另外，还有一种新兴的平台新闻报道，可以让数字中产阶级随时了解平台上的政治动向。例如马萨诸塞州的伊娜·斯坦纳（Ina Steiner）和大卫·斯坦纳（David Steiner）夫妇曾是 eBay 的兼职卖家[114]，他们创建了一个名为 EcommerBytes 的网站，希望借此与其他在线商家分享技巧。这个网站一炮而红，伊娜·斯坦纳开始全职撰写故事，报道亚马逊、eBay 和 Etsy 等电子商务市场的领导者的动向，许多想了解这些平台的政策和未来计划的商人以及营销人员会阅读她撰写的报道。

---

① OnlyFans 是美国一款私人社交软件，大量的明星和演员通过该平台与粉丝互动。——译者注

借此，我们能在平台经济中看到权力变革动力和非正式政治制度的雏形，它们与中世纪欧洲的许多地区的情况类似。在欧洲，这些情况引发了一场渐进的中产阶级革命，权力从贵族转移到新中产阶级手中。在第九章中，我们就看到了当今最强大的平台贵族之一向数字中产阶级让步的例子。

然而，平台贵族们并没有坐以待毙。就像他们在前现代的老一辈一样，他们对越来越多的审查和抵制进行了反击。在2018年和2019年，EcommerceBytes发表了几篇令eBay领导层感到难堪的文章——《eBay缺少工程师来解决恼人的运输问题》《eBay针对卖家漫天要价》《随着新年的到来，卖家的成本也随之增加》。压倒这些贵族们的最后一根稻草，是一篇来自伊娜·斯坦纳的报道。报道透露，eBay当时的首席执行官德文·维尼格（Devin Wenig）的工资是eBay员工平均工资的152倍。eBay的通信主管给韦尼格发去短信："我们必须让这位女士尝尝苦头。"[115]

一个由eBay员工和承包商组成的团队开始了一场让斯坦纳夫妇感到不安的活动。他们在网上对这对记者夫妇进行了跟踪和骚扰，并把一些东西寄往他们的家中，包括活昆虫、猪面具和葬礼花圈等物品。在被执法人员抓获之前，这些eBay暴徒甚至从加州飞到马萨诸塞州，意图闯进这对夫妇的车库，在他们的车上安装GPS追踪器。[116]虽然这次试图让著名的平台贵族批评者噤声的尝试失败了，但类似的行动很可能不是第一次发生。

平台贵族们现在还开始动员消费者，给予他们在政治斗争中的支持，[117]但数字工人和劳动者也获得了新的盟友。一些科技公司自己的员工（软件开发人员、研究人员、平台管理员、仓库工人等）开始反对他们领导人的政策。亚马逊、苹果和谷歌的员工在军事合作、内容审核、职场歧视和承包商的工作条件等问题上，公然违抗他们的领导人。在一些问题上，他们与平台的专业用户站在同一阵线。在现代早期的欧洲，不断增长的高薪公务员队伍最终与其他中产阶级站在了一起，共同反对统治者的专制主义。[118]

现在，一些数字平台的内部政治经济产生了内生力量，推动了问责制的进一步发展以及公众对其决策的参与。虽然没有任何历史规律表明这些力量能够获胜，或表明这些数字平台不可避免地会变成欧洲式的民主国家（事实远非如此），但这意味着，在考虑如何应对科技公司日益增多的滥用行为时，领土政策制定者面前还摆着另外一种政策选择：除了对数字平台进行拆分、监管和国有化，政策制定者还可以支持它们自己的民主化。[119]

十、制定数字宪法

支持数字平台的民主化，并不意味着要突然将平台的领导层统统革职，并将西方民主体制的外衣强加在它们身上。世界各国都经历过许多西方国家的这种民主化。在好的情况下，民主化支持者会永远支持这一空洞的制度，但它最终会带来依赖性，而不是民主；在坏的情况下，这一实验则会以混乱和破坏告终。

与其用武力将民主强加于平台，政策制定者更应该支持平台固有的原生民主制度。这意味着，政策制定者要为平台上的不同的社会阶层谋求利益，将他们团结起来，鼓励他们以集体的力量捍卫自身的利益来对抗平台贵族，并在过程中保护他们不受贵族的报复。此外，这也意味着，政策制定者要帮助他们在平台的政治经济的内部和外部结成联盟，结盟对象包括科技公司的员工、消费者、工会和商业协会等。最后，这也意味着政策制定者要帮助他们获得有关平台经济事务的信息，以及平台贵族们的相关动向。

欧盟新近推出的《商业平台（P2B）条例》（Platform-to-Business Regulation）在这方面采取了一些试探性措施。它之所以这样命名，是因为它规范了平台公司与商业用户的关系。商业用户被广泛定义为"任何具有商业或专业身份的个人……或任何通过在线平台向消费者提供商品或服务的公司"。[120] 该条例规定，在欧洲运营的平台公司需要就其政策和决定，向商业用户保持基本的透明度。例如平台需要至少提前15天通知商业用户任何计划性的规则变化；如果是重大的规则变化，提前通知的时间应该更早。15天的时间并不算长。相比之下，当国家修改法律时，在修正案生效前通常会有长达几个月甚至几年的通知期。不过，提前通知本身就是平台政治走向透明的第一步。

欧盟的条例还授权由商业用户组成的协会，代表其成员起诉平台公司。这可能起到至关重要的作用，因为它给商家、应用开发者、自由职业者和其他商业用户提供了一个新的激励机制，让他们能够组织形成正式的协会。虽然这些协会还未真正提起过诉讼——在法庭上成功对抗巨头仍然会是非常困难和缓慢的过程——但仅是将用户组织起来，并以集体的形式对抗平台，这就已经赋予他们（相对于独自对抗平台而言）更多的权力了。

而且从实践上讲，对于平台贵族来说，与用户的合法代表就公司政策展开谈判，这比与数百万个个人用户展开谈判要来得更加切实可行。出于这个原因，一家网络游戏公司要求其热门游戏平台的用户选举产生一个代表团体，公司定期与该代表团体举行会议，这一过程已经持续超过了十年。[121] 这些会议由平台公司的高层管理人员参加，详细的会议记录也会公布在网上。所以，市场平台的用户也可以推动类似的参与方式，作为他们行动的第一步。

除了用户组织方面，我们在平台管理方面也能找到一些原生的民主制度。平台的统治者一般通过下达命令来执行统治，他们会在符合自己利益的前提下发布临时指令。但所有平台也会发布一些书面规则，用于管理平台的活动。这些书面规则被称为"条款""行为准则"，或者像苹果的应用程序商店那样的"审核指南"。[122] 管理人员会选择性地使用这些规则，不过，对外公布的规则很少会包含所有有效的规则——尤其是这些算法所依据的规则。虽然它们决定着用户在搜索结果中的匹配和排名，但它们很少会被明确说明。事实虽然如此，但所有主流平台至少在某种程度上已经认识到，行政决策应该基于之前发布的规则。在政治学中，这一理念被称为"法治"。

法治可以与人治区别开来，人治可以被理解为当权者做出的任意的、临时的决策。当采取法治时，同样的规则适用于每个人。人们会事先知道哪些事情是被允许的，哪些事情是被禁止的。平台上的现状有点儿类似于现代早期的英国，当时，成文法律已经控制了经济的许多方面，但依旧随时可能被王室特权推翻。

欧盟《商业平台（P2B）条例》包含了好几条促进数字平台法治而非人治的条款。平台公司被要求公布一份用简单易懂的语言编写的条款文件——平台的"宪法"。平台不能在第三方商家的产品之上推广自己的产品，除非"宪法"中明确阐明了这样做的理由。平台还必须规定搜索结果排名的标准。同样地，管理人员对用户进行的任何封停或其他惩罚——无论是由人类或者计算机算法做出的——都必须以"宪法"作为依据。

此外，欧盟条例还试图推动平台的投诉处理程序向类似于司法审查的方向发展。例如商业用户经常在没有任何正当理由的情况下，或者仅仅只是因为他们与平台自家的产品或偏爱的合作伙伴竞争，被冻结账户，从而失去了谋生的饭碗。大多数主流平台都有一个程序，允许面临这种情况的用户进行投诉，但这些程序对投诉的处理往往过于武断，缺乏透明性，而且它们也很少会提供实际的援助。

欧盟的新条例还规定，大型平台公司需要为商业用户提供免费方便、合理快捷、"基于透明和平等对待原则"的投诉程序。商业用户可以利用这种司法审查，来挑战他们认为不符合宪法的行政决定。与实际的法院判决不同，这些判决不会对外公开，但平台需要公布相关的汇总统计数据。如果商业用户对这一审查结果仍不满意，他们还有权向高级法院提出申诉，要求外部仲裁。

前文提到，平台能够快速而低廉地执行国家式管理，原因之一是它们缺乏对基本权利的承诺。随着平台的服务条款被提升到类似宪法的地位，并配有司法审查，这些条款就可以发挥其作为基本权利来源的作用，限制平台统治者对其用户行使权力。法律学者尼古拉斯·苏索尔（Nicolas Suzor）将此概念称为"数字宪治主义"（Digital Constitutionalism）。[123]虽然，如今的用户拥有的宪法权利还十分有限，但在此框架下，扩大这些权利的机制已经变得十分清楚：修改服务条款。

所以，我们又回到了该由谁来制定平台规则的问题上。滥用者如果还是能够随意更改规则，那么透明、法治、司法审查和基本权利最多只能给受害者提供暂时的安慰。以史为鉴，我们的首要大事是：人民（尤其是中产阶级）需要被组织起来，结成联盟，以增强他们对抗贵族的权力。领土政策制定者、商业协会、工会和公民社会组织可以通过促进和保护平台用户的组织工作，使他们最终能坐下来与平台巨头进行规则的谈判。欧洲的中产阶级民主革命耗费了数个世纪才得以展开，但在数字经济中，制度的转型正以百倍的速度发生着。

十一、我们对创始人的感激之情

将一个股份制公司转变为一个拥有民主政府的公共机构，如果这个想法对你来说仍然十分荒唐，那么请考虑一下下面这一情况。弗吉尼亚州曾经是一家名为伦敦弗吉尼亚公司（Virginia Company of London）的股份制公司。它是由一位年轻的企业家于1606年在伦敦成立的，种子资金分别来自四位富人。创始人通过公开发行股票筹集了额外的资金，全英国有1 700名个人和机构投资者购买了该企业的股份。该商业计划的目标是在北美建立一座城镇，并从欧洲吸引手工艺者和商人来推动其经济发展。该公司的董事会在伦敦对该镇实施管理，像其他公司一样，它被寄予了为投资者带来利润的希望。然而，这样的治理安排并不能持久延续下去。如今，弗吉尼亚州成了一个民主联邦，是美利坚合众国的组成州之一。

在历史上，世界上几乎每个国家都曾是一些富人或一群人的个人财产。虽然我们总在评估他们中一些人的遗产，但我们也缅怀和尊重他们中的许多人，以及他们在公共制度的建设中所发挥的作用。不过，我们对他们怀有的，也只是纯粹的感激之情而已，这些创始人及其后代无论如何也不能再拥有或控制我们的公共制度。我相信，同样的情况也适用于我们的数字制度。

致 谢

本书的大部分内容是基于2015—2021年这段时期，我与我的学生，以及牛津互联网研究所（Oxford Internet Institute）博士后研究人员所进行的研究，尤其是基于与下列这些人的合作：格里塔·科罗萨尔（Gretta Corporaal）、伊希斯·希沃斯（Isis Hjorth）、奥托·凯西（Otto Kässi）、李素敏（Sumin Lee）、小冈底斯多·拉米佐（Godofredo Ramizo Jr.）、奥德赛斯·斯克拉沃尼斯（Odysseas Sclavounis）、法比安·斯蒂芬尼（Fabian Stephany）、斯维雅·温德韦尔（Svea Windwehr）和亚历克斯·伍德（Alex Wood）。此外，我也从与另外一些人的合作中得到帮助，他们包括：朱利安·阿尔伯特（Julian Albert）、海伦娜·巴纳德（Helena Barnard）、费边·布雷泽曼（Fabian Braesemann）、西亚恩·布鲁克（Siân Brooke）、胡·戴维斯（Huw Davies）、尼古拉斯·弗里德里奇（Nicolas Friederici）、马克·格雷厄姆（Mark Graham）、苏珊娜·克劳辛（Susanne Klausing）、劳拉·拉尔克（Laura Larke）、阿努什·马尔加里安（Anoush Margaryan）、尼古拉斯·马丁德尔（Nicholas Martindale）、保罗·梅齐尔（Paul Mezier）、黛西·奥甘博（Daisy Ogembo）、苏宾·帕克（Subin Park）和吉利·维丹（Gili Vidan）。对他们所有人，我表示衷心的感谢。

我也感谢所有阅读和评论过部分原稿并提议的人：道格拉斯·梅拉梅德（Douglas Melamed）、三宅舞（Mai Miyake）、史蒂芬·瓦拉斯（Steven Vallas）、奥托·凯西、亚历克斯·伍德、小冈底斯多·拉米佐、奥德赛斯·斯克拉沃尼斯、尼古拉斯·马丁德尔、法比安·斯蒂芬尼、斯维雅·温德韦尔、李素敏、朱利安·阿尔伯特、埃尔维斯·梅利亚（Elvis Melia）、米歇尔·芬克（Michèle Finck）、奥索·雷东维塔（Otso Lehdonvirta）、派瑞·雷东维塔（Pyry Lehdonvirta）、赫科·雷东维塔（Herkko Lehdonvirta）、雅娜·雷东维塔（Jaana Lehdonvirta）、安蒂·乌科宁（Antti Ukkonen）、阿莱克西·阿尔托（Aleksi Aalto）、雅库布·耶尔文帕伊（Jakub Järvenpää）、拉尔夫·施罗德（Ralph Schroeder）、蒂莫·塞德尔（Timo Seidl）和阿尔芒·德安古尔（Armand D'Angour）。

我要特别感谢我的经纪人安德鲁·斯图尔特（Andrew Stuart），麻省理工学院出版社的编辑吉塔·马纳克塔拉（Gita Manaktala），我的编辑助理苏莱亚·杰塔（Suraiya Jetha），我的文案编辑罗斯玛丽·温菲尔德（Rosemary Winfield）以及三位匿名的审稿人，他们坦诚的意见让我受益匪浅。

我在一些会议上展示了本书的部分内容，收到的评论也让我受益匪浅，这些会议包括：由马克·格拉诺维特（Mark Granovetter）在斯坦福大学举办的经济社会学和组织研讨会；由托马斯·博维萨奇（Thomas Beauvisage）及其同事组织的促进社会经济学的社会数字经济网络会议；由姜炳宇（Byeongwoo Kang）在一桥大学（Hitotsubashi University）主持的创新研究所系列研讨会；由卢西奥·巴卡罗（Lucio Baccaro）组织的马克斯·普朗克社会研究所研讨会；以及由格里塔·科罗萨尔、皮纳尔·奥兹坎（Pinar Ozcan）和我本人在牛津大学举办的平台经济系列研讨会。

在这七年中，我们研究小组的大部分工作都得益于欧洲研究理事会（European Research Council）的资助。我们还受益于与欧洲职业培训发展中心（European Centre for the Development of Vocational Training）签署的研究合同，由尼古拉斯·弗里德里奇领导的汉斯·伯克勒基金会（Hans Böckler Stiftung）的赠款，由马克·格雷厄姆领导的国际发展研究委员会（International Development Research Council）的赠款，以及我在主页上详述的一些更小的赠款。2020年，在任职一桥大学创新研究所客座副教授期间，我正式开始撰写此书，其间我收到了青岛弥一（Aoshima Yaichi）和姜炳宇的盛情款待。2021年，我回到牛津互联网研究所完成了本书的另外一些研究（伦理研究委员会，参考编号：SSH/OII/CIA/21/087 and 21/120）。我非常感谢所有人给予的支持。

我还要特别感谢朱迪·瓦伊克曼（Judy Wajcman）、约尔格·弗莱克（Jörg Flecker）、邱林川（Jack Qiu）、安德鲁·卡皮（Andrew Karpie）、藤上贤三（Kenzo Fujisue）、中岛达夫（Tatsuo Nakajima）、佩卡·雷萨宁（Pekka Räsänen）、海伦·马格茨（Helen Margetts）、维多利亚·纳什（Victoria Nash）和马克·文特雷斯卡（Marc Ventresca），感谢他们的鼓励和指导。此外，我还要感谢我在牛津互联网研究所和耶稣学院的同事们，感谢我在行政部门的同事们，是他们让我们能够坚持下去。我还要感谢我研究中的参与者们，是他们提供了宝贵的见解。最后，我还要感谢我的父母，我在赫尔辛基完成最后写作的那段日子里，是他们为我提供了照顾。我爱你们。

2022 年 4 月 27 日于牛津大学

注　释

引言

1. 争议解决过程的细节是基于以下文章的采访和观察结果：G. Corporaal, S. Windwehr, and V. Lehdonvirta, "Impartial or Captured? How Online and Offline Labor Market Intermediaries Handle Workplace Disputes", working paper, University of Oxford. 在我领导的 iLabour 研究项目中，格里塔·科罗萨尔（Gretta Corporaal）亲临硅谷的平台公司所在地，组织实地考察，以此收集到上述的这些采访和观察结果。为了保护参与者的隐私和过程的机密性，案件细节以及相关代理人已经做出对应修改。
2. E. Katsh and O. Rabinovich-Einy, *Digital Justice: Technology and the Internet of Disputes* (Oxford University Press, 2017).
3. *Judicial and Court Statistics 2010* (UK Ministry of Justice, 2011).
4. 2010年全国法院司法统计公报（中华人民共和国最高人民法院，2010）. Annual National Judicial Statistical Communique (Supreme People's Court of the People's Republic of China, 2010)
5. Court Statistics Project, *State Court Caseload Digest: 2018 Data* (National Center for State Courts, 2020).
6. M. Kenney, D. Bearson, and J. Zysman, "The Platform Economy Matures: Measuring Pervasiveness and Exploring Power," *Socio-Economic Review* 19, no. 4 (2021): 1451–1483. See also M. Kenney and J. Zysman, "The Rise of the Platform Economy," *Issues in Science and Technology* 32, no. 3 (2016): 61–69.
7. "Schumpeter: The Redmond Doctrine. Lessons from Microsoft's Corporate Foreign Policy," *The Economist*, September 12, 2019, https://www.economist.com/business/2019/09/12/the-redmond-doctrine.
8. A. LaFrance, "Apple Is Basically a Small Country Now," *The Atlantic*, February 11, 2015, https://www.theatlantic.com/technology/archive/2015/02/apple-is-basically-a-small-country-now/385385.
9. J. Naughton, "Who Needs a Government When You've Got Amazon to Keep Things Running?," *The Guardian*, March 28, 2020, https://www.theguardian.com/commentisfree/2020/mar/28/who-needs-crisis-government-when-youve-got-amazon-coronavirus.

10. N. Todorovic, "One Freelance Nation under Upwork," Medium, March 29, 2019, https://nebojsa-todorovic.medium.com/one-freelance-nation-under-upwork-7823984af45c.
11. J. Kaziukėnas, "Amazon GMV in 2020," Marketplace Pulse, 2021, https://www.marketplacepulse.com/articles/amazon-gmv-in-2020.
12. World Bank, "World Bank National Accounts Data," World Bank Group, 2021, http://data.worldbank.org/indicator/NY.GDP.MKTP.CD?year_high_desc=true.
13. 详见第六章。
14. J. P. Barlow, "A Declaration of the Independence of Cyberspace," Electronic Frontier Foundation, 1996, https://www.eff.org/cyberspace-independence.
15. 所有来源引述都包含在注释中。请参阅本书末尾的致谢，以了解更多详细信息。
16. D. C. North, "Institutions," *Journal of Economic Perspectives* 5, no. 1 (1991): 97–112.
17. S. Ogilvie, "'Whatever Is, Is Right'? Economic Institutions in Pre-industrial Europe," *Economic History Review* 60, no. 4 (2007): 649–684.
18. 这种制度等级的概念由经济学家达龙·阿西莫格鲁和他的同事们推广开来。D. Acemoglu, S. Johnson, and J. A. Robinson, "Institutions as a Fundamental Cause of Long-Run Growth," in *Handbook of Economic Growth*, ed. P. Aghion and S. N. Durlauf (Elsevier, 2005), 385–472. 但其实在经济历史学家道格拉斯·诺斯（Douglass North）及其合作者的作品中已经暗含了这一概念。D. C. North, *Institutions, Institutional Change and Economic Performance* (Cambridge University Press, 1990).
19. 在本书中，我使用"用户"一词来指代使用平台对商品、服务或劳动力进行买卖的消费者和企业。有时，我也会将商业用户或专业用户与普通消费者区分开来。在经济学和管理学研究中，在平台上销售商品的企业通常被称为"互补者"。具体可参见：M. A. Cusumano, A. Gawer, and D. B. Yoffie, *The Business of Platforms: Strategy in the Age of Digital Competition, Innovation, and Power* (HarperBusiness, 2019); J. Rietveld and M. A. Schilling, "Platform Competition: A Systematic and Interdisciplinary Review of the Literature," *Journal of Management* 47, no. 6 (2021): 1528–1563.
20. L. Clarke, "Tech Ambassadors Are Redefining Diplomacy for the Digital Era," TechMonitor, February 16, 2021, https://techmonitor.ai/leadership/innovation/tech-ambassadors.
21. N. Srnicek, *Platform Capitalism* (Polity, 2017); T. Wu, *The Curse of Bigness: Antitrust in the New Gilded Age* (Columbia Global Reports, 2018); S. Zuboff, *The Age of Surveillance Capitalism: The Fight for a Human Future at the New Frontier of Power* (Public Affairs, 2019).
22. D. Coyle, "Platform Dominance: The Shortcomings of Antitrust Policy," in *Digital Dominance: The Power of Google, Amazon, Facebook, and Apple*, ed. M. Moore and D. Tambini (Oxford University Press, 2018), 50–70; J. Espinoza, "EU Struggles to Build Antitrust Case against Amazon," *Financial Times*, March 11, 2021, https://www.ft.com/content/d5bb5ebb-87ef-4968-8ff5-76b3a215eefc.
23. L. M. Khan, "Amazon's Antitrust Paradox," *Yale Law Journal* 126, no.3 (2017): 710–805; L. M. Khan, "Amazon: An Infrastructure Service and Its Challenge to Current Antitrust Law," in *Digital Dominance: The Power of Google, Amazon, Facebook, and Apple*, ed. M. Moore and D. Tambini (Oxford University Press, 2018), 98–132.
24. D. Tambini, "Social Media Power and Election Legitimacy," in *Digital Dominance: The Power*

of *Google, Amazon, Facebook, and Apple*, ed. D. Tambini and M. Moore (Oxford University Press, 2018), 265–293.

25. L. Kello, *The Virtual Weapon and International Order* (Yale University Press, 2019).

26. J. Prassl, *Humans as a Service: The Promise and Perils of Work in the Gig Economy* (Oxford University Press, 2018); K. A. Thelen, "Regulating Uber: The Politics of the Platform Economy in Europe and the United States," *Perspectives on Politics* 16, no. 4 (2018): 938–953.

第一章

1. 除非另有说明，不然本章介绍的传记细节均来自约翰·巴洛的自传。J. P. Barlow and R. Greenfield, *Mother American Night: My Life in Crazy Times* (Crown, 2018).
2. W. Gibson, *Neuromancer* (Ace Books, 1984), 51.
3. Barlow and Greenfield, *Mother American Night*.
4. Barlow and Greenfield, *Mother American Night*.
5. Barlow and Greenfield, *Mother American Night*.
6. J. P. Barlow, "Crime and Puzzlement," Electronic Frontier Foundation, 1990, https://www.eff.org/pages/crime-and-puzzlement.
7. J. P. Barlow, "The Best of All Possible Worlds," *Communications of the ACM* 40, no. 2 (1997): 73.
8. J. P. Barlow, "A Not Terribly Brief History of the Electronic Frontier Foundation," Electronic Frontier Foundation, 1990, https://www.eff.org/pages/not-terribly-brief-history-electronic-frontier-foundation.
9. M. Kapor and J. P. Barlow, "Across the Electronic Frontier," Electronic Frontier Foundation, 1990, https://www.eff.org/pages/across-electronic-frontier.
10. J. P. Barlow, "A Declaration of the Independence of Cyberspace," Electronic Frontier Foundation, 1996, https://www.eff.org/cyberspace-independence.
11. M. McLuhan, *The Gutenberg Galaxy: The Making of Typographic Man* (University of Toronto Press, 1962), 25.
12. J. P. Barlow, "The Great Work," *Communications of the ACM* 35, no. 1 (1992): 27.
13. Barlow, "The Best of All Possible Worlds," 72.
14. B. Frezza, "Can Public Network Computing Save Democracy?," *Network Computing* 7, no. 17 (1996): 35–36.
15. D. R. Johnson and D. Post, "Law and Borders: The Rise of Law in Cyberspace," *Stanford Law Review* 48, no. 5 (1996): 1367–1402.
16. 例如 A. L. Shapiro, "The Disappearance of Cyberspace and the Rise of Code," *Seton Hall Constitutional Law Journal* 8, no. 3 (1997): 703–724; J. L. Goldsmith and T. Wu, *Who Controls the Internet? Illusions of a Borderless World* (Oxford University Press, 2008)。
17. D. King, "The Usenet Marketplace FAQ, Volume II," version 5.11, posted to the Usenet group *misc.forsale* on December 6, 1995.
18. D. C. North, *Institutions, Institutional Change and Economic Performance* (Cambridge University Press, 1990).

19. Barlow, "The Best of All Possible Worlds," 73.
20. Barlow, "The Best of All Possible Worlds," 73.
21. R. M. Axelrod, *The Evolution of Cooperation* (Basic Books, 1984).
22. R. Axelrod, "The Emergence of Cooperation among Egoists," *American Political Science Review* 75, no. 2 (1981): 310.
23. L. G. Zucker, "Production of Trust: Institutional Sources of Economic Structure, 1840–1920," *Research in Organizational Behavior* 8 (1986): 53–111.
24. Barlow, "The Best of All Possible Worlds," 73.
25. V. Shea, *Netiquette* (Albion Books, 1994).
26. D. King, "The Usenet Marketplace FAQ, Volume I," version 4.33, posted to the Usenet group misc.forsale on October 6, 1995.
27. D. King, "The Usenet Marketplace FAQ, Volume I."
28. 我指导的博士生小冈底斯多·拉米佐（Godofredo Ramizo Jr.）和我通过提取和分析"新闻组"存档于谷歌论坛（Google Groups）的信息，生成了本章中介绍的"新闻组"信息统计数据。所用信息是从"百货·出售"细分的53个小组中提取，包括非官方的和弃用的小组，提取的时间节点为1990—1999年。与当代布莱恩·里德（Brian Reid）的阿比创项目的部分统计数据相比，我们的分析结果与其基本一致。
29. 阅读人数的估算是基于布莱恩·里德的阿比特项目数据，并经由本杰明·弗朗兹（Benjamin Franz）更正，最后由互联网档案馆（Internet Archive）再版至https://web.archive.org/web/20080208153343/http://www.tlsoft.com/arbitron。
30. 此引语和下面的两句引语是我从谷歌论坛存档中所收集到的信息，这些信息最初于1994—1997年发布在新闻组上。我没有指出所用引语的发帖者名字，因为他们可能不愿意在另一处地方，看到自己以往所发的抱怨信息，又突然被人关注。
31. 想了解我们如何收集这些数据的话，可参见第28条注释。
32. King, "The Usenet Marketplace FAQ, Volume II."
33. King, "The Usenet Marketplace FAQ, Volume II."
34. Federal Trade Commission, *The FTC's First Five Years Protecting Consumers Online* (Federal Trade Commission, 1999), ii.
35. Federal Trade Commission, *The FTC's First Five Years Protecting Consumers Online*, ii.
36. J. P. Barlow, "A Declaration of the Independence of Cyberspace."
37. B. Reid, "Usenet Readership Summary Report for Jan 87," 1987, https://groups.google.com/forum/#!msg/news.lists/Fv1VviLo53U/hlGf5FmWlQIJ.
38. 若想了解我们如何收集这些数据，可参见第28条注释。互联网使用量的相关数据来源于International Telecommunication Unit (ITU), *World Telecommunication/ICT Indicators Database*, 25th ed. (2021)。
39. J. Maynard, "A Guide to Buying and Selling on Usenet," revision 2.1, posted to the Usenet group *rec.radio.swap* on November 1, 1994.
40. Pew Research Center, "Americans Going Online... Explosive Growth, Uncertain Destinations," 1995, https://www.people-press.org/1995/10/16/americans-going-online-explosive-growth-uncertain-destinations.
41. Federal Trade Commission, *The FTC's First Five Years Protecting Consumers Online*.

42. J. P. Barlow, "Decrypting the Puzzle Palace," *Communications of the ACM* 35, no. 7 (1992): 25.
43. C. Bjørnskov, "Determinants of Generalized Trust: A Cross-Country Comparison," *Public Choice* 130, no. 1–2 (2007): 1–21.

第二章

1. 除非另有说明，不然本章中有关皮埃尔·奥米迪亚的传记细节均来自詹尼弗·维加斯（J. Viegas）所著的关于奥米迪亚的非官方传记，以及亚当·科恩（Adam Cohen）所著的关于 eBay 创立的书籍。而奥米迪亚在"新闻组"上的相关活动的细节则基于我本人的原始研究。J. Viegas, *Pierre Omidyar* (Rosen Publishing Group, 2007); A. Cohen, *The Perfect Store: Inside eBay* (Piatkus, 2002).
2. P. Omidyar, "The Academy of Achievement Interview," YouTube, October 27, 2000, https://www.youtube.com/watch?v=7cx1TCdfRDo.
3. Omidyar, "The Academy of Achievement Interview."
4. P. Omidyar, "Introduction," in *The Official eBay Guide to Buying, Selling, and Collecting Just About Anything*, ed. L. F. Kaiser and M. Kaiser (Simon and Schuster, 1999), xv.
5. 引自 Cohen, *The Perfect Store*, 7。
6. 详见第一章。
7. Cohen, *The Perfect Store*.
8. Omidyar, "The Academy of Achievement Interview."
9. Cohen, *The Perfect Store*.
10. 这些以及其他的一些物品是从奥米迪亚发布到新闻组市场的信息中找到的，他发布这些信息是为了替自己的网站吸引流量。
11. S. Rupley, *Meet the Buyer of the Broken Laser Pointer*, Ebay, September 11, 2015, https://www.ebayinc.com/stories/news/meet-the-buyer-of-the-broken-laser-pointer.
12. Cohen, *The Perfect Store*.
13. Cohen, *The Perfect Store*.
14. Cohen, *The Perfect Store*.
15. eBay News Team, *A Note from eBay's Founder on Our 22nd Anniversary* (2017), https://www.ebayinc.com/stories/news/a-note-from-ebays-founder.
16. A. Greif, "Reputation and Coalitions in Medieval Trade: Evidence on the Maghribi Traders," *Journal of Economic History* 49, no. 4 (1989): 857–882.
17. M. Granovetter, "Economic Action and Social Structure: The Problem of Embeddedness," *American Journal of Sociology* 91, no. 3 (1985): 481–510.
18. J. P. Barlow, "Private Life in Cyberspace," *Communications of the ACM* 34, no. 8 (1991): 23.
19. J. Maynard, "A Guide to Buying and Selling on Usenet," revision 2.1, 于 1994 年 11 月 1 日发布到"新闻组" *rec.radio.swap* 小组上。
20. B. Uzzi, "The Sources and Consequences of Embeddedness for the Economic Performance of Organizations: The Network Effect," *American Sociological Review* 61, no. 4 (1996): 674–698.
21. W. Raub and J. Weesie, "Reputation and Efficiency in Social Interactions: An Example of

Network Effects," *American Journal of Sociology* 96, no. 3 (1990): 626–654.
22. S. Ogilvie, *Institutions and European Trade: Merchant Guilds*, 1000–1800 (Cambridge University Press, 2011).
23. Ogilvie, *Institutions and European Trade*.
24. L. G. Zucker, "Production of Trust: Institutional Sources of Economic Structure, 1840–1920," *Research in Organizational Behavior* 8 (1986): 53–111.
25. 引自 D. Bunnell, *The eBay Phenomenon: Business Secrets behind the World's Hottest Internet Company* (John Wiley, 2001), 56。
26. 引自 Cohen, *The Perfect Store*, 28。
27. A. Cohen, "Pierre Omidyar's Perfect Store Turns 10," *New York Times*, September 7, 2005, http://www.nytimes.com/2005/09/07/opinion/pierre-omidyars-perfect-store-turns-10.html.
28. Cohen, *The Perfect Store*.
29. D. Bunnell, *The eBay Phenomenon: Business Secrets behind the World's Hottest Internet Company* (John Wiley & Sons, 2001).
30. Bunnell, *The eBay Phenomenon*.
31. Cohen, *The Perfect Store*.
32. P. Omidyar, "From Self to Society: Citizenship to Community for a World of Change," commencement keynote address, Tufts University, May, 19, 2002, http://enews.tufts.edu/stories/052002Omidyar_Pierre_keynote.htm.
33. M. Olson, *The Logic of Collective Action: Public Goods and the Theory of Groups* (Harvard University Press, 1965).
34. G. Bolton, B. Greiner, and A. Ockenfels, "Engineering Trust: Reciprocity in the Production of Reputation Information," *Management Science* 59, no. 2 (2013): 265–285.
35. V. Lehdonvirta, O. Kässi, I. Hjorth, H. Barnard, and M. Graham, "The Global Platform Economy: A New Offshoring Institution Enabling Emerging-Economy Microproviders," *Journal of Management* 45, no. 2 (2019): 567–599.
36. A. Filippas, J. J. Horton, and J. M. Golden, "Reputation Inflation," NBER Working Paper 25857, 2019.
37. 这是一个航海习语，指的是水手们串通一气以逃避罪行的惩罚。
38. Federal Trade Commission, *The FTC's First Five Years Protecting Consumers Online* (Federal Trade Commission, 1999).
39. J. T. Janega, "2 Sued in Suspected On-line Scam," *Chicago Tribune*, August 20, 1999, https://www.chicagotribune.com/news/ct-xpm-1999-08-20-9908200242-story.html.
40. Bunnell, *The eBay Phenomenon*.
41. C. Dellarocas and C. A. Wood, "The Sound of Silence in Online Feedback: Estimating Trading Risks in the Presence of Reporting Bias," *Management Science* 54, no 3 (2008): 460–476.
42. Dellarocas and Wood, "The Sound of Silence in Online Feedback."
43. J. Snyder, "Online Auction Fraud: Are the Auction Houses Doing All They Should or Could to Stop Online Fraud?," *Federal Communications Law Journal* 52, no. 2 (2000): 453–472.
44. Bolton et al., "Engineering Trust."

45. Bolton et al., "Engineering Trust."
46. C. Curchod, G. Patriotta, L. Cohen, and N. Neysen, "Working for an Algorithm: Power Asymmetries and Agency in Online Work Settings," *Administrative Science Quarterly* 65, no. 3 (2019): 655.
47. J. Swartz and E. Weise, "Online Buyer, Beware of Fakes," *USA Today*, May 2, 2014, https://www.pressreader.com/usa/usa-today-international-edition/20140502/281479274423327.
48. S. Hansell and J. H. Dobrzynski, "eBay Cancels Art Sale and Suspends Seller," *New York Times*, May 11, 2000, https://www.nytimes.com/2000/05/11/business/ebay-cancels-art-sale-and-suspends-seller.html.
49. EBay, "Product Safety Policy," https://www.ebay.com/help/policies/prohibited-restricted-items/recalled-items-policy?id=4300.
50. Cohen, *The Perfect Store*.
51. J. L. Goldsmith and T. Wu, *Who Controls the Internet? Illusions of a Borderless World* (Oxford University Press, 2008).
52. 详见引言。
53. Curchod et al., "Working for an Algorithm," 659.
54. Omidyar, "The Academy of Achievement Interview."
55. Cohen, *The Perfect Store*.
56. 这些引语来自一些最初在"新闻组"上发布的信息，我通过谷歌论坛存档收集到了这些信息。详见第一章，第30条注释。
57. Bunnell, *The eBay Phenomenon*, 45; Curchod et al., "Working for an Algorithm."

第三章

1. *Encyclopaedia Britannica*, 9th ed., vol. 2 (Charles Scribner's Sons, 1878), s.v. "Johan Jacob Ankarström," 59.
2. 除非另有说明，不然本章中介绍的罗斯·乌布利希的传记细节均来自 D. Segal, "Eagle Scout. Idealist. Drug Trafficker?," *New York Times*, January 19, 2014, https://www.nytimes.com/2014/01/19/business/eagle-scout-idealist-drug-trafficker.html, and J. Bearman, "The Rise and Fall of Silk Road," *Wired*, April 2015, https://www.wired.com/2015/04/silk-road-1. 其他相关犯罪活动则来自对罗斯·乌布利希的刑事起诉书 *United States v. Ross Ulbricht*, 14 Cr. 68(KBF), https://www.justice.gov/sites/default/files/usao-sdny/legacy/2015/03/25/US%20v.%20Ross%20Ulbricht%20Indictment.pdf. 本段中的引文来自 Segal, "Eagle Scout"。
3. R. Pinnell and R. Ulbricht, *StoryCorps Interview with René Pinnell and Ross Ulbricht*, YouTube, May 11, 2015, https://www.youtube.com/watch?v=HYShi9dhhJY.
4. "恐惧海盗罗伯茨" 2012年3月20日在论坛上所发的帖子，被引述于 A. Greenberg, "Collected Quotations of the Dread Pirate Roberts, Founder of Underground Drug Site Silk Road and Radical Libertarian," *Forbes*, 29 April 29 2013, https://www.forbes.com/sites/andygreenberg/2013/04/29/collected-quotations-of-the-dread-pirate-roberts-founder-of-the-drug-site-silk-road-and-radical-libertarian。
5. 从罗斯·乌布利希的笔记本电脑中找到的日记，并作为政府的第240号证据提交给法院。引文来自 *United States v. Ross Ulbricht*, 政府的第 240 号 A 证据。
6. 罗斯·乌布利希的日记，政府的第 240 号 A 证据。
7. Bearman, "The Rise and Fall of Silk Road."
8. S. Konkin, *New Libertarian Manifesto* (Koman Publishing, 1983), 34, http://agorism.info/docs/NewLibertarianManifesto.pdf.
9. "恐惧海盗罗伯茨" 2012 年 3 月 20 日在论坛上所发的帖子，被引述于 Greenberg, "College Quotations of the Dread Pirate Roberts."
10. *United States v. Ross Ulbricht*, 政府的第 240 号 A 证据。
11. 毒品贸易是违法的，但乌布利希及其同行都认为是合法的。详见 J. Beckert and M. Dewey, "Introduction: The Social Organization of Illegal Markets," in *The Architecture of Illegal Markets: Towards an Economic Sociology of Illegality in the Economy*, ed. J. Beckert and M. Dewey (Oxford University Press, 2017): 1–36。
12. 详见第七章。
13. 详见第一章。
14. 详见第二章。
15. *United States v. Ross Ulbricht*, 政府的第 240 号 A 证据。
16. *United States v. Ross Ulbricht*, 政府的第 304 号 A 证据。
17. *United States v. Ross Ulbricht*, 政府的第 240 号 B 证据。
18. Bearman, "The Rise and Fall of Silk Road."
19. "Schumer Pushes to Shut Down Online Drug Marketplace," *Associated Press*, June 5, 2011, https://www.nbcnewyork.com/news/local/schumer-calls-on-feds-to-shut-down-online-drug-marketplace/1920235.
20. N. Christin, "Traveling the Silk Road: A Measurement Analysis of a Large Anonymous Online Marketplace," in WWW '13: *Proceedings of the 22nd International Conference on World Wide Web* (ACM, 2013), 213–224.
21. *United States v. Ross Ulbricht*, 刑事起诉书。
22. A. Greenberg, "Meet the Dread Pirate Roberts, the Man behind Booming Black Market Drug Website Silk Road," *Forbes*, September 2, 2013, https://www.forbes.com/sites/andygreenberg/2013/08/14/meet-the-dread-pirate-roberts-the-man-behind-booming-black-market-drug-website-silk-road.
23. *United States v. Ross Ulbricht*, 政府的第 304 号 B 证据。
24. 详见第二章。
25. Christin, "Traveling the Silk Road."
26. R. Zajácz, "Silk Road: The Market beyond the Reach of the State," *Information Society* 33, no. 1 (2017): 23–34.
27. M. C. Van Hout and T. Bingham, "'Surfing the Silk Road': A Study of Users' Experiences," *International Journal of Drug Policy* 24 (2013): 527, quoted in Zajácz, "Silk Road," 26.
28. "恐怖海盗罗伯茨" 对丝绸之路论坛上的一个帖子的回复，被引述于 *United States v. Ross Ulbricht*, criminal complaint, 18。
29. 详见引言。
30. *United States v. Ross Ulbricht*, 政府的第 240 号 B 证据。

31. Christin, "Traveling the Silk Road."
32. S. Ogilvie, *Institutions and European Trade: Merchant Guilds*, 1000–1800 (Cambridge University Press, 2011), 363.
33. E. Steiner, "Naming and Allegory in Late Medieval England," *Journal of English and Germanic Philology* 106, no. 2 (2007): 248–275.
34. *United States v. Ross Ulbricht*, 政府的第 240 号 C 证据。
35. *Encyclopædia Britannica*, 9th ed., vol. 2, (Charles Scribner's Sons, 1878), s.v. "Johan Jacob Ankarström," 59.
36. J. P. Barlow, "Decrypting the Puzzle Palace," *Communications of the ACM* 35, no. 7 (1992): 25–31.
37. J. P. Barlow, "Private Life in Cyberspace," *Communications of the ACM* 34, no. 8 (1991): 24.
38. J. C. Scott, *Seeing Like a State: How Certain Schemes to Improve the Human Condition Have Failed* (Yale University Press, 1998).
39. O. Sclavounis and V. Lehdonvirta, "Dark Net Markets Grow Up: From Informal Reputation to Formal Institutions as Providers of Trust," working paper, Oxford Internet Institute.

第四章

1. Piyadassi Thera, trans., *The Book of Protection: The Catu-bhāṇavāra or Pirit Potha* (Kandy: Buddhist Publication Society, 1999), 34.
2. P. Methenitis, "17 Νοέμβρη 1973: Πολυτεχνείο [November 17, 1973: Polytechnic]," News 24/7, November 17, 2018, https://www.news247.gr/sthles/skoufakia/17-noemvri-1973-polytechneio.6668179.html. Translated by Odysseas Sclavounis.
3. H. Pawar, "The Founder of Upwork: Odysseas Tsatalos," YourTechStory, July 20, 2018, https://www.yourtechstory.com/2018/07/20/founder-upwork-odysseas-tsatalos.
4. K. Dritsa, D. Mitropoulos, and D. Spinellis, "Aspects of the History of Computing in Modern Greece," *IEEE Annals of the History of Computing* 40, no. 1 (2018): 47–60.
5. Pawar, "The Founder of Upwork."
6. J. P. Barlow, "The Best of All Possible Worlds," *Communications of the ACM* 40, no. 2 (1997): 72.
7. M. M. Webber, "The Post-City Age," *Daedalus* 97, no. 4 (1968): 1096.
8. A. Pascal, "The Vanishing City," *Urban Studies* 24, no. 6 (1987): 602.
9. N. Morgan and E. Smit, *Contemporary Issues in Strategic Management* (Johannesburg: Kagiso, 1996), 136.
10. M. Pawley, "Architecture, Urbanism and the New Media," mimeo, 1995. 引自 S. Graham, "The End of Geography or the Explosion of Place? Conceptualizing Space, Place and Information Technology," *Progress in Human Geography* 22, no. 2 (1998): 169.
11. 详见第一章，劳动过程理论学家所使用的"劳动力的不确定性"一词也具有相似含义。
12. J. Floum, "ODesk Links Employers with Freelancers Online," SFGATE, September 2, 2013, https://www.sfgate.com/business/article/ODesk-links-employers-with-freelancers-

online-4781450.php.
13. 与斯特拉蒂斯·卡拉曼拉基斯的个人通信, November, 28 2017.
14. A. Warner, "The Story behind Launching oDesk," Mixergy, March 19, 2014, https://mixergy.com/interviews/gary-swart-odesk-interview.
15. 古斯塔沃是个化名。
16. O. Kässi and V. Lehdonvirta, "Do Digital Skill Certificates Help New Workers Enter the Market? Evidence from an Online Labour Platform," *Journal of Human Resources* (2022).
17. V. Lehdonvirta, O. Kässi, I. Hjorth, H. Barnard, and M. Graham, "The Global Platform Economy: A New Offshoring Institution Enabling Emerging-Economy Microproviders," *Journal of Management* 45, no. 2 (2019): 585.
18. Lehdonvirta et al., "The Global Platform Economy," 585.
19. Lehdonvirta et al., "The Global Platform Economy."
20. Lehdonvirta et al., "The Global Platform Economy," 585.
21. Lehdonvirta et al., "The Global Platform Economy," 585.
22. 基于以下研究中的数据分析:F. Braesemann, F. Stephany, O. Teutloff, O. Kässi, M. Graham, and V. Lehdonvirta, "The Polarisation of Remote Work," 2021, https://ssrn.com/abstract=3919655。
23. V. Lehdonvirta, I. Hjorth, H. Barnard, and M. Graham, "Global Earnings Disparities in Remote Platform Work: Liabilities of Origin?," in *Work and Labour Relations in Global Platform Capitalism*, ed. J Haidar and M. Keune (Edward Elgar, 2021), 111.
24. Lehdonvirta et al., "The Global Platform Economy," 587.
25. Lehdonvirta et al., "The Global Platform Economy."
26. Lehdonvirta et al., "The Global Platform Economy," 588.
27. Lehdonvirta et al., "The Global Platform Economy," 588.
28. 同样影响也可见于 A. Agrawal, N. Lacetera, and E. Lyons, "Does Standardized Information in Online Markets Disproportionately Benefit Job Applicants from Less Developed Countries?," *Journal of International Economics* 103 (2016): 1–12。
29. F. Braesemann, V. Lehdonvirta, and O. Kässi, "ICTs and the Urban-Rural Divide: Can Online Labour Platforms Bridge the Gap?," *Information, Communication & Society* (2020).
30. O. Kässi and V. Lehdonvirta, "Online Labour Index: Measuring the Online Gig Economy for Policy and Research," *Technological Forecasting and Social Change* 137 (2018): 241–248.
31. 本章中大多数统计数据来源于在线劳动力指数（Online Labour Index），这是一个自动数据收集工具，是由奥托·凯西（Otto Kässi）、法比安·斯蒂芬尼（Fabian Stephany）和我在 iLabour 研究项目中开发出来的。该工具每天自动收集和分析各大在线劳动平台的数据。从 2016 年到 2020 年，该系统跟踪了 5 个英语平台，覆盖了在线劳动力平台约 70% 的互联网流量。2020 年，覆盖范围扩大到 11 个平台，包括西班牙语和俄语平台。该数据可从 http://onlinelabourobservatory.org 下载。具体细节可见 Kässi and Lehdonvirta, "Online Labour Index," and F. Stephany, O. Kässi, U. Rani, and V. Lehdonvirta, "Online Labour Index 2020: New Ways to Measure the World's Remote Freelancing Market," *Big Data & Society* (2021)。
32. Lehdonvirta et al., "The Global Platform Economy."

33. A. J. Wood, M. Graham, V. Lehdonvirta, and I. Hjorth, "Networked But Commodified: The (Dis)Embeddedness of Digital Labour in the Gig Economy," *Sociology* 53, no. 5 (2019): 944.
34. E. Brier and R. Pearson, "Upwork's SVP of Marketing Explains What It Takes to Perfect an Offering That Relies on People," TechDay, 2017, https://techdayhq.com/community/articles/upwork-s-svp-of-marketing-explains-what-it-takes-to-perfect-an-offering-that-relies-on-people.
35. 这些之前未发表的引文来自一个名为"撒哈拉以南非洲和东南亚的微型工作和虚拟生产网络"(Microwork and Virtual Production Networks in Sub-Saharan Africa and Southeast Asia)的研究项目的一部分,该项目由马克·格雷厄姆(Mark Graham)领导,由国际发展研究中心(拨款号为107384–001)资助,我是该项目的合作研究员。
36. "Microwork and Virtual Production Networks."
37. 详见第八章。
38. E. Tse, "Elevating Our Workplace with a New Minimum Rate," Upwork, August 25, 2014, https://community.upwork.com/t5/Announcements/Elevating-our-workplace-with-a-new-minimum-rate/td-p/6237.
39. 这句话以及后面的三句话都来自我从 oDesk 社区论坛收集的一组消息,这些消息最初发布于 2014—2015 年。我没有指出所用引语的发帖者名字,因为他们可能不愿意在另一处地方,看到自己以往所发的关于薪酬的信息又突然被人关注。
40. J. J. Horton, "Price Floors and Employer Preferences: Evidence from a Minimum Wage Experiment," CESifo Working Papers 6548, 2017.
41. 详见第五章。
42. 图 4.5 是基于以下研究中的数据分析:Braesemann et al., "The Polarisation of Remote Work"。
43. A. J. Wood and V. Lehdonvirta, "Antagonism beyond Employment: How the 'Subordinated Agency' of Labour Platforms Generates Conflict in the Remote Gig Economy," *Socio-Economic Review* 19, no. 4(2022):1380.
44. Wood and Lehdonvirta, "Antagonism beyond Employment," 1381.

第五章

1. R. Brautigan, "All Watched Over by Machines of Loving Grace," in *The Pill versus the Springhill Mine Disaster*. Copyright © 1968 by Richard Brautigan. Reprinted by permission of Mariner Books, an imprint of HarperCollins Publishers LLC. All rights reserved.
2. "Soviet Jokes for the DDCI," https://web.archive.org/web/20170123213322/https://www.cia.gov/library/readingroom/docs/CIA-RDP89G00720R000800040003-6.pdf.
3. O. Pick and A. Wiesman, "Sputniks and Sausages: Soviet Drive for Consumer Goods," *World Today* 15, no. 1 (1959): 472–481.
4. R. C. Allen, *Farm to Factory: A Reinterpretation of the Soviet Industrial Revolution* (Princeton University Press, 2003).
5. Allen, *Farm to Factory*.

6. F. A. Hayek, "The Use of Knowledge in Society," *American Economic Review* 35, no. 4 (1945): 519.
7. Hayek, "The Use of Knowledge in Society," 521.
8. Hayek, "The Use of Knowledge in Society," 522.
9. Hayek, "The Use of Knowledge in Society," 524.
10. Hayek, "The Use of Knowledge in Society," 525.
11. Hayek, "The Use of Knowledge in Society," 524.
12. R. W. Judy, "Information, Control, and Soviet Economic Management," in *Mathematics and Computers in Soviet Economic Planning*, ed. J. P. Hardt, M. Hoffenberg, N. Kaplan, and H. S. Levine (Yale University Press, 1967), 10.
13. Judy, "Information, Control, and Soviet Economic Management," 15–16.
14. Judy, "Information, Control, and Soviet Economic Management," 29.
15. V. G. Treml, "Input-Output Analysis and Soviet Planning," in *Mathematics and Computers in Soviet Economic Planning*, ed. J. P. Hardt, M. Hoffenberg, N. Kaplan, and H. S. (Yale University Press, 1967), 107.
16. Treml, "Input-Output Analysis and Soviet Planning," 107.
17. 详见第二章。
18. A. Cohen, "Pierre Omidyar's Perfect Store Turns 10," *New York Times*, September 7, 2005, http://www.nytimes.com/2005/09/07/opinion/pierre-omidyars-perfect-store-turns-10.html.
19. D. D. Meer, "Internet Antique Auctions: Class Dispersion, Misclassification and Spelling Variations in eBay.de," paper presented at the Association of Internet Researchers (AoIR) IR Conference, Maastricht, Netherlands, 2002, http://citeseerx.ist.psu.edu/viewdoc/download?doi=10.1.1.201.5480&rep=rep1&type=pdf.
20. A. Ockenfels and A. E. Roth, "Late and Multiple Bidding in Second Price Internet Auctions: Theory and Evidence Concerning Different Rules for Ending an Auction," *Games and Economic Behavior* 55, no. 2 (2006): 297–320.
21. 详见第四章。
22. 霍顿发表过许多有影响力的关于在线劳动力平台的研究。详见 J. Horton, D. G. Rand, and R.J. Zeckhauser, "The Online Laboratory: Conducting Experiments in a Real Labor Market," *Experimental Economics* 14, no. 3 (2010): 399–425。
23. L. Ellis, "New Rate Tip Feature," Upwork, December 8, 2015. https://web.archive.org/web/20201025143015/https://community.upwork.com/t5/Announcements/New-Rate-Tip-Feature/td-p/141967.
24. A. Pallais, "Inefficient Hiring in Entry-Level Labor Markets," *American Economic Review* 104, no. 11 (2014): 3565–3599.
25. M. J. Salganik and D. J. Watts, "Leading the Herd Astray: An Experimental Study of Self-Fulfilling Prophecies in an Artificial Cultural Market," *Social Psychology Quarterly* 71, no. 4 (2008): 338–355.
26. A.J. Wood, M. Graham, V. Lehdonvirta, and I. Hjorth, "Networked but Commodified: The (Dis)Embeddedness of Digital Labour in the Gig Economy," *Sociology* 53, no. 5 (2019): 931–950.

27. A. Warner, "The Story behind Launching oDesk," Mixergy, March 19, 2014, https://mixergy.com/interviews/gary-swart-odesk-interview.
28. J. J. Horton, "The Effects of Algorithmic Labor Market Recommendations: Evidence from a Field Experiment," *Journal of Labor Economics* 35, no. 2 (2017): 346.
29. A. Scott, "Co-founding Uber Made Calgary-Born Garrett Camp a Billionaire," *Canadian Business*, November 19, 2015, https://www.canadianbusiness.com/lists-and-rankings/richest-people/2016-garrett-camp-uber.
30. O. Nuzzi, "Inside Uber's Political War Machine," Daily Beast, June 30, 2014, https://web.archive.org/web/20161226222356if_/https://www.thedailybeast.com/articles/2014/06/30/inside-uber-s-political-war-machine.html.
31. Republican National Committee, "Petition in Support of Innovative Companies Like Uber," RNC, 2014, https://web.archive.org/web/20140808220919/http://www.gop.com/act/support-uber-petition.
32. 一项研究表明，在特定时间内道路上的司机数量并没有增加，而在高峰期时，非高峰期地区的司机会被分配到高峰期地区。N. Diakopoulos, "How Uber Surge Pricing Really Works," *Washington Post*, April 17, 2015, https://www.washingtonpost.com/news/wonk/wp/2015/04/17/how-uber-surge-pricing-really-works.
33. M. Wohlsen, "Uber Boss Says Surging Prices Rescue People from the Snow," *Wired*, December 17, 2013, https://www.wired.com/2013/12/uber-surge-pricing.
34. S. Lacy, *Interview with Travis Kalanick at NY Disrupt*, YouTube, June 23, 2011, https://www.youtube.com/watch?v=0-uiO-P9yEg.
35. Lacy, *Interview with Travis Kalanick at NY Disrupt*.
36. Lacy, *Interview with Travis Kalanick at NY Disrupt*.
37. "Company Info," Uber, https://www.uber.com/en-PK/newsroom/company-info.
38. Wohlsen, "Uber Boss Says Surging Prices Rescue People from the Snow."
39. Hayek, "The Use of Knowledge in Society," 519.
40. Judy, "Information, Control, and Soviet Economic Management."
41. J. P. Hardt, M. Hoffenberg, N. Kaplan, and H. S. Levine, eds., from appendix in *Mathematics and Computers in Soviet Economic Planning* (Yale University Press, 1967), 262.
42. Judy, "Information, Control, and Soviet Economic Management," 38.
43. B. Peters, *How Not to Network a Nation: The Uneasy History of the Soviet Internet* (MIT Press, 2016).
44. Judy, "Information, Control, and Soviet Economic Management," 40.
45. Judy, "Information, Control, and Soviet Economic Management," 65.
46. 相同的观点还可见于 A. Ezrachi and M. E. Stucke, *Virtual Competition* (Harvard University Press, 2016), 205–212。
47. P. Omidyar, "From Self to Society: Citizenship to Community for a World of Change," keynote commencement address, Tufts University, May 19, 2002, http://enews.tufts.edu/stories/052002Omidyar_Pierre_keynote.htm.
48. A. Rosenblat, *Uberland: How algorithms are rewriting the rules of work* (University of California Press, 2018).

49. D. Filtzer, *Soviet Workers and De-Stalinization* (Cambridge University Press, 1992), 95.
50. R. M. Fearn, *An Evaluation of the Soviet Wage Reform, 1956–1962* (Central Intelligence Agency, 1963), 7.
51. Filtzer, *Soviet Workers and De-Stalinization*, 95.
52. T. H. Cormen, C. E. Leiserson, R. L. Rivest, and C. Stein, *Introduction to Algorithms*, 3rd ed. (MIT Press, 2009).
53. M. Weber, *Economy and Society: An Outline of Interpretive Sociology* (1922; University of California Press, 1978), 886. 另可见 R. Schroeder, "Big Data: Marx, Hayek, and Weber in a Data-Driven World," in *Society and the Internet: How Networks of Information and Communication are Changing Our Lives*, ed. M. Graham and W. H. Dutton (Oxford University Press, 2019), 180–194。
54. C. Curchod, G. Patriotta, L. Cohen, and N. Neysen, "Working for an Algorithm: Power Asymmetries and Agency in Online Work Settings," *Administrative Science Quarterly* 65, no 3 (2019): 659.
55. Curchod et al., "Working for an Algorithm," 659.
56. A. J. Wood and V. Lehdonvirta, "Platform Precarity: Surviving Algorithmic Insecurity in the Gig Economy," 2021, https://dx.doi.org/10.2139/ssrn.3795375.
57. A. E. Roth, *Who Gets What—and Why: The Hidden World of Matchmaking and Market Design* (HarperCollins, 2015), 7.
58. 例如 A.E. Roth, "The Economist as Engineer: Game Theory, Experimentation, and Computation as Tools for Design Economics," *Econometrica* 70, no. 4 (2002): 1341–1378。
59. A. E. Roth, "Repugnance as a Constraint on Markets," Journal of Economic Perspectives 21, no. 3 (2007): 37–58.
60. D. Zipper, "Did Uber Just Enable Discrimination by Destination?," *Bloomberg*, December 11, 2019, https://www.bloomberg.com/news/articles/2019-12-11/the-discrimination-risk-in-uber-s-new-driver-rule.

第六章

1. 除特别注明外，本章的传记细节均来自 R. Spector, *Amazon.com: Get Big Fast* (Random House, 2000), and B. Stone, *The Everything Store: Jeff Bezos and the Age of Amazon* (Little, Brown, 2013)。
2. "The Silver Knights," *Miami Herald*, April 21, 1982, 14; "S. Dade's Best and Brightest," *Miami Herald*, June 20, 1982, 25; S. Dibble, "New Pathways of Thought on Summer Breeze," *Miami Herald*, July 4, 1982, 28.
3. "The Silver Knights."
4. "S. Dade's Best and Brightest."
5. C. Bayers, "The Inner Bezos," *Wired*, January 3, 1999, https://www.wired.com/1999/03/bezos-3.
6. Bayers, "The Inner Bezos."
7. 详见第一章，图 1.3。

8. Stone, *The Everything Store*.
9. J. Bezos, *Selling Books on the Internet*, A. B. Dick Lecture on Entrepreneurship, Lake Forest College, March 21, 1998, YouTube, https://www.youtube.com/watch?v=PnSjKTW28qE.
10. Spector, *Amazon.com: Get Big Fast*, 38.
11. Stone, *The Everything Store*.
12. Spector, Amazon.com: *Get Big Fast*, 33.
13. Bezos, *Selling Books on the Internet*.
14. Spector, Amazon.com: *Get Big Fast*, 183.
15. Spector, Amazon.com: *Get Big Fast*, 186.
16. Spector, Amazon.com: *Get Big Fast*, 37.
17. J.-C. Rochet and J. Tirole, "Platform Competition in Two-Sided Markets," *Journal of the European Economic Association* 1, no. 4 (2003): 990–1029.
18. Spector, *Amazon.com: Get Big Fast*, 68.
19. C. Anderson, *The Long Tail: Why the Future of Business Is Selling Less of More* (Hyperion, 2006).
20. 详见第四章。
21. Spector, *Amazon.com: Get Big Fast*, 145.
22. Spector, *Amazon.com: Get Big Fast*, 152.
23. 虽然亚马逊的工程师尽可能地使用软件自动生成数据，但他们经常也需要人力来处理和清理数据。详见第八章。
24. 客户的评论也可能是虚假的或不准确的。详见第二章。
25. Spector, *Amazon.com: Get Big Fast*, 147.
26. 本章中的这段话和其他来自第三方商家的引言来自我从亚马逊卖家论坛收集的一组信息。这些信息最初是在 2012—2019 年发布的。我没有引用发帖人的名字，因为他们可能不喜欢自己旧时的评论在不同平台被人关注。
27. Anderson, *The Long Tail*.
28. Spector, *Amazon.com: Get Big Fast*.
29. 详见第一章。
30. Stone, *The Everything Store*.
31. Stone, *The Everything Store*.
32. Stone, *The Everything Store*.
33. Stone, *The Everything Store*.
34. F. Zhu and Q. Liu, "Competing with Complementors: An Empirical Look at Amazon.com," *Strategic Management Journal* 39, no. 10 (2018): 2618–2642.
35. J. Nicas and K. Collins, "How Apple Stacked the App Store with Its Own Products," *New York Times*, September 9, 2019, https://www.nytimes.com/interactive/2019/09/09/technology/apple-app-store-competition.html.
36. "State of the Amazon Marketplace," Feedvisor, 2018, https://feedvisor.com/resources/industry-news/the-state-of-the-amazon-marketplace-2018.
37. "Amazon Receives FCC Approval for Project Kuiper Satellite Constellation," press release, Amazon, 2020, https://www.aboutamazon.com/news/company-news/amazon-receives-fcc-approval-for-project-kuiper-satellite-constellation.

38. Spector, *Amazon.com: Get Big Fast*, 192.
39. R. Nozick, *Anarchy, State, and Utopia* (Basic Books, 1974).
40. E. Stringham, *Private Governance: Creating Order in Economic and Social Life* (Oxford University Press, 2015).
41. P. Anderson, "US Publishers, Authors, Booksellers Call Out Amazon's 'Concentrated Power' in the Market," Publishing Perspectives, August 17, 2020, https://publishingperspectives.com/2020/08/us-publishers-authors-booksellers-call-out-amazons-concentrated-power-in-the-book-market.
42. M. Wilson, "eMarketer: Amazon to Capture 47% of All U.S. Online Sales in 2019," Chain Store Age, February 15, 2019, https://chainstoreage.com/technology/emarketer-amazon-to-capture-47-of-all-u-s-online-sales-in-2019.
43. Rochet and Tirole, "Platform Competition in Two-Sided Markets."

第七章

1. R. Eno, trans., *The Analects of Confucius: An Online Teaching Translation* (Indiana University, 2015).
2. F. G. Kenyon, trans., *The Athenian Constitution by Aristotle* (350 BCE), Internet Classics Archive, 1994, http://classics.mit.edu/Aristotle/athenian_const.1.1.html.
3. Kenyon, *The Athenian Constitution*.
4. P. Demont, "Allotment and Democracy in Ancient Greece," *Books & Ideas*, December 13, 2010, https://booksandideas.net/Allotment-and-Democracy-in-Ancient.html.
5. 在现代政治学中，这种做法被称作"抽签"。详见 H. Landemore, *Open Democracy: Reinventing Popular Rule for the Twenty-first Century* (Princeton University Press, 2020)。
6. 本章的论点和事实部分基于 Lehdonvirta (2016) 和 Vidan and Lehdonvirta (2019). V. Lehdonvirta, "The Blockchain Paradox: Why Distributed Ledger Technologies May Do Little to Transform the Economy," *Oxford Internet Institute* (blog), University of Oxford, November 21, 2016, https://www.oii.ox.ac.uk/blog/the-blockchain-paradox-why-distributed-ledger-technologies-may-do-little-to-transform-the-economy, and G. Vidan and V. Lehdonvirta, "Mine the Gap: Bitcoin and the Maintenance of Trustlessness," *New Media & Society* 21, no. 1 (2019): 42–59。
7. 详见第一章。
8. S. Nakamoto, "Bitcoin Open Source Implementation of P2P Currency," P2P Foundation Discussion Forum, February 11, 2009, http://p2pfoundation.ning.com/forum/topics/bitcoin-open-source.
9. S. Nakamoto, "Bitcoin: A Peer-to-Peer Electronic Cash System," 2008, 1, https://bitcoin.org/bitcoin.pdf.
10. N. Popper, *Digital Gold: The Untold Story of Bitcoin* (Allen Lane, 2015).
11. 尽管名字如此，但加密无政府主义者的概念并不像欧洲式的社会主义无政府主义那样，而更像巴洛式的网络自由主义（详见第一章）和乌布利希式的无政府主义资本主义（详见第三章），其中还包括数字暗杀市场。

12. E. Hughes, "A Cypherpunk's Manifesto," 1988, https://www.activism.net/cypherpunk/manifesto.html.
13. V. Buterin, "Visions, Part 2: The Problem of Trust," *Ethereum Foundation* (blog), April 27, 2015, https://blog.ethereum.org/2015/04/27/visions-part-2-the-problem-of-trust.
14. S. Nakamoto, "Bitcoin Open Source Implementation of P2P Currency [reply]," *P2P Foundation Discussion Forum*, February 15, 2009, http://p2pfoundation.ning.com/forum/topics/bitcoin-open-source?commentId=2003008%3AComment%3A9493.
15. Nakamoto, "Bitcoin: A Peer-to-Peer Electronic Cash System," 1.
16. S. Nakamoto, "Re: Bitcoin P2P E-cash Paper," *Cryptography Mailing List*, November 7, 2008, http://satoshinakamoto.me/2008/11/07/re-bitcoin-p2p-e-cash-paper-3.
17. 想了解在比特币环境中这是如何运作的，请参阅 Popper, *Digital Gold*, "Technical Annex"。
18. S. Nakamoto, "Bitcoin Open Source Implementation of P2P Currency."
19. S. Nakamoto, "Bitcoin Open Source Implementation of P2P Currency."
20. S. Nakamoto, "Bug? /usr/bin/bitcoind" [reply], *Bitcoin Forum*, September 19, 2010, https://bitcointalk.org/index.php?topic=1063.msg13211#msg13211.
21. 详见第六章。
22. J. Calacanis and the LAUNCH team, "L019: Bitcoin P2P Currency: The Most Dangerous Project We've Ever Seen," *LAUNCH (blog)*, May 15, 2011, https://launch.co/blog/l019-bitcoin-p2p-currency-the-most-dangerous-project-weve-ev.html.
23. R. Falkvinge, "Why I'm Putting All My Savings into Bitcoin," *Falkvinge on Liberty* (blog), May 29, 2011, https://falkvinge.net/2011/05/29/why-im-putting-all-my-savings-into-bitcoin.
24. M. V. Copeland, "Company Spends Real Money - $350,000 Worth - on Bitcoin Startups," *Wired*, May 14, 2013, https://www.wired.com/2013/05/350000-in-real-money-for-bitcoin-startups.
25. Vidan and Lehdonvirta, "Mine the Gap."
26. https://web.archive.org/web/20151102205354/https://www.ethereum.org.
27. 详见第二章。
28. https://twitter.com/cdixon/status/1482037445851971585.
29. https://web.archive.org/web/20160622212424/https://daohub.org/about.html.
30. https://web.archive.org/web/20160622212753/https://daohub.org/index.html.
31. https://web.archive.org/web/20160501124801/https://daohub.org/explainer.html.
32. S. Bannon, "The Tao of 'The DAO' or: How the Autonomous Corporation Is Already Here," *TechCrunch*, May 16, 2016, https://techcrunch.com/2016/05/16/the-tao-of-the-dao-or-how-the-autonomous-corporation-is-already-here.
33. Securities and Exchange Commission, Report of Investigation Pursuant to Section 21(a) of the Securities Exchange Act of 1934: The DAO, Securities and Exchange Commission Release No. 81207, 2017, https://www.sec.gov/litigation/investreport/34-81207.pdf.
34. S. McConnell, *Code Complete: A Practical Handbook of Software Construction*, 2nd ed. (Microsoft Press, 2004).
35. J. Koetsier, "450M Lines of Code Say Large Open Source and Small Closed Source

Software Projects Are Worst Quality," VentureBeat, May 9, 2013, http://venturebeat.com/2013/05/09/450-million-lines-of-code-say-large-open-source-and-small-closed-source-software-projects-are-worst-quality.

36. ledgerwatch, "I Think The DAO Is Getting Drained Right Now," Reddit, June 17, 2016, https://www.reddit.com/r/ethereum/comments/4oi2ta/i_think_thedao_is_getting_drained_right_now.
37. "An Open Letter," Pastebin, June 18, 2016, https://pastebin.com/CcGUBgDG.
38. J. I. Wong and I. Kar, "Everything You Need to Know about the Ethereum 'Hard Fork,'" Quartz, July 18, 2016, https://qz.com/730004/everything-you-need-to-know-about-the-ethereum-hard-fork.
39. J. Dalais, "Gavin Andresen: We Have a Bitcoin Soft Fork Going On - ETA of Increased Block Size '6 Months to a Year,'" Crypto Coins News, April 22, 2015, https://web.archive.org/web/20160311081742/https://www.cryptocoinsnews.com/gavin-andresen-bitcoin-soft-fork-going-eta-increased-block-size-6-months-year.
40. A. Hertig, "The Latest Bitcoin Bug Was So Bad, Developers Kept Its Full Details a Secret," CoinDesk, September 22, 2018, https://www.coindesk.com/the-latest-bitcoin-bug-was-so-bad-developers-kept-its-full-details-a-secret.
41. Nakamoto, "Bitcoin: A Peer-to-Peer Electronic Cash System," 4.
42. 中本聪确实预见到了专门的挖矿硬件的出现，但他并没有预见到挖矿市场会因此变得集中。
43. S. Sayeed and H. Marco-Gisbert, "Assessing Blockchain Consensus and Security Mechanisms against the 51% Attack," *Applied Sciences* 9, no. 9 (2019): 1788–1804.
44. G. Andresen, "Centralized Mining," *Bitcoin Foundation*, July 7, 2014, https://bitcoinfoundation.org/centralized-mining.
45. B. Kaiser, M. Jurado, and A. Ledger, "The Looming Threat of China: An Analysis of Chinese Influence on Bitcoin," Arxiv.org, Cornell University, 2018, http://arxiv.org/abs/1810.02466.
46. A. Van Wirdum, "Chinese Exchanges Reject Gavin Andresen's 20 MB Block Size Increase," *CoinTelegraph*, June 5, 2015, https://cointelegraph.com/news/chinese-exchanges-reject-gavin-andresens-20-mb-block-size-increase.
47. Van Wirdum, "Chinese Exchanges Reject Gavin Andresen's 20 MB Block Size Increase."
48. E. S. Raymond, "Homesteading the Noosphere," *First Monday* 3, no.10 (1998), https://doi.org/10.5210/fm.v3i10.621.
49. J. Pearson, "Ethereum's Boy King Is Thinking about Giving Up the Mantle," *Motherboard*, April 24, 2017, https://motherboard.vice.com/en_us/article/jpzd58/ethereums-boy-king-is-thinking-about-giving-up-the-mantle.
50. A. L. Russell, "'Rough Consensus and Running Code' and the Internet-OSI Standards War," *IEEE Annals of the History of Computing* 28, no. 3, July - Sept. (2006): 48–61.
51. E. Stringham, *Private Governance: Creating Order in Economic and Social Life* (Oxford University Press, 2015).
52. 详见第六章。
53. 图 7.1 的数据来源于 Bitcoin.com Charts/Hash Rate. https://charts.bitcoin.com。

54. Nakamoto, *Bitcoin: A Peer-to-Peer Electronic Cash System*, 8.
55. C. Baraniuk, "What You Need to Know about the Latest Bitcoin Boom," *BBC*, September 8, 2017, https://www.bbc.com/worklife/article/20170906-what-you-need-to-know-about-the-latest-bitcoin-boom.
56. G. L. Pennec, I. Fiedler, and L. Ante, "Wash Trading at Cryptocurrency Exchanges," Finance Research Letters 101982, 2021; A. Abdel-Qader, "CFTC Hits Coinbase with $6.5 Million Fine over Wash Trades," *Finance Magnates*, March 20, 2021, https://www.financemagnates.com/cryptocurrency/exchange/cftc-hits-coinbase-with-6-5-million-fine-over-wash-trades; New York State Attorney General, "Attorney General James Ends Virtual Currency Trading Platform Bitfinex's Illegal Activities in New York," press release, New York State Office of the Attorney General, February 23, 2021, https://ag.ny.gov/press-release/2021/attorney-general-james-ends-virtual-currency-trading-platform-bitfinex-illegal.
57. M. Hoffmann, "Comments to the New York State Department of Financial Services on BitLicense: The Proposed Virtual Currency Regulatory Framework," Electronic Frontier Foundation, 2014; M. Belcher, A. Mackey, D. O'Brien, and R. Reitman, "Comments to the Financial Crimes Enforcement Network (FinCEN) on Requirements for Certain Transactions Involving Convertible Virtual Currency or Digital Assets," Electronic Frontier Foundation, https://www.eff.org/document/2021-01-04-eff-comments-fincen; R. Reitman and H. Tsukayama, "16 Civil Society Organizations Call on Congress to Fix the Cryptocurrency Provision of the Infrastructure Bill," Electronic Frontier Foundation, August 5, 2021, https://www.eff.org/deeplinks/2021/08/16-civil-society-organizations-call-congress-fix-cryptocurrency-provision.
58. Digital Assets Program Team, "Cambridge Bitcoin Electricity Consumption Index," Cambridge Centre for Alternative Finance, https://cbeci.org.
59. Digital Assets Program Team, "Cambridge Bitcoin Electricity Consumption Index."
60. Nakamoto, "Re: Bitcoin P2P E-cash Paper."

第八章

1. Padmakara Translation Group, trans., *The Way of the Bodhisattva: A Translation of the Bodhicharyavatara/Shantideva*, rev. ed. (Shambala Publications, 2011), 210.
2. 除非另有说明，不然本章中的引文均来自我在2021年4月26日对米兰德的采访。关于个人传记的细节，我还参考了S. Kessler, *Gigged: The End of the Job and the Future of Work* (St. Martin's Press, 2018).
3. Kessler, *Gigged*.
4. 详见第二章。
5. L. C. Irani, "The Cultural Work of Microwork," *New Media & Society* 17, no. 5 (2015): 720–739.
6. K. Hara, A. Adams, K. Milland, S. Savage, C. Callison-Burch, and J. P. Bigham, "A Data-Driven Analysis of Workers' Earnings on Amazon Mechanical Turk," paper presented at the 2018 ACM Conference on Human Factors in Computing Systems (CHI 2018), April 21–26,

2018, Montreal, QC, Canada.
7. Hara et al., "A Data-Driven Analysis of Workers' Earnings on Amazon Mechanical Turk."
8. O. Kässi, V. Lehdonvirta, and J.-M. Dalle, "Workers' Task Choice Heuristics as a Source of Emergent Structure in Digital Microwork," 2019, https://osf.io/preprints/socarxiv/ngy46.
9. V. Lehdonvirta, "Flexibility in the Gig Economy: Managing Time on Three Online Piecework Platforms," *New Technology, Work and Employment* 33, no. 1 (2018): 23.
10. 来自对 Mechanical Turk 工人的私下采访，详见 Lehdonvirta, "Flexibility in the Gig Economy"。
11. Kessler, *Gigged*.
12. Kessler, *Gigged*.
13. Lehdonvirta, "Flexibility in the Gig Economy," 23.
14. E. Kozo, "2011 National Household Survey Highlights," Ministry of Finance, 2013, https://www.fin.gov.on.ca/en/economy/demographics/census/nhshi11-6.pdf.
15. Kessler, *Gigged*.
16. 不幸的是，这种心理创伤在今天庞大的互联网内容编辑行业中非常普遍。详见 S. T. Roberts, *Behind the Screen: Content Moderation in the Shadows of Social Media* (Yale University Press, 2019)。
17. C. C. Pörtner, N. Hassairi, and M. Toomim, "Only If You Pay Me More: Field Experiments Support Compensating Wage Differentials Theory," 2015, https://doi.org/10.2139/ssrn.2676905.
18. Kessler, Gigged.
19. 研究人员玛丽·格雷（Mary Gray）和西达尔斯·苏瑞（Siddharth Suri）将 Mechanical Turk 上的工作称为"幽灵工作"（ghost work），因为人们在这种工作中存在感很低。M. L. Gray and S. Suri, *Ghost Work: How to Stop Silicon Valley from Building a New Global Underclass* (Houghton Mifflin Harcourt, 2019).
20. Kessler, *Gigged*.
21. Irani, "The Cultural Work of Microwork," 720.
22. Irani, "The Cultural Work of Microwork," 727.
23. L. C. Irani and M. Silberman, "Turkopticon: Interrupting Worker Invisibility in Amazon Mechanical Turk," *Proceedings of the SIGCHI Conference on Human Factors in Computing Systems*, 2013, 611–620, http://dl.acm.org/citation.cfm?id=2470742.
24. M. Harris, "Amazon's Mechanical Turk Workers Protest: 'I Am a Human Being, Not an Algorithm,'" *The Guardian*, December 3, 2014, https://web.archive.org/web/20160304135955/http://www.theguardian.com/technology/2014/12/03/amazon-mechanical-turk-workers-protest-jeff-bezos.
25. K. Marx, *Capital* (Modern Library, 1906), 836–837.
26. V. Lehdonvirta, "Algorithms That Divide and Unite: Delocalization, Identity, and Collective Action in 'Microwork,'" in *Space, Place and Global Digital Work*, ed. J. Flecker (Palgrave Macmillan, 2016), 53–80.
27. M. Yin, M. L. Gray, S. Suri, and J. Wortman Vaughan, "The Communication Network within the Crowd," in *WWW, 16: Proceedings of the 25th International Conference on World Wide*

Web (ACM, 2016), 1293–1303.

28. A. Shontell, "When Amazon Employees Receive These One-Character Emails from Jeff Bezos, They Go into a Frenzy," *Business Insider India*, October 10, 2013, https://www.businessinsider.in/When-Amazon-Employees-Receive-These-One-Character-Emails-From-Jeff-Bezos-They-Go-Into-A-Frenzy/articleshow/23907349.cms.
29. Harris, "Amazon's Mechanical Turk Workers Protest."
30. Harris, "Amazon's Mechanical Turk Workers Protest."
31. M. Olson, *The Logic of Collective Action: Public Goods and the Theory of Groups* (Harvard University Press, 1965).
32. J. Kelly, *Rethinking Industrial Relations* (Routledge, 1998).
33. 详见第四章。
34. A. J. Wood and V. Lehdonvirta, "Antagonism beyond Employment: How the 'Subordinated Agency' of Labour Platforms Generates Conflict in the Remote Gig Economy," *Socio-Economic Review* 19, no. 4 (2021): 1388.
35. Wood and Lehdonvirta, "Antagonism beyond Employment," 1388.

第九章

1. 本章中的传记细节来自 A. Gazdecki, *Getting Acquired: How I Built and Sold My SAAS Startup* (Microacquire Publishing, 2021) 以及 A. Gazdecki and P. K. Jayadevan, "Bootstrapping Your Startup from a Lean MVP All the Way to an Exit with Andrew Gazdecki, Founder of MicroAcquire," *The Orbit Shift Podcast*, series 2, episode 12, 2021, https://www.buzzsprout.com/1290581/8239607。
2. Gazdecki and Jayadevan, "Bootstrapping Your Startup from a Lean MVP."
3. Gazdecki and Jayadevan, "Bootstrapping Your Startup from a Lean MVP."
4. S. Gazdecki, *Andrew Gazdecki—Skateboard Petition Video 3 of 3*, YouTube, December 23, 2008, https://www.youtube.com/watch?v=n9Sdh4H94Gw.
5. S. Gazdecki, *Andrew Gazdecki—Skateboard Petition Video 1 of 3*, YouTube, December 24, 2008, https://www.youtube.com/watch?v=n9Sdh4H94Gw.
6. Gazdecki, *Andrew Gazdecki—Skateboard Petition Video 1 of 3*.
7. 关于这种所谓的虚拟商品的金钱交易是如何运作的，请参见 V. Lehdonvirta and E. Castronova, *Virtual Economies: Design and Analysis* (MIT Press, 2014)。
8. Gazdecki and Jayadevan, "Bootstrapping Your Startup from a Lean MVP."
9. Gazdecki and Jayadevan, "Bootstrapping Your Startup from a Lean MVP."
10. 详见第四章。
11. Gazdecki and Jayadevan, "Bootstrapping Your Startup from a Lean MVP."
12. Gazdecki and Jayadevan, "Bootstrapping Your Startup from a Lean MVP."
13. A. Gazdecki, "But I Started to Notice a Trend...," Twitter, March 31, 2021, https://twitter.com/agazdecki/status/1377260585000128513?s=20.
14. Gazdecki and Jayadevan, "Bootstrapping Your Startup from a Lean MVP."
15. T. Harbaugh, "Mobile-App Marvel," *Chico News & Review*, April 14, 2011, https://www.

newsreview.com/chico/content/mobile-app-marvel/1958581.

16. R. Empson, "Does Your Business Need Mobile Apps? Bizness Apps (& More) Give You the Premium Tools," *TechCrunch*, January 23, 2012, https://techcrunch.com/2012/01/23/does-your-business-need-mobile-apps-bizness-apps-more-give-you-the-premium-tools.
17. M. Kelly, "Now is the Time to Build Mobile Apps, Small Business Owners," VentureBeat, December 5, 2012, https://venturebeat.com/2012/12/05/mobile-apps-small-businesses.
18. Empson, "Does Your Business Need Mobile Apps?".
19. B. Scott, "10 San Francisco Companies That Are Growing Like Crazy," *Inc.*, 2015, https://www.inc.com/bartie-scott/2015-inc5000-top-10-fastest-growing-companies-in-san-francisco.html.
20. Gazdecki, *Getting Acquired*.
21. Gazdecki, *Getting Acquired*.
22. A. Gazdecki, "How I Moved My Startup from San Francisco to San Diego," *TechCrunch*, May 31, 2016, https://techcrunch.com/2016/05/30/how-i-moved-my-startup-from-san-francisco-to-san-diego.
23. Gazdecki and Jayadevan, "Bootstrapping Your Startup from a Lean MVP."
24. Statista Research Department, "Total Number of Active Mobile App Developers in Leading Global App Stores as of January 2017," Statista, 2021, https://www.statista.com/statistics/276437/developers-per-appstore.
25. "Developer Economics Q3 2013," VisionMobile, 2013.
26. "Developer Earnings from the App Store Top $70 Billion," Apple press release, June 1, 2017, https://www.apple.com/newsroom/2017/06/developer-earnings-from-the-app-store-top-70-billion.
27. B. Pon, *Winners & Losers in the Global App Economy* (Caribou Digital Publishing, 2016), https://www.cariboudigital.net/wp-content/uploads/2019/01/Caribou-Digital-Winners-and-Losers-in-the-Global-App-Economy-2016.pdf.
28. Gazdecki, *Getting Acquired*.
29. Gazdecki, *Getting Acquired*.
30. M. Panzarino, "Apple Goes after Clones and Spam on the App Store," TechCrunch, June 22, 2017, https://techcrunch.com/2017/06/21/apple-goes-after-clones-and-spam-on-the-app-store.
31. S. Perez, "Apple's Widened Ban on Templated Apps Is Wiping Small Businesses from the App Store," TechCrunch, December 8, 2017, https://techcrunch.com/2017/12/08/apples-widened-ban-on-templated-apps-is-wiping-small-businesses-from-the-app-store.
32. Perez, "Apple's Widened Ban on Templated Apps."
33. Panzarino, "Apple Goes after Clones and Spam on the App Store."
34. Perez, "Apple's Widened Ban on Templated Apps."
35. "Ready Your Mobile Workforce with Apple and IBM," https://www.ibm.com/services/apple-services.
36. M. Jenkin, "Apple Moves to Ban Apps Made with Commercial Templating Tools," CRN, December 15, 2017, https://www.crn.com.au/news/apple-moves-to-ban-apps-made-with-

commercial-templating-tools-479844; Perez, "Apple's Widened Ban on Templated Apps."
37. Gazdecki, *Getting Acquired*.
38. Overpass Apps, *Apple 4.3 Complaints Are Increasing*, YouTube, December 11, 2017, https://www.youtube.com/watch?v=No2Cufs5GEc.
39. Y. Xu, "Chinese Developers File Complaint against Apple for 4.3 Design Spam Guideline," *PR Newswire*, September 18, 2017, https://www.prnewswire.com/news-releases/chinese-developers-file-complaint-against-apple-for-43-design-spam-guideline-645328753.html.
40. Overpass Apps, *Apple 4.3 Complaints Are Increasing*.
41. Statista Research Department, "Subscriber Share Held by Smartphone Operating Systems in the United States from 2012 to 2021," Statista, 2021, https://www.statista.com/statistics/266572/market-share-held-by-smartphone-platforms-in-the-united-states.
42. Gazdecki, *Getting Acquired*.
43. Overpass Apps, *Apple 4.3 Complaints Are Increasing*.
44. Gazdecki, *Getting Acquired*.
45. Perez, "Apple's Widened Ban on Templated Apps."
46. Gazdecki, *Getting Acquired*.
47. Bizness Apps, "Apple: Please Allow Small Businesses to Publish Apps in the App Store," Change, 2017, https://www.change.org/p/apple-please-allow-small-businesses-to-publish-apps-in-the-app-store.
48. Bizness Apps, "Apple: Please Allow Small Businesses to Publish Apps in the App Store."
49. 这句话引自我从请愿网站上收集的一组评论，最初发表于2017年。我没有引用发帖人的名字，因为他们可能不喜欢人们突然去关注他们旧时的评论。
50. Perez, "Apple's Widened Ban on Templated Apps."
51. Perez, "Apple's Widened Ban on Templated Apps."
52. 这些引语来自我从请愿网站上收集的一组评论，详见第49条注释。
53. Gazdecki, *Getting Acquired*.
54. A. Gazdecki, "Update: Apple Revises Its Guidelines on Templated Apps," *Bizness Apps News* (blog), 2018, https://www.biznessapps.com/blog/update-apple-revises-guidelines-templated-apps.
55. 详见第八章。
56. J. Kelly, *Rethinking Industrial Relations* (Routledge, 1998); H. Margetts, P. John, S. A. Hale, and T. Yasseri, *Political Turbulence: How Social Media Shape Collective Action* (Princeton University Press, 2016).
57. 详见第八章。
58. J. Firnhaber-Baker, ed., *The Routledge History Handbook of Medieval Revolt* (Routledge, 2016).
59. S. C. Ogilvie, *The European Guilds: An Economic Analysis* (Princeton University Press, 2019).
60. A. Gazdecki, "We've Been Acquired by Think3!," *Bizness Apps News* (blog), May 31, 2018, https://www.biznessapps.com/blog/acquired-by-think3.
61. Gazdecki, *Getting Acquired*.
62. Gazdecki, *Getting Acquired*.
63. 这种"无须信任"的平台最终证明只是一种妄想，详见第八章。

第十章

1. K. A. Lerman, *Bismarck* (Routledge, 2004).
2. D. Khoudour-Castéras, "Welfare State and Labor Mobility: The Impact of Bismarck's Social Legislation on German Emigration before World War I," *Journal of Economic History* 68, no. 1 (2008): 211–243.
3. 索菲亚并不是一个真人，而是一个基于多人经历构建而成的复合型人物。这能让我在一个故事中集中探讨几个重要问题，并保护研究参与者的隐私。对索菲亚及其朋友的引语来自对研究参与者的采访，以及在 GoFundMe 上收集到的公开发布的信息。为了保护参与者的隐私以及整合故事，细节处做出了修改。作为研究的一部分，这些数据被收集于 V. Lehdonvirta, "Flexibility in the Gig Economy: Managing Time on Three Online Piecework Platforms," *New Technology, Work & Employment* 33, no. 1 (2018): 13–29; V. Lehdonvirta, A. Margaryan, H. Davies, J. Albert, and L. R. Larke, *Developing and Matching Skills in the Online Platform Economy: Findings on New Forms of Digital Work and Learning from Cedefop's CrowdLearn Study* (Cedefop, 2020); and S. Lee and V. Lehdonvirta, "New Digital Safety Net or Just More 'Friendfunding'? Institutional Analysis of Medical Crowdfunding in the United States," *Information, Communication & Society* (2020)。
4. 详见第八章。
5. Skillshop, "Welcome to Skillshop, a Destination for Every Kind of Learner," Google, October 8, 2019, https://skillshop.exceedlms.com/student/activity/18752-welcome-to-skillshop-a-destination-for-every-kind-of-learner.
6. C. Fredricksen, "US Digital Ad Spending to Top $37 Billion in 2012 as Market Consolidates," press release, eMarketer, September 20, 2012, https://www.emarketer.com/newsroom/index.php/digital-ad-spending-top-37-billion-2012-market-consolidates.
7. 详见第四章。
8. S. R. Collins, H. K. Bhupal, and M. M. Doty, "Health Insurance Coverage Eight Years after the ACA: Fewer Uninsured Americans and Shorter Coverage Gaps, but More Underinsured," Commonwealth Fund, 2019, https://doi.org/10.26099/penv-q932.
9. R. Bluth, "GoFundMe CEO: 'Gigantic Gaps' in Health System Showing Up in Crowdfunding," Kaiser Health News, January 16, 2019, https://khn.org/news/gofundme-ceo-gigantic-gaps-in-health-system-showing-up-in-crowdfunding.
10. NORC, "NORC AmeriSpeak Omnibus Survey: Millions of Americans Donate through Crowdfunding Sites to Help Others Pay for Medical Bills," NORC at the University of Chicago, 2020, https://www.norc.org/PDFs/ASonHealth/AmeriSpeak%20Omnibus%20-%20Crowdfunding.pdf.
11. A. Harries, "How Crowdfunding Platform GoFundMe Has Created a $3 Billion Digital Safety Net," *Fast Company*, February 13, 2017, https://www.fastcompany.com/3067472/how-crowdfunding-platform-gofundme-has-created-a-3-billion-digital.
12. Bluth, "GoFundMe CEO."
13. Lee and Lehdonvirta, "New Digital Safety Net."

14. L.S. Berliner and N. J. Kenworthy, "Producing a Worthy Illness: Personal Crowdfunding Amidst Financial Crisis," *Social Science & Medicine* 187 (2017): 233–242.
15. 详见第一章。
16. Lee and Lehdonvirta, "New Digital Safety Net."
17. NORC, "NORC AmeriSpeak Omnibus Survey."
18. Lee and Lehdonvirta, "New Digital Safety Net." 然而，这种关联性很可能只适用于分享次数增长幅度较小的情况，在更大规模的分享下，所筹资金的边际增长可能更小。
19. Lee and Lehdonvirt, "New Digital Safety Net."
20. F. B. M. Hollyday, *Bismarck* (Prentice-Hall, 1970), 18.
21. S. Bauernschuster, A. Driva, and E. Hornung, "Bismarck's Health Insurance and the Mortality Decline," *Journal of the European Economic Association* 18, no. 5 (2019): 2561–2607.
22. Khoudour-Castéras, "Welfare State and Labor Mobility."
23. Lerman, *Bismarck*.
24. 详见第八章。
25. 详见第四章。
26. T. Kim, "Where Did All the Uber Drivers Go?," Bloomberg Opinion, May 27, 2021, https://www.bloomberg.com/opinion/articles/2021-05-27/vanishing-gig-workers-put-uber-lyft-and-doordash-to-test.
27. J. Kantor, K. Weise, and G. Ashford, "The Amazon That Customers Don't See," New York Times, June 15, 2021, https://www.nytimes.com/interactive/2021/06/15/us/amazon-workers.html.
28. Lehdonvirta et al., "New Digital Safety Net."
29. A. Margaryan, "Workplace Learning in Crowdwork: Comparing Microworkers' and Online Freelancers' Practices," *Journal of Workplace Learning* 31, no. 4 (2019): 250–273.
30. Lehdonvirta et al., "New Digital Safety Net."
31. H. Ozalp, P. Ozcan, D. Dinckol, M. Zachariadis, and A. Gawer, "Platforms in Highly Regulated Industries: An Analysis of GAFAM Entry into Healthcare and Education," *Academy of Management Proceedings* 2021, no. 1 (2021), https://doi.org/10.5465/AMBPP.2021.14549abstract.

结语

1. 详见第一章和第二章。
2. P. Omidyar, "Introduction," in *The Official eBay Guide to Buying, Selling, and Collecting Just about Anything*, ed. L. F. Kaiser and M. Kaiser (Simon and Schuster, 1999), xv.
3. 详见第三章和第四章。
4. J. P. Barlow, "The Best of All Possible Worlds," *Communications of the ACM* 40, no. 2 (1997): 73.
5. 详见第五章。
6. R. Spector, *Amazon.com: Get Big Fast* (Random House, 2000).
7. T. C. May, "The Cyphernomicon: Cypherpunks FAQ and More, Version 0.666,"

Cypherpunks.to, September 10, 1994. https://web.archive.org/web/20020603230702/http://www.cypherpunks.to/faq/cyphernomicron/cyphernomicon.txt.
8. 详见第一章、第二章和第三章。
9. 详见第四章。
10. 详见第一章和第二章。
11. D. C. North, "Institutions," *The Journal of Economic Perspectives* 5, no. 1 (1991): 97–112.
12. 详见第二章、第三章和第四章。
13. North, "Institutions."
14. 详见第三章。
15. 详见第四章。
16. E. Katsh and O. Rabinovich-Einy, *Digital Justice: Technology and the Internet of Disputes* (Oxford University Press, 2017).
17. 详见第四章。
18. 详见引言。
19. 详见第三章。
20. S. C. Ogilvie, *The European Guilds: An Economic Analysis* (Princeton University Press, 2019).
21. S. Ogilvie, *Institutions and European Trade: Merchant Guilds*, 1000–1800 (Cambridge University Press, 2011).
22. E. J. Hobsbawm, Nations and Nationalism Since 1780: Programme, Myth, Reality (Cambridge University Press, 1990). 请注意，社会科学家对国家（政治实体及其行政机关）、民族（真实或想象的人民社区）和民族国家（与人民社区一致的政治实体）等术语赋予了不同的含义。在这本书中，我讨论国家时主要涉及其行政方面。
23. C. Tilly, *Coercion, Capital and European States*, AD 990–1990 (Blackwell, 1990).
24. 详见第九章。
25. S. Ogilvie and A. W. Carus, "Institutions and Economic Growth in Historical Perspective," in *Handbook of Economic Growth*, vol. 2, ed. P. Aghion and S. N. Durlauf (Elsevier, 2014), 403–513.
26. J. Zittrain, "The Generative Internet," *Harvard Law Review* 119, no. 7 (2006): 1974–2040.
27. 详见第三章。
28. 详见第十章。
29. 详见第六章。
30. 详见第五章。
31. 详见第五章。
32. 相同的观点还可见于 J. Van Dijck and D. Nieborg, "Wikinomics and Its Discontents: A Critical Analysis of Web 2.0 Business Manifestos," *New Media & Society* 11, no. 5 (2009): 855–874; 以及 T. Wu, *The Master Switch: The Rise and Fall of Information Empires* (Atlantic Books, 2010)。
33. 详见第七章。
34. 详见第五章。
35. E. Klein, "Mark Zuckerberg on Facebook's Hardest Year, and What Comes Next," Vox, April 2, 2018, https://www.vox.com/2018/4/2/17185052/mark-zuckerberg-facebook-

interview-fake-news-bots-cambridge.

36. L. Oppenheim and E. Reiner, *Ancient Mesopotamia: Portrait of a Dead Civilization*, rev. ed. (University of Chicago Press, 1977).
37. D. E. Knuth, "Ancient Babylonian Algorithms," *Communications of the ACM* 15, no. 7 (1972): 671–677.
38. M. Mazzucato, *The Entrepreneurial State: Debunking Public vs. Private Sector Myths* (Anthem Press, 2013).
39. P. Dunleavy, H. Z. Margetts, S. Bastow, and J. Tinkler, "New Public Management Is Dead: Long Live Digital-Era Governance," . *Journal of Public Administration Research and Theory* 16, no. 3 (2005): 467–494.
40. L. Dencik, "The Datafied Welfare State: A Perspective from the UK," in *The Ambivalences of Data Power: New Perspectives in Critical Data Studies*, ed. A. Hepp, J. Jarke, and L. Kramp (Palgrave Macmillan, 2021). In many developing countries, the state was never a very powerful administrator.
41. 详见第九章。
42. 详见第十章。
43. 国家可以依据有关人员的国籍等方面，对其领土以外的事项主张管辖权。但在实践中，国家能否成功在境外执行其规则却是另外一回事。因此，领土是定义国家管辖权的首要原则，也是最常被援引的原则。M. Akehurst, "Jurisdiction in International Law," *British Yearbook of International Law* 46 (1973): 145–258.
44. eBay, Inc., "Micro-Multinationals, Global Consumers, and the WTO: Towards a 21st Century Trade Regime," eBay Main Street, 2013. https://www.ebaymainstreet.com/sites/default/files/policy-papers/Micro-Multinationals_Global-Consumers_WTO_Report_1.pdf.
45. 详见第四章。
46. 这种观点以及由此产生的影响大多不适用于 Uber 等零工经济平台，因为这些平台是面向当地市场提供实体服务的。他们的管辖权与地方政府的管辖权相互重叠。
47. Barlow, "The Best of All Possible Worlds," 72.
48. C. Engel and J. H. Rogers, "How Wide Is the Border?," *American Economic Review* 86, no. 5 (1995): 1112–1125.
49. M. A. Clemens, "Economics and Emigration: Trillion-Dollar Bills on the Sidewalk?," *Journal of Economic Perspectives* 25, no. 3 (2011): 83–106.
50. D. Van Miert, "What Was the Republic of Letters? A Brief Introduction to a Long History," *Groniek* 204, no. 5 (2014): 269–287.
51. International Chamber of Commerce, "2021 Arbitration Rules," 2021, https://iccwbo.org/dispute-resolution-services/arbitration/rules-of-arbitration.
52. T. Mayer and G. I. P. Ottaviano, "The Happy Few: The Internationalisation of European Firms. New Facts Based on Firm-Level Evidence," Bruegel Blueprint Series 3, 2007, https://www.bruegel.org/wp-content/uploads/imported/publications/BP_Nov2008_The_happy_few.pdf.
53. eBay, Inc., "Micro-Multinationals."
54. A. Lendle, M. Olarreaga, S. Schropp, and P.-L. Vézina, "There Goes Gravity: eBay and the

Death of Distance," *Economic Journal* 126, no. 591 (2016): 406–441.
55. 详见第四章。
56. S. Rosen, "The Economics of Superstars," *American Economic Review* 71, no. 5 (1981): 845–858.
57. B. Pon, *Winners and Losers in the Global App Economy* (Caribou Digital Publishing, 2016), https://www.cariboudigital.net/wp-content/uploads/2019/01/Caribou-Digital-Winners-and-Losers-in-the-Global-App-Economy-2016.pdf.
58. Eurostat, "Digital Economy and Society Statistics: Households and Individuals," 2020, https://ec.europa.eu/eurostat/statistics-explained/index.php?title=Digital_economy_and_society_statistics_-_households_and_individuals.
59. European Commission, "Consumers: 60% of Cross Border Internet Shopping Orders Are Refused, Says New EU Study," 2009, https://ec.europa.eu/commission/presscorner/detail/en/IP_09_1564.
60. European Commission, "Consumers."
61. European Commission, "Consumers."
62. B. Keen and V. Letang, eds., *Interactive Content and Convergence: Implications for the Information Society* (Office for Official Publications of the European Communities, 2007), https://op.europa.eu/en/publication-detail/-/publication/ec500b6c-88e1-4d8e-988b-1cd8279521eb.
63. J. M. Barroso, "Political Guidelines for the Next Commission," 2009, https://sbe.org.gr/newsletters/eflashnews/2009_21/Barroso_Political_Guidelines_2009.pdf.
64. S. N. Brotman, "The European Union's Digital Single Market Strategy: A Conflict between Government's Desire for Certainty and Rapid Marketplace Innovation?," Center for Technology Innovation at Brookings, May 1, 2016.
65. 详见第六章。
66. T. Wu, *The Curse of Bigness: Antitrust in the New Gilded Age* (Columbia Global Reports, 2018).
67. B. Rezabakhsh, D. Bornemann, U. Hansen, and U. Schrader, "Consumer Power: A Comparison of the Old Economy and the Internet Economy," *Journal of Consumer Policy* 29, no. 1 (2006): 3–36.
68. 更具体地说，卡恩认为，如今的反垄断法过于关注消费者福利，它必须回归其根源，才能解释一些垄断行为，如掠夺性定价和垂直整合等。L. M. Khan, "Amazon's Antitrust Paradox," *Yale Law Journal* 126, no. 3 (2017): 710–805; L. M. Khan, "Amazon: An Infrastructure Service and Its Challenge to Current Antitrust Law," in *Digital Dominance: The Power of Google, Amazon, Facebook, and Apple*, ed. M. Moore and D. Tambini (Oxford University Press, 2018), 98–132.
69. M. Wilson, "eMarketer: Amazon to Capture 47% of All U.S. Online Sales in 2019," Chain Store Age, February 15, 2019, https://chainstoreage.com/technology/emarketer-amazon-to-capture-47-of-all-u-s-online-sales-in-2019.
70. 详见第六章。
71. Khan, "Amazon: An Infrastructure Service."
72. 详见第四章。
73. 详见第六章和第七章。

74. 详见第九章。
75. 详见第五章。
76. A. Ezrachi and M. E. Stucke, *Virtual Competition* (Harvard University Press, 2016).
77. 详见第三章。
78. 详见第六章。
79. 国家确实会出于产业政策和国家安全等原因经营一些企业，但这与平台公司为了谋利和夺人生意而建立的"国营企业"有所不同。此外，国家也经营公用事业，这个在接下来的内容中也会讨论到。
80. A. Kalra, "India Plans Tighter E-commerce Rules amid Complaints over Amazon, Flipkart," Reuters, June 22, 2021, https://www.reuters.com/world/india/india-plans-tighter-e-commerce-rules-amid-complaints-over-amazon-flipkart-2021-06-21.
81. 详见第六章。
82. 详见第九章。
83. 详见第八章。
84. J. A. Cohn, *The Grid: Biography of an American Technology* (MIT Press, 2017); Wu, *The Curse of Bigness*.
85. Khan, "Amazon's Antitrust Paradox," 798.
86. European Commission, "Proposal for a Regulation of the European Parliament and of the Council on Contestable and Fair Markets in the Digital Sector (Digital Markets Act)," COM/2020/842 final, EUR-Lex, https://eur-lex.europa.eu/legal-content/en/TXT/?qid=1608116887159&uri=COM%3A2020%3A842%3AFIN.
87. D. Bohn, "Why Amazon Got out of the Apple Tax, and Why Other Developers Won't," *Verge*, April 3, 2020, https://www.theverge.com/2020/4/3/21206400/apple-tax-amazon-tv-prime-30-percent-developers.
88. 新提议的《数字市场法案》确实包含了一份很长的详细清单，上面罗列了守门人平台被允许和禁止的事项。我认为这是一个很好的进步。但是，由于清单上的规定十分模糊，所以如果平台管理者真想滥用权力的话，那这压根约束不了他们。
89. J. Campbell, "We Should Nationalize Food Delivery Apps and Turn Them into a Public Food Service," Jacobin, March 26, 2020, https://jacobinmag.com/2020/03/delivery-apps-national-food-service-coronavirus-covid-19.
90. Khan, "Amazon's Antitrust Paradox," 798.
91. B. Cyphers and C. Doctorow, "Privacy without Monopoly: Data Protection and Interoperability," Electronic Frontier Foundation, 2021, https://www.eff.org/wp/interoperability-and-privacy.
92. Cyphers and Doctorow, "Privacy without Monopoly."
93. 详见第一章。
94. 详见第三章和第四章。
95. 详见第七章。
96. C. Cath, "The Technology We Choose to Create: Human Rights Advocacy in the Internet Engineering Task Force," *Telecommunications Policy* 45, no. 6 (2021): 102144.
97. J. P. Barlow, "The Best of All Possible Worlds," *Communications of the ACM* 40, no. 2 (1997):

73.
98. F. O'Brien, "Age of Ecommerce Empires: Mapping the World's Top Online Marketplaces," *Website Builder Expert*, November 8, 2018, https://www.websitebuilderexpert.com/ecommerce-website-builders/age-of-ecommerce-empires.
99. P. C. Evans and A. Gawer, "The Rise of the Platform Enterprise: A Global Survey," Emerging Platform Economy Series 1, 2016, https://www.thecge.net/app/uploads/2016/01/PDF-WEB-Platform-Survey_01_12.pdf.
100. S. Rolf and S. Schindler, "State Platform Capitalism and the Sino-US Rivalry," working paper.
101. H. Farrell and A. Newman, "The Transatlantic Data War: Europe Fights Back against the NSA," *Foreign Affairs* 95, no. 1 (2016): 124–133.
102. 详见第八章。
103. T. Scholz and N. Schneider, eds., (2017) *Ours to Hack and to Own: The Rise of Platform Cooperativism. A New Vision for the Future of Work and a Fairer Internet* (OR Books, 2017); Y. Benkler, "Peer Production, the Commons, and the Future of the Firm," *Strategic Organization* 15, no. 2 (2017): 264–274; J. Schor, *After the Gig: How the Sharing Economy Got Hijacked and How to Win It Back* (University of California Press, 2020).
104. M. Mannan and N. Schneider, "Exit to Community: Strategies for Multi-stakeholder Ownership in the Platform Economy," *Georgetown Law Technology Review* 5, no. 1 (2021): 1–71.
105. 一些区块链项目已经开始尝试合作治理模式，不再使用"仁慈的独裁者"模式，或者只是在其基础上增加这种模式。然而，除了复杂性和混乱之外，目前还不清楚区块链技术能对正常数据库服务器无法实现的协作治理做出什么样的贡献。在实践中，区块链的治理很容易退化为一种富豪统治。详见第七章以及 N. Schneider, "Cryptoeconomics as a Limitation on Governance," Center for Open Science, January 21, 2022, https://osf.io/wzf85/?view_only=a10581ae9a804aa197ac39ebbba05766。
106. 详见第六章以及 Wu, *The Curse of Bigness*。
107. 详见第八章。
108. 详见第六章。
109. A. Hirschman, *Exit, Voice, and Loyalty: Responses to Decline in Firms, Organizations, and States* (Harvard University Press, 1970).
110. Ogilvie, *The European Guilds*. 也可参见本书第九章。
111. C. Wickham, "Looking Forward: Peasant Revolts in Europe, 600–1200," in *The Routledge History Handbook of Medieval Revolt*, ed. J. Firnhaber-Baker (Routledge, 2016), 155–167.
112. H. Landemore, *Open Democracy: Reinventing Popular Rule for the Twenty-first Century* (Princeton University Press, 2020).
113. 详见第八章。
114. D. Streitfeld, "Inside eBay's Cockroach Cult: The Ghastly Story of a Stalking Scandal," *New York Times*, September 26, 2020, https://www.nytimes.com/2020/09/26/technology/ebay-cockroaches-stalking-scandal.html.
115. B. Barrett, "Former eBay Execs Allegedly Made Life Hell for Critics," *Wired*, June 15, 2020,

https://www.wired.com/story/ebay-employees-charged-cyberstalking-harassment-campaign.

116. Streitfeld, "Inside eBay's Cockroach Cult."
117. P. D. Culpepper and K. Thelen, "Are We All Amazon Primed? Consumers and the Politics of Platform Power," *Comparative Political Studies* 53, no. 2 (2020): 288–318.
118. 在一些问题上，平台的商业用户甚至可能与部分科技公司的所有者站在同一事业阵线上。详见 S. Riding, "Alphabet faces investor backlash over human rights policies," *Financial Times*, February 24, 2020。
119. 类似的观点可参见 L. Jin, "The Creator Economy Needs a Middle Class," *Harvard Business Review*, December 17, 2020, https://hbr.org/2020/12/the-creator-economy-needs-a-middle-class。
120. European Commission, "Regulation (EU) 2019/1150 of the European Parliament and of the Council of 20 June 2019 on Promoting Fairness and Transparency for Business Users of Online Intermediation Services," 2019, https://eur-lex.europa.eu/legal-content/EN/TXT/?uri=CELEX:32019R1150.
121. V. Lehdonvirta and E. Castronova, *Virtual Economies: Design and Analysis* (MIT Press, 2014), 250.
122. 详见第九章。
123. N. Suzor, "Digital Constitutionalism: Using the Rule of Law to Evaluate the Legitimacy of Governance by Platforms," *Social Media+Society* 4, no. 3 (2018): 1–11.

索 引
（此部分内容来自英文原书）

Accident Insurance Law (Germany), 190
Accountability. *See also* Governance; Trust
  blockchain technology, 8, 134, 154
  digital platforms, 3, 7–8, 226–229, 232
  market mechanisms, 7–8, 126–127, 229
Acemoglu, Daron, 240n18
Administrators. *See* Site administrators
Affordable Care Act, 194
Airbnb, 2
Algorithms
  Amazon, 119–121, 123
  bureaucracy and, 105–106
  collusion made possible by, 222
  eBay, 95–96, 101, 105
  humans treated as, 163, 166
  LinkedIn, 192
  market design, 107
  proof-of-work, 136–138, 140, 153
  ranking and recommendation, 98, 119–121, 192, 210, 213, 224, 235
  Uber, 101–103, 105, 108
  Upwork, 98, 101, 105, 108

Amazon, 2, 3, 7–8, 52, 55, 85, 116–129, 152, 191, 202, 210–213, 218–220, 222, 224, 227, 231. *See also* Mechanical Turk
Amazon Auctions, 50
Amazon Care, 202
American Booksellers Association, 127
America Online (AOL), 31
Anarcho-capitalism, 66, 149, 256n11
Anckarström, Jacob Johan, 66–67
Anders, Dan, 47
Andresen, Gavin, 145–147
Android (operating system), 178, 181, 221
Anonymity, 56–57, 67–68, 133–134, 137
Antitrust law. *See* Competition law
App development industry, 175–186, 209, 221
Apple, 2, 3, 8, 18, 33, 69, 125, 174–186, 209, 212–213, 221–222, 224, 227
AppMakr, 177, 179
App Store, 8, 175, 177–184, 186, 212–213, 221, 227
Arbitration, 2
Aristotle, 131

ARPANET, 103, 190
Artificial artificial intelligence, 158, 163
Artificial intelligence (AI), 23, 158, 210.
  See also Algorithms
Association of American Publishers, 127
Athens, 71–72, 131–132, 135–137, 153
Atlantic, The (magazine), 3
Auctions, 38, 44, 46–47, 95–96
AuctionWeb, 38–40, 43–44
Authors Guild, 127
Axelrod, Robert, 23–24, 30

Barlow, John, 5, 15–25, 30, 32–33, 36, 40–41, 45, 51, 67–68, 73, 132, 206–207, 210, 213, 225, 226, 227, 256n11
  "A Declaration of the Independence of Cyberspace," 19–20, 22
Barroso, José Manuel, 217
Barton-Davis, Paul, 126
Benevolent dictators, 148–149, 271n106
Bezos, Jeff, 7, 8, 113–129, 152, 157, 163, 166–168, 202–203, 205–206, 218, 224
Bezos, MacKenzie. *See* Tuttle, MacKenzie Scott
Bezos, Miguel, 113, 127
Biden, Joseph, 67, 220
Bismarck, Otto von, 189, 200–203
Bitcoin, 8, 57, 60–61, 63, 138–140, 144–153, 206
Bitcoin Talk, 58, 60, 65
Bizness Apps, 175–186
Black-market trade, 55
Blockchain technology, 8, 9, 136–137, 141, 144–151, 153–154, 211, 229, 271n106
Blue Horizon, 129
Bolton, Gary, 47–48, 107
Book industry, 117–118, 121–124, 127–128
Borders
  geographical, effects of digital environment on, 79–90, 97, 213–216
  geographical, effects on international trading practices, 213–217
  as instrument of order, 226
  Internet and, 21, 73
  online markets, 6, 73–90
  virtual, 6, 89–90
Bourgeois revolution, 230–232, 236
Brautigan, Richard, 91
Brezhnev, Leonid, 103
Bureaucracy, 24, 105–106, 211
Buterin, Vitalik, 8, 140–144, 148–149, 151
Butterfield & Butterfield, 50

Calacanis, Jason, 140
Camp, Garrett, 98–99
Canada, 163–165
Castro, Fidel, 113, 126–127, 129
Catholic Church, 208
Central planning, 91–109
  Amazon, 210
  competition resulting in, 210
  computerized, 103–107, 210
  eBay, 104, 210
  efficiency of, 92–93, 102
  ethical issues, 106–109
  online labor markets, 96–98
  platform companies, 108, 209
  Soviet Union, 91–94, 102–105, 108, 209–210
  Uber, 6, 100–102, 210
Central processing unit (CPU), 137–138
Cheney, Dick, 16
China, 56, 83, 147, 153, 196, 202, 227–228
ChowNow, 177, 180
Clark, Dwight D., 148
Clinton, Bill, 56
Cohen, Adam, 43
Cohen, Betsy, 17
Collective action
  Amazon as target of, 8, 164–172
  Apple as target of, 8, 182–184, 186

effectiveness of, 168–172, 184–185
free-rider problem, 168–169
middle-class, 8, 182–186
worker organization, 8, 164–172
Communist Party, 108
Competition
 anticompetitive practices, 220–222
 as driver of central planning, 210
 between digital platform companies, 7–8, 126–129, 181, 199, 219–223, 225–226
 between sellers on digital platforms, 101, 125, 215
 in online labor markets, 84–87
 on Mechanical Turk, 159
Competition law, 10, 219–220, 222–223, 269n68
CompuServe, 155–156
Conference on Human Factors in Computing Systems, 166
Constitutions, digital, 233–236
Content moderation, 158, 161, 232, 260n16
Contract killing, 64–66
Contracts, 4–5. *See also* Smart contracts
 enforcement, 22, 89, 185, 213, 230
 labor, 29–30, 89, 207–208
Cook, Tim, 179, 182, 183
Cooperation, 23–25, 30–33, 39–41, 207
Cooperatives, platforms run by, 228–229
Crowdfunding, 195–200
Crypto-anarchists, 8, 133–134, 136–139, 141, 152, 154, 206, 256n11
Cryptocurrencies, 63, 140, 152. *See also* Bitcoin; Ethereum
Cryptography, 133–154
Cuba, 113, 129
Cyberlibertarians, 45, 51, 152, 206, 256n11
Cybernetics, 102–103
Cyberspace, 10, 18–21, 33, 103
Cypherpunks, 133–134, 152

Daemo, 229
DAO. *See* Distributed Autonomous Organization
Darknet markets, 63, 68–69. *See also* Silk Road
Data. *See* Information/data
Decentralization, 4, 9, 11, 18, 135, 143, 147, 153, 208–210, 219, 229
Defects per thousand lines of code (KLOC), 142
Democracy, 153, 165, 228–230, 232–234, 236
D. E. Shaw & Co., 115–116
Digital Markets Act (European Union), 224–225, 270n88
Digital platforms. *See also* Tech giants
 abuses of power by, 3–4, 7, 123–125, 135, 141, 180–181, 205–206, 218–219, 223, 232, 234–236
 accountability, 3, 7–8, 226–229, 232
 anticompetitive practices, 220–222
 central planning, 108
 class structure, 230–233
 cooperatives, 228–229
 economies of scope, 208, 229
 governance functions of, 3–4, 210–211
 identities regulated by, 69
 institutional infrastructure, 220, 223–226
 journalism, 231
 as monopolies, 10, 128, 219–220
 nationalization, 227–228
 policy recommendations concerning, 219–236
 politics on, 141, 147–149, 151, 153–154, 171–172, 185, 212, 219, 226, 229–236, 271n106
 as public utilities, 10, 223–225, 228
 states compared to, 6–7, 9–10, 126–128, 205, 210–213, 216–217, 235
 success of, 211, 235
 volume of usage, 3

Digital signing, 136
Digital Single Market, 216–218
Digital superstars, 215
Disney, 50
Dispute resolution, 1–2, 51, 61, 79, 89, 162, 208, 212, 235
Distributed Autonomous Organization (DAO), 141–144, 149–150, 154
Dixon, Chris, 141
Drug Enforcement Administration (DEA), 59
Drug market, 5–6, 56–66
Due diligence, 178

eBay, 2, 5, 38–52, 56–57, 61, 68, 95, 101, 104, 107, 108, 128, 156, 210, 213, 214–215, 228, 231–232
Echo Bay Technology Group, 38
EcommerceBytes, 231–232
Economies of scale, 119–120, 145, 153
Economies of scope, 207–209, 229
Economist, The (newspaper), 3
Education, provided by tech giants, 191–192, 202–203
Efficiencies/inefficiencies
  central planning, 92–93, 102–103
  eBay, 95–96
  economic institutions, 5
  gossip, 41
  markets, 92–93, 103
  online labor markets, 96–98
E-gold, 134
Elance, 81. *See also* Upwork
Electronic Frontier Foundation (EFF), 19, 36, 57, 67–68, 139, 152, 225–226
Environmental impacts, 153
Epic Games, 186
Escrow accounts, 61–62, 89, 208
eShop, 36
Eternal September, 31–32, 38, 41–42
Ethereum, 8, 140–144, 148–153, 186
Etsy, 231

European Commission, 217
European Union, 216–218, 224–225, 233–235
Exchange
  cooperation and, 23–25
  cross-border, 213
  eBay and, 38–52
  Golden Rule for regulating, 22–23
  on the Internet, 5–6, 21–23, 25–33, 38–52
  problem of exchange, 21–22, 26–30, 39, 57, 206–207
  Silk Road and, 56–66
Exit scams, 63
Extortion, 64–65

Facebook, 69, 195, 197, 206, 211, 220–221
Fairmondo, 228–229
Falkvinge, Rick, 140
Federal Bureau of Investigation (FBI), 18, 65–66
Federal Trade Commission, 30, 46, 220
Feedback. *See* Online reviews; Reputation systems
Fees, from users/sellers, 4, 7, 39, 59, 84, 125, 134, 169–171, 186. *See also* Taxation
File sharing. *See* Peer-to-peer (P2P) networks
Financial transactions, issue of trust in, 133–154
Fiverr, 191–192, 221
Flames, 22
Forbes (magazine), 59
Forking (open-source software), 149–151, 154
Formal institutions, 24, 89, 141, 207, 210, 226, 229
Fraud/scams, 7, 21–22, 26–28, 30, 32, 39, 46–47, 49–50, 60, 226
  exit scams, 63
Freelancer.com, 81

Free markets, 6, 20, 26, 37, 99–101, 103
Free-rider problem, 168–169

Gawker, 59
Gazdecki, Andrew, 8, 173–186
Geography
　international trade, 213–217
　remote work's effect on borders, 79–90, 97, 213
　states vs. digital platforms, 212–213
Giants. *See* Tech giants
Gibson, William, 10, 18
Gig work, 105, 190–194, 199, 202. *See also* Mechanical Turk; Remote work
Gise, Jacklyn, 113–114
Globalization, 85
Gnutella, 135
GoFundMe, 195–200
Golden Rule, 22–23, 25, 45. *See also* Reciprocity
Good Wagon Books, 55–56
Google, 2, 69, 103, 178, 181, 186, 191–192, 209, 212–213, 221
Google Translate, 191
Gopher, 16
Gossip, 40–41
Governance, 109, 151, 172, 186, 222, 224, 229. *See also* Accountability
Government. *See* State
Grateful Dead (band), 17
Greece, 71–72
Greiner, Ben, 47
Guardian, The (newspaper), 3–4, 167
Gustav III, King, 53, 66–67

Hackers, 60, 142–144
Hayek, Friedrich, 92–94, 102, 103, 106, 107
Heinlein, Robert, *Stranger in a Strange Land*, 114
Horton, John, 86, 96, 98, 107
Human capital, 200–203

IBM, 180–181
Identities. *See also* Anonymity; Pseudonymity
　digital concealment of, 56–57
　historical recording and uses of, 68
　legal identity, 68–69
　role of, in exchange, 5–6, 67–69
　tech giants' identity systems, 68, 69, 212
Incentives, 104–105, 145
Increasing returns to scale, 120
Informal institutions, 5, 207, 231. *See also* Reciprocity; Reputation systems
Information/data
　Amazon and, 119–120, 157–158
　central planning uses of, 6, 92–96, 102–103, 106–107, 209
　cost of, 43, 45–46
　government use of, 211
　imperfect, 37, 95–96
　prices as conveyors of, 93–94
　standardized, 77, 97
Infrastructure
　anonymous, 133–134
　essential, 223, 225, 228
　digital platforms, 210, 218, 220, 222, 224, 227, 228, 229
　institutional, 209–210, 218, 220, 222, 227
　logistics, 3, 121, 122
　open-source software project, 148
Innkeepers, 42
Instagram, 221
Instant messaging, 155–156
Institutions
　defined, 4
　economic, 5, 212, 219
　financial, 133
　formal, 24, 89, 141, 207, 210, 226, 229
　informal, 5, 207, 231

Institutions (cont.)
  modern, 28, 89–90, 210, 212 (*see also* Modernity)
  political, 7, 147–149, 212, 229, 230, 231, 233
Intacct Corporation, 72–75
International Chamber of Commerce (ICC), 214
Internet
  Barlow and, 17–25, 30, 33, 45
  Bezos and, 115
  cooperation on, 22–23
  early days of, 15–16
  exchange on, 5–6, 21–23, 25–33, 38–52
  free expression on, 56–57
  global village concept and, 20
  illegal activity on, 30
  labor markets on, 28–30, 46, 72–90
  Omidyar and, 36–45
  origins of, 103, 190
  principal-agent problem, 73–74
  promise of, 4, 205–206
  reciprocity on, 22–23
  scale problems, 30–31, 33, 207
  social order on, 15–33, 40, 45, 49, 51, 61, 67–68, 132–133, 206–207, 211–212, 226
  Soviet, 102–103
  states' involvement in, 20–21
  user growth, 28, 30–32
Internet giants. *See* Tech giants
Internet Relay Chat (IRC), 16, 25, 166
Interoperability, 225–226, 229
Introversion Software, 217–218
iOS, 182, 221
iPhones, 174–175, 177, 181, 218
Irani, Lilly, 163
IRC. *See* Internet Relay Chat

Jackson, Steve, 19
Jobs, Steve, 174
Joint-stock companies, 236
Journalism, platform, 231

Juncker, Jean-Claude, 217
Juno, 229
Jurisdiction, 6, 21, 89, 212–213, 226, 268n43

Kalanick, Travis, 6, 98–101, 103
Kantorovich, Leonid, 92
Karamanlakis, Stratis, 6, 72–76, 78, 88–89, 96–97, 206, 208
Katovskii, Leonid, 109
Keys (cryptography), 136, 152
Khan, Lina, 220, 222, 223, 269n68
Khrushchev, Nikita, 102–103
Khwarizmi, Muhammad al-, 105
Kleroterion, 132, 136–137, 153
KLOC. *See* Defects per thousand lines of code (KLOC)
Konkin, Samuel, 55, 66

Labor markets, online, 28–30, 46, 72–90, 157–172. *See also* Remote work
Labor organizing. *See* Worker organizing
Leary, Timothy, 17
Lee, Sumin, 198–199
Legislation, decentralization of, 153, 229
Lenin, Vladimir, 92
Libertarianism. *See also* Cyberlibertarians
  anti-authoritarianism of, 39
  Barlow and, 5, 45, 51
  Bitcoin and, 140
  Hayek and, 94
  Kalanick and, 99
  Konkin and, 55
  market creation and, 52, 106
  Omidyar and, 36–37, 39
  political theory, 126
  Rand and, 99
  rejection of the state by, 5, 51, 55–57, 59
  Ulbricht and, 54–56, 60, 66, 207
  Usenet discussion groups on, 18, 25, 33
Lieu, Ted, 183–184
LinkedIn, 54, 192

Loconomics, 229
Louis Vuitton, 50
Lyft, 128, 202, 211, 221, 222

Market design, 106–107
Markets
 borders and, 6
 efficiency of, 92–93, 103
 ethical qualities, 106
 integration, 216–218
 perfect, 94–96, 101, 106–107
 self-organizing, 5, 52
 transnational, 178, 213, 215, 218
Marx, Karl, 92, 165–166
Matthew effect, 97
May, Tim, 206
McLuhan, Marshall, 20
Mechanical Turk, 8, 85, 157–172, 184, 191–193, 202, 212, 213, 227, 229
Medical insurance, 190, 193–197
Miami Herald (newspaper), 114
Microsoft, 3, 36, 50, 191
Middle class, political action by, 8, 182–186, 230–232
Milland, Kristy, 8, 155–172, 184, 229
Minimum wage, 85–86
Mining, of Bitcoin, 145–147, 151–153, 258n42
Mises, Ludwig von, 54
Modernity, 24–25, 43, 89, 210
Monopolies, 10, 101, 128, 181, 219–223
Multihoming, 150–151, 221
Musk, Elon, 134

Nakamoto, Satoshi, 8, 132–133, 135–141, 144–146, 151, 153–154, 258n42
Napster, 135
National Consumers League, 47
National Health Service (Britain), 197
National Insurance (Britain), 197
Nationalization of platforms, 224–225, 227–228

National Security Agency, 32–33, 227
National Technical University, Athens, 71–72
Naval Research Laboratory, 56–57
Nestlé, 156–157
Netflix, 218, 224
Netiquette, 25, 31
Netizens, 19, 20, 22, 25, 31, 33, 49, 50, 52, 57, 67
Network effects, 117–120, 128, 149–150, 154, 220
 cross-side, 118
New York Times Magazine, 140
North, Douglass, 240n18
Notaries, 42

Obama, Barack, 100, 194
Ockenfels, Axel, 47, 96, 107
oDesk, 75–79, 81, 85–87, 96, 192–193, 202. *See also* Upwork
Old Age and Disability Insurance Law (Germany), 190
Olson, Mançur, 168–169
Omidyar, Pierre, 5, 35–45, 47, 51–52, 67–68, 95, 103, 106, 206–207
Online reviews, 120. *See also* Reputation systems
Open-source software, 57, 140, 148–149, 154
Oxford Internet Institute, 4

Paul, Ron, 54
PayPal, 57, 134–135, 139, 152
Peer-to-peer (P2P) networks, 99, 135–136, 138, 141, 144, 149, 153
Perez, Sarah, 183
PhoneFreelancer, 175
Platforms. *See* Digital platforms
Platform-to-Business Regulation, 233–235
Play Store, 178, 213, 221
Policy. *See also* Regulation
 policy recommendations, 219–236

Politics. *See also* Collective action; State
  ancient Athens, 153
  blockchain, 141, 147–149, 151, 153–154
  defined, 172
  digital platforms, 7, 171–172, 185, 212, 219, 226, 229–236, 271n106
  middle class participation, 184–185, 230–232
  open-source software communities, 148–149
  trust and accountability in, 131–134, 141, 153–154
Pot Day, 62–63
Price mechanism, 93–94
Principal-agent problem, 73–74, 206, 208
Prisoner's dilemma, 23, 30–31
Privacy, 5–6, 36, 41, 67–68, 137. *See also* Anonymity; Pseudonymity
Problem of exchange, 21–22, 26–30, 39, 57, 206–207
Proof-of-work, 138, 140, 145, 153
Pseudonymity, 57–58, 60–61, 63, 67, 68–69, 137, 154
Public utility regulation, 10, 223–225, 228

Reagan, Ronald, 190
Reciprocity, 23–24, 40–41, 46, 48. *See also* Golden Rule
Regime of the Colonels, 71
Regulation
  Amazon as regulator, 122, 165, 222
  Apple as regulator, for App Store, 179, 181
  eBay as regulator, 5, 50–51, 104
  employment, 163–165
  European Union, 217, 224, 233–235
  interoperability, 225
  online labor markets, 85–87, 89–90, 163–165, 211
  price mechanism and, 94

  public utilities, 10, 223–225, 228
  Silk Road as regulator, 60
  state regulation of markets, 22, 28, 32, 43, 47, 50, 107, 208, 213, 218
  state regulation of the Internet, 20
  taxi, 99–101
Remote work. *See also* Gig work; Labor markets, online; Mechanical Turk
  collective action, 168–172
  geography and, 79–90, 97, 213, 215
  managerial issues, 73–75
  recruitment issues, 75–78
Republican Party, 16, 17, 100
Republic of Letters, 214
Reputation systems. *See also* Online reviews
  blackmail in, 48, 52
  discrimination and, 80–81
  eBay, 5, 40–50, 61
  fraud and, 49–50
  inflation in, 46
  Matthew effect in, 97
  oDesk/Upwork, 77–78, 89
  reciprocity in, 46–48, 52
  Silk Road, 57–58, 60–61
  whitewashing in, 61
Reviews. *See* Online reviews
Rochet, Jean-Charles, 118
Rockefeller, John D., 220
Roth, Alvin, 96, 107
Rough consensus, 148–149
Rule of law, 234–235
Rule of men, 234

Safety nets, 190, 194–201, 203. *See also* Social institutions; Welfare state
SAP, 227
Scale
  economies of, 119–120, 145, 153
  social order dependent on, 30–31, 33, 207
Schumer, Charles, 59

Search costs, 75–77, 119, 206
Secret Service, 18
Self-organizing systems, 4, 5, 45, 52, 226
Shadow economy, 58, 67, 69
Shakespeare, William, 43
Shaw, David, 115
Shea, Virginia, 25
Sickness Insurance Law (Germany), 189–190
Silberman, Six, 163
Silicon Valley, 4, 6, 10, 36–38, 72, 75, 95, 96, 101, 103–106, 176–177, 196, 199, 210–211, 218
Silk Road, 56–66, 68, 207, 222
Site administrators, 39, 49, 51–52, 61, 67, 85–87, 95, 96, 134, 162, 171, 179–182, 208, 212, 226, 232, 234–235
 blockchain, 136–138, 145–146
 community, 159, 166
Skype, 166
Smart contracts, 140–141, 143, 186
Sniping, 96
Social institutions, 9, 201, 203. *See also* Safety nets; Welfare state
Social media, 18, 161, 225
 in crowdfunding, 195, 197–199
 in political campaigning, 147, 154, 162, 186, 231
Social order, on the Internet, 15–33, 40, 45, 49, 51, 61, 67–68, 132–133, 206–207, 211–212, 226
Solomon, Rob, 196
Solon, 131–132, 137, 140, 153
Sotheby's, 50, 52
Soviet Union, 91–94, 102–105, 108, 126, 209–210
Spotify, 125, 186
Stalin, Joseph, 91–92, 102
Standard Oil Company, 219–220, 222
State. *See also* "Weary giants"
 ancient Athens, 131–132
 concept of, 267n22

 digital platforms compared to, 2–3, 6–7, 9–10, 126–128, 205, 210–213, 216–217, 235
 functions of, 4–6, 9, 208–210
 identities regulated by, 68–69
 information and communication technologies and, 211
 international commerce, 213–217
 libertarian opposition to, 19, 54, 55, 133
 markets and, 43, 87–88, 210, 213
 policy recommendations for, 219–236
 public utility regulation by, 223–224, 228
 regulation of markets by, 22, 28, 32, 43, 47, 50, 107, 208, 213, 218
 regulation of the Internet by, 20
 rejection of, 5, 16, 19, 51, 55–57, 59, 67, 225
 Silk Road and, 57–59, 65–67
 use of tech giants' digital platforms by, 227–228
Statistical discrimination, 80
Steam, 218
Steiner, Ina, 231–232
Steve Jackson Games, 19
Stone, Brad, 115, 123
Supercell, 215
Surf days, 32
Surveillance technologies, 6, 33, 74
Suzor, Nicolas, 235
Swart, Gary, 75–76, 79, 98
Switching costs, 7, 221
Sybil attack, 137–138

Taxes, 3, 55, 68, 69, 101, 116
 avoidance of, 55, 69, 116, 164–165, 194, 199
 platform fees as, 85, 101, 108, 170–171, 186, 224
 state, 3, 68, 185, 211, 230
 use of revenues, 196–197
 value-added, 216

Taxis, 98–101
TechCrunch, 141, 183
Tech giants. *See also* Digital platforms
  antitrust remedies, 220, 222–223
  competition between, 7–8, 126–129, 181, 199, 219–223, 225–226
  education provided by, 191–192, 202–203
  headquarter locations, 227
  human capital, 201–203
  identity systems created by, 68, 69, 212
  Mechanical Turk used by, 158
  monopolistic character of, 10, 128, 219–220
  power and influence of, 3–4, 52, 69, 108, 171, 177, 225, 229, 234
  social safety nets, effects on, 194, 201
  states' relations with, 9–10, 164–165, 227–228
  United States home to most, 11, 227
Tencent, 196, 228
Thiel, Peter, 134, 141, 152, 206
Think3, 186
Tirole, Jean, 118
Tocqueville, Alexis de, 17, 18
Tor, 56–57, 135
Traders, medieval and early modern, 42–43, 230
Trust. *See also* Accountability; Governance
  ancient Athens, 131–132, 135–137
  digital platforms, 2
  exchange, 5, 21
  financial transactions, 133–153
  government, 131–134, 141
  Internet, 27, 31
  modern cities, 25
  problem of trust, 132–137
  technological solutions to problem of, 133–154
Tsatalos, Odysseas, 6, 72–76, 78, 88–89, 96–97, 206, 208

Turker Nation, 159–160, 166–167, 193
Tuttle, MacKenzie Scott, 115–117, 121
Two-sided platforms, 118–120

Uber, 2, 6, 98–105, 108, 128, 193, 202, 210–212, 221, 222, 229, 268n46
Ulbricht, Ross, 5–6, 53–58, 65–67, 69, 207, 256n11
University of California at Santa Barbara, 190
Upwork, 2, 3, 6, 46, 81, 84, 87, 89, 96–98, 101, 107, 108, 169–171, 174–175, 184–185, 213, 215, 218, 221, 227. *See also* ODesk
URAL-4 digital computer, 102
US Department of Defense, 20, 103
US Department of Justice, 59
US Department of Labor, 86
Usenet, 18, 25, 30–31, 68, 76, 207
Usenet Marketplace, 25–28, 31, 37–38, 41, 44, 49, 52, 225

Valve Corporation, 218
Venture capital, 75, 81, 101, 123, 141, 236
Vertical breakup, 222–223
Vietnam War, 16
Virginia Company of London, 236
Virtual globalization, 85
Virtual Magistrate, 208
Visa, 57, 146

Wall Street Journal (newspaper), 167
"Weary giants," 19–21, 45, 51
Web browsers, 38. *See also* World Wide Web
Weber, Max, 105–106
Web3, 229
WeChat, 228
Welfare state, 190, 194, 199–201, 203
Wenig, Devin, 232

Western Union, 28
WhatsApp, 195, 221
Whitewashing, 61
Whitman, Meg, 47
Winner-takes-all, 128, 150
Wired (magazine), 140
Worker organizing, 162–172. *See also* Collective action
Worldwide Developers Conference, 179
World Wide Web, 16, 20, 36, 68, 116–117

Yahoo, 117

Zuckerberg, Mark, 211